Como Lidar com Pessoas Difíceis

técnicas práticas e eficazes para melhorar seu dia-a-dia

Lillian Glass

Como Lidar com Pessoas Difíceis

técnicas práticas e eficazes para melhorar seu dia-a-dia

TRADUÇÃO:
Maria Cristina Fernandes da Silva

3ª Edição

2003

EDITORA BEST SELLER

Título original: *Toxic People*

Publicado originalmente em 1995 com o título *Pessoas Maléficas — Técnicas Práticas e Eficazes para Lidar com Elas.*

Coordenação editorial
Janice Flórido

Editores
Eliel S. Cunha
Fernanda Cardoso

Editoras de arte
Ana Suely S. Dobón
Mônica Maldonado

Revisão
Ubirajara Idoeta Cará

Editoração eletrônica
Dany Editora Ltda.

EDITORA NOVA CULTURAL LTDA.

EDITORA BEST SELLER
uma divisão da Editora Nova Cultural Ltda.
Rua Paes Leme, 524 - 10º andar
CEP 05424-010 - São Paulo - SP
www.editorabestseller.com.br

2003

Impressão e acabamento:
RR Donnelley América Latina
Tel: (55 11) 4166-3500

A todas as *Pessoas Venenosas* que conheci em minha vida, àquelas que foram rudes e desrespeitosas comigo, que não acreditaram em meus objetivos e que tentaram contrariar meus propósitos. Eu as perdôo e abençôo, e lhes agradeço por me terem fornecido dados para este livro. Isto serve para provar que a pena é, realmente, mais poderosa que a espada.

AGRADECIMENTOS

Gostaria de dizer "obrigada" às seguintes pessoas:

Jan Miller, minha brilhante, linda e ativa agente, que tornou tudo possível;

Dean Williamson, sócio de Jan, por seu encorajamento positivo;

Bob Asahina, o melhor editor do mundo, por sua sabedoria, inteligência e entusiasmo;

Sarah Pinckney, por seu talento como redatora, pelo maravilhoso *insight* e palavras gentis;

Rosalie Glass, minha mãe e melhor amiga, que sempre me fez sorrir e cujos ensinamentos permeiam este livro;

Aos meus queridos amigos no mundo todo, por seu carinho e gentileza, por seus pensamentos positivos e votos de boa sorte.

SUMÁRIO

1

Existe alguém venenoso em sua vida?

Questionário "Pessoa Venenosa"

- Sintomas emocionais
- Sintomas comportamentais
- Sintomas físicos
- Sintomas de comunicação
- O que suas respostas significam

Questionário "pessoa venenosa"

Para ajudá-lo a começar a entender as pessoas venenosas, montei um questionário. Ele mostra o amplo leque de efeitos que uma pessoa venenosa pode ter sobre você e o modo como cada área da sua vida pode ser afetada. Mesmo sem fazer quaisquer avaliações individuais por meio do questionário, você aprenderá a identificar quem é venenoso em sua vida.

Como ponto de partida, pense numa pessoa de quem você não gosta, alguém que inferniza a sua vida e com quem tem dificuldades de relacionamento. Responda *sim* ou *não* às perguntas seguintes, que abrangem quatro categorias: Sintomas Emocionais, Sintomas Comportamentais, Sintomas Físicos e Sintomas de Comunicação.

Sintomas emocionais

1. Você se sente emocionalmente entorpecido depois de falar com essa pessoa?
2. Fica de mau humor depois de ter estado perto dessa pessoa?
3. Sente que "lá no fundo" ela não gosta de você, mesmo que nunca lhe diga coisas desagradáveis?
4. Você se sente desvalorizado quando está próximo dessa pessoa?
5. Você se sente "sujo" depois de ter estado perto dela?
6. Sente-se emocionalmente vazio quando está próximo dessa pessoa?
7. Você se sente menos inteligente ou menos qualificado depois de conversar com ela?
8. Fica triste ou deprimido na presença dessa pessoa, ou logo depois de ter falado com ela?
9. Você se sente menos atraente depois de ter estado perto dessa pessoa?
10. Você se sente tenso ou nervoso quando está com essa pessoa?
11. Você se sente irritado ou com raiva quando está com ela?
12. Sente falta de energia depois de ter estado com essa pessoa?
13. Essa pessoa lhe provoca repugnância?
14. Você se sente fugindo emocionalmente por meio de comida, álcool, drogas ou sexo?
15. Sente que comete excessos como uma reação a essa pessoa?
16. Essa pessoa o ignora perto dos outros, fazendo com que você se sinta uma "nulidade"?

17. Essa pessoa aborrece ou magoa você, fazendo piadinhas a seu respeito e depois dizendo "eu só estava brincando"?
18. Você se sente traído por essa pessoa?
19. Sente que está sempre sendo julgado por ela, e fica com a impressão de que nunca faz nada certo?
20. Sente que essa pessoa está sempre criticando ou provocando você, especialmente na frente dos outros?
21. Não sente respeito por essa pessoa, ou sente que ela o desrespeita?
22. Você se sente emocionalmente violentado por essa pessoa?
23. Você se sente desanimado e desesperançado depois de ter estado perto dela?
24. Essa pessoa o faz sentir vontade de chorar com freqüência?
25. Você sente um alívio emocional quando está longe dessa pessoa?
26. Já fantasiou ver essa pessoa sofrer e ficou feliz com tal possibilidade?
27. Ficaria feliz se nunca mais precisasse ver essa pessoa de novo?

Sintomas comportamentais

28. Você sente vontade de se afastar fisicamente dessa pessoa?
29. Bebe mais que o normal ou toma drogas depois de ter estado perto dessa pessoa?
30. Sente que come demais ou fica sem comer nada quando está perto dessa pessoa, ou depois de ter estado perto dela?
31. Às vezes, sente vontade de bater nessa pessoa, de provocar nela ferimentos físicos?

32. Planeja maneiras de evitá-la?
33. Essa pessoa tenta sabotar seus planos fazendo coisas pelas suas costas?
34. Ela despersonaliza você, ou nega sua importância?
35. Essa pessoa o trata, em público, do mesmo modo que o trata quando vocês estão a sós?
36. Você fica anormalmente submisso ou agressivo na presença dessa pessoa?

Sintomas físicos

37. Essa pessoa o deixa com dor de cabeça?
38. Você contrai o rosto, franze as sobrancelhas ou fica com as narinas tensas sempre que está perto dela?
39. Você se sente nauseado quando está com ela, ou logo depois de tê-la encontrado?
40. Você se encolhe de medo quando está perto dessa pessoa?
41. Sente dificuldade para respirar?
42. Fica com o pescoço e os ombros tensos?
43. O coração bate mais rápido?
44. Você já teve ganho ou perda de peso significativos depois de ter passado algum tempo perto dessa pessoa?
45. Você sua mais quando está na presença dela?
46. Sente a garganta apertada quando conversa com essa pessoa?
47. Sente falta de energia ou fraqueza física quando está perto dela?
48. Tosse ou sente coceira na garganta sempre que está na presença dessa pessoa?
49. Fica com urticária ou com bolhas na pele, depois de ter estado perto dela?

50. Você sente asco ou recua quando essa pessoa toca em você?
51. Essa pessoa o toca de maneira agressiva?
52. Você evita tocar nessa pessoa, ou evita ficar fisicamente perto dela?
53. Apresenta tique nervoso ocular quando está próximo dessa pessoa?
54. Os maneirismos dela o deixam aborrecido, irritado ou embaraçado?
55. Você sente que precisa fumar um cigarro durante ou depois de um período passado perto dessa pessoa?
56. Tem vontade de fugir correndo dessa pessoa e de nunca mais a ver outra vez?

Sintomas de comunicação

57. Você se sente pisando em ovos, tem medo de ser você mesmo e escolhe as palavras com cuidado, quando conversa com essa pessoa?
58. Essa pessoa é condescendente com você?
59. Você assume uma expressão facial tensa quando fala com essa pessoa?
60. Essa pessoa é áspera ou agressiva com você?
61. Você usa um tom hostil ou áspero para falar com essa pessoa?
62. Acha que essa pessoa faz comentários ofensivos, maliciosos ou falsos a seu respeito?
63. O som da voz dela o deixa irritado?
64. Você se vê atacando verbalmente essa pessoa quando fala com ela?

65. Gagueja ou balbucia perto dessa pessoa?
66. Costuma gritar ou berrar com essa pessoa?
67. O modo como essa pessoa se comunica não-verbalmente (gestos, postura, expressão facial) o desagrada?
68. Essa pessoa faz comentários negativos ou sarcásticos e depois, ao ver sua reação, diz que estava "apenas brincando"?
69. Fica "sem ter o que dizer" quando conversa com essa pessoa?
70. Você se pega evitando falar com ela ao telefone?
71. Fica insociável quando está perto dessa pessoa?
72. Você se pega contradizendo cada coisa que ela diz?
73. A pessoa nega ou contesta tudo o que você diz?
74. Você se sente aliviado e em paz quando passa um tempo sem falar com essa pessoa?
75. Essa pessoa violenta você verbalmente?
76. Usa linguagem grosseira perto de você?
77. Você usa linguagem grosseira perto dela?
78. Você acha que o sistema de valores dessa pessoa é tão oposto ao seu que não dá nem para conversar com ela?
79. Acha que você e essa pessoa falam línguas diferentes, que é impossível comunicar-se com ela?

O que suas respostas significam

As respostas "sim", mesmo que sejam poucas, significam que você está lidando com alguém venenoso.

Como você pode ver pelo questionário, pessoas venenosas podem afetar aspectos diferentes do seu bem-estar. E diferentes pessoas venenosas podem afetar você de maneiras diferentes. Elas podem mudar seu comportamento e seu jeito de sentir as coisas.

Partindo desse questionário, você pode ver que, às vezes, o mal-estar emocional ou físico pode ser resultado de um relacionamento com uma pessoa venenosa!

No próximo capítulo, abordarei o comportamento das pessoas venenosas, mostrando como elas agem e os efeitos que provocam em você. Se teve problemas para pensar em pessoas venenosas, o capítulo seguinte vai esclarecer melhor as características delas.

2

Comportamento venenoso

- Discurso venenoso
- Trocando os pés pelas mãos
- Falsos elogios — o que eles realmente dizem e significam?
- Fazendo comentários venenosos para nós mesmos
- A síndrome do "Eu só estava brincando"
- Ouça com atenção
- Palavrões não são os únicos gatilhos verbais venenosos

Como você constatou por meio das perguntas do capítulo 1, pessoas venenosas podem afetar qualquer área de seu bem-estar. Embora elas sejam de tipos variados, todas partilham certas características de comportamento e de motivação. Neste capítulo, discutirei algumas dessas características de comportamento, em especial o uso da linguagem venenosa. No capítulo 3, falarei a respeito daquilo que motiva as ações das pessoas venenosas.

Discurso venenoso

"Fiquei chocado."
"Eu me senti humilhada."
"Mal pude acreditar no que ouvi."

"Fiquei pasmado."

"Fiquei paralisada."

"Que idiota!"

"Quanta insensibilidade!"

"Dá para acreditar no que ele disse?"

Essas são algumas das frases de reação que ouço todos os dias em meu trabalho, depois que um cliente me relata um comentário feito por uma pessoa venenosa. Em cada caso, o cliente se sente ferido. Em cada caso, o cliente se sente zangado. Em cada caso, meu cliente está chocado com a grosseria e a insensibilidade de uma determinada pessoa.

O cliente costuma tentar racionalizar o que ocorreu, dizendo coisas como: "Bem, o problema é dela", "O sujeito é um cretino", "Ela deve ser muito infeliz" ou "Ele está com ciúme, é óbvio". No entanto, por mais que ele tente justificar o comentário negativo feito por alguém venenoso, ele ainda está ferido. E o ferimento continuará doendo por um bom tempo. Comentários venenosos ficam ecoando na mente das pessoas.

Quem quer que tenha dito: "Paus e pedras podem quebrar os meus ossos, mas palavras não podem jamais me ferir", estava redondamente enganado. Palavras e comentários negativos podem ferir, destruir, mutilar a psique.

Amy Hagadorn, uma menina de 7 anos que mora em Fort Wayne, Indiana, escreveu uma carta ao Papai Noel. Amy nasceu com paralisia cerebral e gostaria de que as outras crianças não zombassem dela por causa do seu jeito de andar e falar.

É terrível ver uma garotinha sofrer não apenas devido à condição física, mas também por causa das palavras cruéis e ofensivas que os colegas de classe lhe dirigem. Tudo o que Amy gostaria de ter é algo que todo mundo quer e merece — aceitação e gentileza.

Palavras hostis podem ferir mais rápida e profundamente que uma espada. Mas um ferimento de espada pode sarar depois de poucas semanas, deixando apenas uma leve cicatriz, ao passo que ferimentos verbais podem demorar mais para sarar e deixar fundas cicatrizes que duram para sempre.

As pessoas dizem coisas rudes, ofensivas e impiedosas por diversas razões — para se sentirem melhor, porque estão com ciúme, porque estão tendo um dia péssimo, porque não suportam você, porque são ignorantes. Contudo, ao ser vítima de um ataque verbal por parte dessas pessoas, raramente você pensa nas razões pelas quais foi atacado. Você apenas recebe o golpe e se sente ferido.

Uma amiga minha, Chloe, tinha 42 anos de idade e ainda não havia encontrado o homem de seus sonhos. Ela era carinhosa e maternal, financeiramente bem-sucedida, e desejava ter um bebê.

Chloe não conseguiu encontrar ninguém que quisesse ter um filho com ela e não estava disposta a enfrentar a burocracia necessária para se adotar uma criança. Sendo assim, decidiu procurar um banco de esperma. Nove meses mais tarde, Chloe deu à luz uma menininha, que hoje é uma garota inteligente, ativa e muito bonita.

Chloe nunca se importou em responder a qualquer pergunta que os amigos lhe faziam sobre sua situação ou sobre os possíveis problemas relacionados ao fato de se ter uma criança sem pai. O que a incomodava era ser abordada por estranhos que, ao ficarem a par do caso, lhe faziam perguntas íntimas.

Certo dia Chloe foi almoçar com um amigo, que havia convidado um outro casal para lhes fazer companhia. O amigo, que aceitava totalmente o que Chloe havia feito, contou a história dela para o casal. No mesmo instante a mulher, que mal acabara de ser apresentada a Chloe, comentou em tom rude e hostil: "Ugh, eu jamais faria uma coisa dessas. É revoltante! E se o esperma fosse de um aidético? Além disso, o que você vai dizer à sua filha quando a menina perguntar pelo pai?". A mulher riu e acrescentou, sarcástica: "Você vai dizer que o pai dela é um tubo de ensaio cheio de esperma?".

Chloe e os dois homens que estavam à mesa ficaram chocados. A princípio Chloe teve vontade de dar um soco na mulher e retrucar: "E você, como vai explicar a seus filhos que é tão feia por dentro quanto por fora?". Em vez disso, porém, ela preferiu preservar a dignidade e poupar as outras pessoas à mesa de mais um embaraço. Em tom calmo, respondeu: "Quando minha filha já estiver crescida o bastante, contarei a verdade a ela". Em seguida, não querendo passar mais nem um segundo perto de uma mulher tão grosseira e detestável, pediu ao amigo que a levasse para casa.

Geralmente as pessoas não fazem comentários maldosos porque querem, mas porque são ignorantes ou porque pensam que estão sendo sagazes e engraçadas. Na verdade, elas acabam parecendo rudes e insensíveis. Acredito com sinceridade que a maioria das pessoas não ofende nem pensa em tornar os outros infelizes de propósito; mas quando uma pessoa faz isso, sem dúvida precisa ser colocada no devido lugar.

Embora a reação imediata de Chloe de querer dar um soco na mulher tenha sido uma boa fantasia, perguntar a ela como iria explicar aos próprios filhos que era tão feia por dentro quanto por fora teria sido uma resposta melhor e mais produtiva.

Defletir comentários negativos feitos por pessoas venenosas é uma habilidade que você aprenderá mais tarde, com as minhas Dez Técnicas.

Trocando os pés pelas mãos

No caso de Chloe, é óbvio que a mulher indelicada tinha problemas para lidar com a idéia de alguém ter um bebê gerado por esperma de um banco. A situação provocou nela uma reação hostil.

A maioria das pessoas, contudo, não é tão abertamente hostil ou vingativa. Em lugar disso, elas são ignorantes e insensíveis, e é por esta razão que acabam trocando os pés pelas mãos. Muita gente diz coisas estúpidas sem querer. Na maioria das vezes as pessoas são curiosas. Querem apenas satisfazer a própria curiosidade, mas não têm a classe nem a diplomacia necessárias para obter a informação que desejam. Não são más ou cruéis. Simplesmente não têm consciência dos sentimentos dos outros quando abrem a boca e dizem o que pensam, sem censura. A possibilidade de as suas observações parecerem grosseiras, demonstrarem insensibilidade ou ofenderem jamais lhes passa pela cabeça.

Quando essas pessoas finalmente percebem que o que disseram foi estúpido, é tarde demais.

Isso já aconteceu com a maioria de nós, numa ou noutra ocasião. Podemos ter feito algum comentário maldoso sem querer, ou sido alvo de uma observação desagradável, como aconteceu com Amy.

Amy havia engordado nos últimos tempos, pois andava tão ocupada que não conseguia mais seguir o rígido programa de exercícios físicos diários. Certo dia, na hora do almoço, Amy encontrou Danielle, a quem não via fazia meses. Em vez de olhar para o rosto de Amy e cumprimentá-la com um "como vai?", Danielle deu-lhe um leve tapinha no estômago e perguntou: "E então, para quando é o bebê?". Amy ficou chocada; será que engordara tanto assim, para Danielle lhe dizer uma coisa dessas?

Embora estivesse fervendo por dentro, Amy forçou-se a sorrir. Tirando a mão de Danielle de seu estômago, retrucou: "O bebê vai chegar depois que eu me casar e engravidar, algum dia". Danielle ficou vermelha feito um tomate. Se houvesse um buraco no chão ficaria feliz em enfiar-se dentro dele para nunca mais sair.

Quantos de nós não fazemos comentários nada diplomáticos sem a menor intenção de ofender alguém? O que se segue ocorreu com uma amiga minha, Roxanne, que finalmente conseguiu uma oportunidade de sair com Rob, um homem por quem estava interessada havia anos.

Um amigo comum arranjou um encontro entre os dois, depois que Rob se divorciou da esposa, Karen. O encontro corria bem, até que Rob comentou: "Roxanne, você é bastante parecida com a minha ex-mulher, sabia?". Roxanne ficou meio sem graça, mas sorriu e assumiu um ar de curiosidade. Rob tirou da carteira uma foto de Karen e mostrou-a. Ao ver a foto, Roxanne exclamou: "Oh, mas nós não somos parecidas; Karen é tão feia!". A expressão sorridente de Rob transformou-se numa máscara de pedra. Ele tornou a guardar a foto na carteira e mal disse uma palavra enquanto levava Roxanne de volta para casa. Roxanne tentou se desculpar durante todo o caminho, mas Rob permaneceu calado. Ele não ouviu uma única palavra dita por Roxanne, e esse foi o fim de um possível relacionamento entre ambos.

Falsos elogios — o que eles realmente dizem e significam?

Quando uma pessoa lhe faz um elogio, está na verdade dando um presente a você. Um elogio é uma chave que pode abrir um canal de comunicação e compreensão entre duas pessoas. Quando é sincero e oferecido em tom gentil e carinhoso, um elogio pode cimentar bons relacionamentos.

No entanto, quando um elogio é insincero e dito em tom sarcástico ou cruel, ou quando é seguido por um violento tapa verbal no rosto, ele recebe o nome de "falso elogio".

Certa vez, eu estava em Dallas, Texas, para fazer uma palestra. A limusine que ia levar-me ao Centro de Convenções havia acabado de estacionar na frente do hotel em que estava hospedada. Minha cicerone e eu íamos entrar no automóvel quando vimos uma moedinha caída na calçada.

A cicerone comentou, com sarcasmo: "Olhe, uma moedinha! É melhor você pegá-la. Ela lhe trará boa sorte, e você realmente vai precisar de muita sorte hoje". Na mesma hora pensei: "Que mulher desagradável!". Se ela houvesse dito "olhe, uma moedinha! É melhor você pegá-la, ela lhe trará sorte" em tom afável, minha reação teria sido bem diferente. Talvez eu sentisse vontade de conversar com a cicerone durante o trajeto até o Centro de Convenções. Por causa do falso elogio, contudo, fiz questão de ignorá-la.

Alguém pode dizer-lhe, de um só fôlego, apenas coisas boas de ouvir, como: "Você está muito atraente. Adorei a roupa que está vestindo, essa cor combina com você", para logo em seguida se contradizer completamente, afirmando: "Mas o cabelo está horrível, você deveria penteá-lo melhor". Esse é um falso elogio típico. A pessoa começa a dizer algo agradável, fazendo com que você se sinta ótimo, e depois diz algo ruim, fazendo com que você se sinta péssimo.

Você pode achar que a pessoa é bem-intencionada e não quis magoá-lo, mas o verdadeiro significado de um falso elogio é: "Não suporto você", ou "Tenho ciúme de você", ou "Detesto você", ou "Quem você pensa que é?", ou "Ponha-se no seu lugar", ou "Você não é melhor do que eu".

O tom de voz é um sinal inconfundível dos verdadeiros sentimentos que uma pessoa tem por você. Com freqüência, não é o que é dito, mas como é dito, que reflete a sinceridade das pessoas. Tons sarcásticos, voz muito alta ou frases de ritmo monótono costumam expressar hostilidade.

Fazendo comentários venenosos para nós mesmos

Às vezes, estamos tão acostumados a ser alvo de comentários venenosos que começamos a nos sentir à vontade com eles. Quando isso ocorre, lembramos de farpas verbais que pessoas venenosas espetaram em nossa psique e dizemos coisas horríveis a nós mesmos.

Quantas vezes já nos dissemos que somos gordos, desajeitados, feios ou burros? "Fiz uma coisa tão estúpida! Como pude ser tão pateta?"; "Estou horrível, pareço uma baleia!"

Dei a tais comentários de autodesvalorização o nome "alimento cerebral venenoso". Quanto mais você se diz coisas ruins, mais elas fincam raízes na mente, até se tornarem parte da sua auto-imagem.

Lembro que me diziam quando eu era pequena: "Se você fizer uma careta, seu rosto pode ficar paralisado e todo torto". Talvez sua mãe ou sua avó também lhe tenham dito isso, para que você parasse de fazer caretas. Depois de algum tempo, porém, você percebeu que isso era tolice — o rosto nunca ficou paralisado — e continuou a fazer caretas.

No entanto, conforme você crescia e se tornava uma pessoa adulta, descobriu que sua mãe e sua avó tinham razão! Se você costuma franzir a testa ou ostentar uma expressão negativa no rosto, os músculos faciais se "fixam" nessa posição. Essa é uma das razões pelas quais muitas pessoas parecem ser mais velhas do que realmente são.

Do mesmo modo, as pessoas que andam por aí com ar otimista têm um rosto de expressão mais agradável, feliz.

O que a sua mãe e a sua avó diziam a respeito do rosto "paralisar-se e ficar todo torto" também vale para os pensamentos e palavras que dedica a si mesmo.

Se você diz: "Não posso fazer isso" ou "Não sou bom o bastante", você nunca será capaz de fazer nada, nem será bom o bastante.

Se, bem lá no fundo, você vive repetindo: "Jamais farei uma cesta num jogo de basquete", "Nunca serei um bom jogador de golfe", "Jamais conseguirei perder peso", "É impossível para mim ter um bom relacionamento amoroso", "Nunca serei rico" e "Jamais arranjarei um bom emprego", garanto-lhe que é isso mesmo que irá ocorrer. As palavras pessimistas sempre voltarão para assombrá-lo, transformando-se numa profecia auto-realizável.

Se você continuar a fazer comentários desagradáveis sobre si mesmo, outras pessoas começarão a fazer a mesma coisa. Afinal, se faz tais comentários, eles devem ser verdadeiros, uma vez que ninguém o conhece melhor que você mesmo. Declarando ao mundo: "Sou um idiota", ou "Minha barriga está enorme", ou "Meu cabelo é horrível", está dando aos outros permissão para dizer as mesmas coisas e para tratá-lo tão mal quanto você mesmo se trata.

Quando eu ainda era estudante, existia uma regra entre as garotas da faculdade: quando um rapaz dizia que era um "panaca", era melhor acreditar nele, pois devia ser mesmo um panaca. Afinal, por que duvidar da opinião que o rapaz tinha sobre si mesmo? As moças que porventura negavam os comentários feitos pelos autoproclamados "panacas" e respondiam: "Nada disso, você é um cara legal", sempre descobriam depois que o sujeito tinha razão. Mais cedo ou mais tarde, ele se revelava um panaca.

Às vezes, dizemos coisas negativas e maldosas a nosso respeito para parecermos humildes. Não importa qual seja nossa cultura, nossos pais nos ensinaram a não contar vantagem e a não sermos "convencidos". O problema é que, quando nos autodesvalorizamos, essa atitude não é entendida de forma positiva, como um sinal de humildade. Ao contrário, tal atitude é encarada de forma negativa, e as pessoas criam uma opinião desfavorável a nosso respeito.

Uma de minhas clientes ficou magoada com o apelido que o namorado lhe deu: "Coxuda". "Afinal", disse-me ela, "se meu namorado falou que as minhas coxas são grossas sem que eu lhe perguntasse nada, isso é sinal de que elas são realmente feias. O pior é que as outras pessoas devem pensar a mesma coisa."

"Sem que você lhe perguntasse nada?", eu questionei. A seguir, argumentei que quase tudo o que ela dizia tinha algo a ver com o aspecto físico — em especial com as coxas "grossas", que ela afirmava odiar.

"Verdade?", espantou-se a cliente. "Eu não fazia idéia de que falava tanto a respeito disso."

"Fala, sim", respondi. "Você fala tanto e tão abertamente a respeito que as outras pessoas se sentem à vontade para fazer o mesmo e acabam por magoá-la. Seu namorado não quis ser cruel; ele só lhe deu o apelido de 'Coxuda' porque você lhe deu a chance de fazer isso."

Minha cliente ficou chocada ao ouvir tais palavras, porque nunca se havia dado conta da imagem negativa que tinha de si mesma.

Viver dizendo coisas ruins a seu respeito pode afetar não apenas os seus relacionamentos pessoais, como acabamos de ver, mas também os profissionais.

A lição a ser aprendida aqui é: o que você diz de si mesmo influencia a opinião das pessoas a seu respeito e as coisas que elas dizem de você.

A síndrome do "eu só estava brincando"

Alguém já lhe disse algo chocante ou bizarro e, ao ver que você ficava com o rosto vermelho de raiva ou contraído de tristeza, apressou-se em desmentir o comentário jurando que "estava apenas brincando"? E, nesse meio-tempo, você se sentiu esmagado por um rolo compressor?

A teoria freudiana de que não existem brincadeiras, mas apenas a verdade, aplica-se com exatidão a esse tipo de situação. As pessoas que dizem ou fazem algo cruel e depois afirmam que estavam "apenas brincando" estão revelando muita coisa. Elas estão declarando o que verdadeiramente sentem a seu respeito.

As pessoas que sofrem da síndrome do "eu só estava brincando" com freqüência querem chamar sua atenção ou provocar uma reação em você. Elas podem conseguir o que querem, mas o mais provável é que sua reação seja tão negativa que nunca mais vai querer ver essas pessoas pela frente.

Quando Joseph, o homem com quem você está saindo, sorri e pergunta a idade de seu cachorro, você sorri em resposta e diz que Scuffy tem 5 anos. Quando Joseph comenta: "Cinco anos? Já não está na hora de pedir ao veterinário que lhe dê uma injeção que o faça 'dormir' para sempre?", você fica horrorizada e exclama: "O quê?!". Nesse momento, Joseph ri e tenta acalmá-la dizendo: "Ei, eu só estava brincando!". Na verdade, Joseph detesta Scuffy. Em seu subconsciente, ele gostaria de que o Scuffy sumisse do mapa, especialmente quando está tentando beijar você e o cachorro pula em cima dele. Quando quer fazer amor com você e vê Scuffy esparramado em cima da cama, Joseph não ficaria nem um pouco triste se o cachorro morresse fulminado por um raio naquele exato instante.

O comentário agressivo de Joseph, seguido por um "eu só estava brincando", reflete a raiva que ele sente do cachorro em si e do fato de ter de dividir sua afeição com o animal. Quando você reclama do comentário de Joseph, ele argumenta: "Qual o problema? Onde está o senso de humor?". E então você sente culpa por não ter senso de humor.

Geralmente a pessoa que diz "eu só estava brincando" — aquela que perpetrou o crime verbal — coloca você na defensiva. Com freqüência, ele ou ela se sente tão inseguro e ferido e tão incapaz de expressar vulnerabilidade ou comunicar sentimentos que acaba por atacá-lo — transformando você em alguém "mau" por ficar zangado com coisas negativas que lhe foram ditas. Afinal, ele ou ela estava "apenas brincando".

Úrsula descobriu quanto Gil se sentia zangado e inseguro em relação a ela quando ele comentou que a considerava mais *sexy* antes da cirurgia plástica para aumentar os seios e depois disse que estava "apenas brincando". Úrsula ficou arrasada, e nada que Gil dissesse conseguiu fazê-la esquecer o comentário desagradável. Ele fracassou na tentativa de colocá-la na defensiva e provocar-lhe culpa ao perguntar: "Ei, você não tem senso de humor... o que há de errado com você?". Úrsula insistiu no assunto sem descanso, até que os dois começaram a discutir aos gritos e houve uma ameaça de rompimento do namoro.

Após horas de tensão e lágrimas, Gil confessou que tinha pavor de perder Úrsula. Ele achava que, agora que a namorada tinha seios maiores e se vestia de modo mais provocante, iria chamar a atenção de outros homens. Gil tornou-se ciumento e inseguro, temendo que Úrsula o trocasse por outro homem mais atraente. Na verdade, Gil adorou os seios novos da namorada, mas sentiu-se ameaçado pelo efeito que tais seios provocariam em outros homens; por isso cravou o punhal verbal no peito de Úrsula e depois "desculpou-se", afirmando que estava "apenas brincando". Úrsula ficou em estado de choque.

Foi apenas por meio da insistência de Úrsula que ambos foram capazes de resolver o assunto. A questão foi discutida de modo aberto, e a ferida provocada pelo punhal verbal pôde cicatrizar-se.

Sempre que você ouvir o argumento: "Eu só estava brincando", na verdade estará ouvindo: "Não estou brincando; estou inseguro, magoado ou com raiva de você" — e isso não é brincadeira.

Ouça com atenção

As pessoas venenosas revelam o que realmente pensam por meio de comentários tóxicos.

Faith, uma de minhas clientes, era uma atriz atraente e talentosa que acreditava em si mesma. Mas seu agente, Jake, não era tão confiante quanto ela, e revelou sem querer o que pensava ao fazer um comentário venenoso. Minha cliente foi fazer um teste para um filme e, aparentemente, o responsável pela formação do elenco disse a Jake: "Acho que Faith não tem o menor talento". Jake relatou o fato a Faith sem a menor diplomacia, deixando-a aborrecida. No fim, ela argumentou: "Não desista de me agenciar, Jake. Estamos nessa juntos, e ainda teremos sorte". Ao que Jake respondeu: "Fique tranqüila. Não desistirei de ser seu agente, por enquanto". Alguns segundos de silêncio seguiram-se à expressão "por enquanto". Embora Faith não tivesse gostado do comentário, a verdade veio à tona.

O lado positivo dessa história é que Faith afastou-se de Jake antes que ele pudesse prejudicá-la profissionalmente. Ela acabou conseguindo os serviços de um dos melhores agentes de Hollywood, e sua carreira deslanchou.

Você tem de ouvir não apenas o que gostaria de que as pessoas lhe dissessem, mas o que as pessoas de fato dizem. Palavras não são inofensivas. Palavras têm poder. Podem ensinar-lhe muitas coisas quando se presta atenção nelas.

Você vai se surpreender quando começar a decifrar o significado oculto de certas palavras que ouve.

Palavrões não são os únicos gatilhos verbais venenosos

Às vezes as pessoas não precisam falar muito. Basta começarem uma sentença com palavras ou frases do tipo: "Você deveria...", "Por que você não...?", "Seria melhor você...", "Não concordo", "Impossível", "Não acredito", ou "Não pode ser verdade", para inflamar temperamentos e provocar respostas defensivas.

Não importa o que seja acrescentado para terminar a sentença. Só de escutar esses gatilhos verbais venenosos o ouvinte pode parar de prestar atenção ao que está sendo dito ou tornar-se agressivo em relação a quem está falando.

Sempre que você ouvir um gatilho verbal venenoso, é provável que esteja lidando com uma pessoa venenosa altamente crítica, como Christina descobriu. Christina contou a Mary que havia encontrado um novo caminho espiritual. A resposta de Mary foi: "Você deveria experimentar o budismo, caso deseje realmente seguir um caminho espiritual". Mary negou por completo o interesse de Christina por seu novo sistema de crença. Christina fechou-se, recusando-se a conversar com a suposta amiga pelo resto da noite.

Se você ouvir gatilhos verbais venenosos, lembre-se de que os sentimentos negativos em relação à pessoa estão prestes a vir à tona.

O efeito que as palavras ditas por alguém pode ter sobre uma outra pessoa está na Bíblia, no Livro dos Provérbios 18:21: "A morte e a vida estão em poder da língua".

De fato, centenas de crimes foram cometidos contra pessoas que proferiram palavras venenosas. Vivemos ouvindo histórias de pessoas que foram surradas ou mortas de modo violento devido a algo que disseram. Hoje em dia, dizer coisas venenosas a alguém pode custar a vida de uma pessoa.

Palavras venenosas também podem resultar na morte da pessoa que foi alvo delas. Torturas verbais, provocações constantes e enxurradas de palavras tóxicas são insuportáveis. Pessoas incapazes de lidar com isso podem fazer o que Megan Pauley, de 15 anos, residente em New Hampshire, fez. Antes de cometer suicídio, Megan escreveu um bilhete declarando que não agüentava mais as provocações das pessoas com quem convivia, que era melhor morrer do que suportar dolorosas torturas verbais. Infelizmente, o caso de Megan não é um incidente isolado. A taxa de suicídio entre os adolescentes cresce a cada dia. Pressões externas e a baixa auto-estima são fatores significativos para o crescimento dessa taxa.

Embora a pressão para que uma pessoa se "adapte" e seja "aceita" tenha aumentado ao longo dos anos, a punição para quem é diferente — até para aqueles que não usam roupas das grifes certas — nunca foi tão brutal e violenta quanto atualmente.

Os adolescentes não são os únicos que sofrem quando servem de alvo constante para provocações e comentários venenosos. Os adultos também ficam magoados, talvez até mais.

Quando eu estava fazendo pós-doutorado em medicina genética, no Harbor UCLA Medical Center, trabalhei bastante com anões. Certo dia, estava acompanhando uma senhora anã até uma sala de exames. Quando passamos pelo saguão do hospital, duas crianças começaram a fazer piadinhas sobre ela, rindo histericamente. A mãe das crianças também riu. Virei-me para o trio e disse: "Estou surpresa com vocês! Como se atrevem a rir dessa mulher só porque ela é pequena? Não há nada de engraçado nela". Embaraçados, os três pararam de rir. A senhora anã fitou-me e comentou: "Obrigada por tentar defender-me, doutora Glass, mas confesso que já estou acostumada com esse tipo de comentário. Fui alvo de brincadeiras maldosas durante toda a vida".

Fiquei de coração partido. Por que alguém deveria acostumar-se a ouvir palavras ofensivas? Essa é uma questão trágica para uma sociedade que ri do infortúnio alheio. O caso não tem nada a ver com humor. Ele reflete uma enfermidade moral.

Ninguém pode provocar, irritar ou maltratar pessoas a vida inteira e esperar que elas não reajam. Se as vítimas não voltarem tais ataques contra si mesmas e se autodestruírem, acabarão atingindo um ponto-limite e irão expressar a agressividade externamente. Um dia, incapazes de agüentar mais, podem terminar fazendo algo horrível contra os outros.

Pensando nisso, não é surpresa nenhuma ler nos jornais que um motorneiro do metrô de Nova York, cansado de ser alvo de gozação dos companheiros de trabalho por causa da sua gagueira, feriu um homem, matou outro e depois se suicidou.

As palavras de Cristo no Novo Testamento, Evangelho de Mateus 15:11, resumem melhor a questão: "Não é aquilo que entra pela boca que mancha o homem, mas aquilo que sai da boca, isso é que torna imundo o homem".

Se você dirige palavras venenosas a uma pessoa, deve preparar-se para agüentar as conseqüências. Saiba que suas palavras podem não ser esquecidas jamais.

Tudo bem, você pode estar zangado a ponto de explodir, e sente necessidade de gritar e usar palavras tóxicas. Pois grite, esbraveje e diga coisas terríveis, mas quando fizer isso tenha em mente que corre o risco de perder um amigo para sempre — palavras ofensivas são lembradas e não podem ser retratadas.

Com muita freqüência disparamos palavras venenosas contra outras pessoas como se fossem balas de um revólver. Temos de ser responsáveis pelo que dizemos, pelo modo como utilizamos nossa munição verbal. Como balas de verdade, palavras tóxicas podem não apenas ferir, como literalmente matar outras pessoas — ou nos matar.

3

O que faz as pessoas venenosas agirem do modo como agem?

- Ciúme — a raiz de todo veneno
- Por que você é odiado quando é bonito ou bem-sucedido?
- Por que gostam de você apenas quando é bonito ou bem-sucedido?
- Por que você é odiado quando fracassa?
- Por que as pessoas odeiam você quando o conhecem bem?
- Você não pode agradar a todo mundo, portanto trate de agradar a si mesmo

Ciúme — a raiz de todo veneno

O ciúme é uma resposta primitiva. Afinal, por que um cachorro late para uma criança pequena a qual você está dando atenção? Por que alguns animais selvagens se dispõem a matar outros do grupo, que têm mais comida que eles? Por que crianças de 3 anos de idade, que já falam e já aprenderam a usar o banheiro, voltam a balbuciar como bebês e a molhar e sujar as calças, quando ganham um irmãozinho ou irmãzinha?

O que provoca tais reações são o ciúme e a concomitante inveja — o descontentamento e os sentimentos de inadequação trazidos à tona pelas conquistas, sucesso ou amores de outras pessoas, e o desejo de ter tudo isso para si mesmo. Assim como as pessoas venenosas agem do modo como agem porque têm ciúme de você, é importante reconhecer que o ciúme também pode fazer com que você se comporte de maneira tóxica.

Testemunhei um exemplo arquetípico de ciúme quando tinha 9 anos e estava assistindo a um concurso infantil de beleza na tevê. Duas pequenas concorrentes estavam de mãos dadas diante das câmeras, aguardando com ansiedade que o apresentador anunciasse a vencedora do concurso. Finalmente o nome da ganhadora foi proclamado. Nesse momento, a perdedora cerrou os punhos e deu um soco no rosto da vencedora — na frente de todos. A vencedora começou a chorar, histérica, porque tinha levado um soco. A perdedora começou a chorar, histérica, porque havia perdido o concurso. E eu, em casa, comecei a rir, histérica, porque nunca tinha visto nada tão engraçado em toda a minha vida — o apresentador não conseguia acalmar as meninas, cujas mães gritavam uma com a outra e com o apresentador, o qual tentava recuperar o controle do *show*.

A reação da pequena perdedora foi uma resposta básica ao fato de ter visto uma outra menina conseguir o que ela desejava para si. Para resumir, ficou zangada e enciumada por ter perdido o concurso, por isso atacou a vencedora.

Analisando o incidente, agora que sou adulta, percebo que ele não é nem um pouco engraçado. Vejo-o como uma ilustração gritante daquele elemento negativo da condição humana que aflige muitas pessoas, jovens e velhas — o ciúme. Um de meus clientes, um homem inteligente, bonito, de porte atlético, foi apresentado por amigos a uma bela mulher. Os dois se sentiram atraídos um pelo outro e marcaram um segundo encontro, para jogar *racquetball*[1]. A mulher, cujo nome já havia constado na lista de campeãs nacionais do esporte, começou a ganhar todas as partidas, e meu cliente foi ficando cada vez mais irritado. Finalmente ele atingiu a oponente com uma bolada na cabeça, num momento em que ela se encontrava de costas. O homem fez com que a bolada parecesse um incidente e pediu milhões de desculpas, mas no fundo sentiu-se feliz por ter machucado a mulher, impedindo-a de continuar jogando. Ao me contar a história, ele sorriu com prazer enquanto tentava mostrar como tinha sido esperto ao evitar perder para uma mulher.

Fiquei nauseada ao ouvir aquilo. Percebi que o caráter fraco de meu cliente fora suplantado pelo ciúme em relação à mulher que, por acaso, era uma atleta melhor que ele. O homem não conseguiu aceitar a idéia de perder o jogo, e reagiu exatamente como a pequena candidata do concurso de beleza infantil: atacou fisicamente a oponente.

Ataques provocados pelo ciúme não são apenas físicos, mas também mentais, e envolvem tortura psicológica, palavras cruéis e comportamentos desagradáveis.

À medida que vamos crescendo, aprendemos que a vida é cheia de "podemos" e "não podemos", de vencedores e perdedores. Algumas vezes vencemos, outras perdemos, em diversas situações da vida. Não existe sensação melhor que vencer, não existe sensação pior que perder. Sentimo-nos deprimidos e desvalorizados, assumimos o papel de vítima e nos punimos comendo ou bebendo em excesso, tomando drogas ou fazendo coisas que podem nos causar problemas. Muitas vezes descarregamos a raiva e a frustração provocadas por um fracasso sobre os outros — geralmente pessoas

1 *Racquetball* — jogo semelhante ao handebol, mas que se joga com uma raquete de cabo curto. (N. da T.)

que nos são próximas ou a quem amamos muito. As reações negativas ao modo como tratamos essas pessoas fazem com que nos sintamos pior ainda e perpetuam o ciclo da convicção de que somos perdedores natos.

Olhar para os outros reforça o sentimento de frustração. Quando olhamos para fora de nós mesmos e vemos, por exemplo, o nosso vizinho "vencedor", acabamos pensando as piores coisas a respeito de nós mesmos. Afinal, o vizinho tem uma casa enorme, um filho que estuda em Harvard, uma esposa que o adora, um carro esporte novo na garagem. Possui uma ótima forma física, veste-se bem, tem uma gorda conta bancária e, duas vezes por ano, vai passar férias com a família nos mais diversos pontos do globo. Oferece festas fantásticas, cheias de convidados que parecem apreciá-lo sinceramente. Ele e a esposa parecem estar sempre se divertindo "horrores". Está sempre sorrindo, e todas as pessoas com quem você conversa gostam dele; nesse caso, por que você o odeia tanto?

É por que o vizinho tem tudo, ou pelo menos você pensa que ele tem tudo. Em vez de se sentir feliz pelo vizinho, e usá-lo como motivação para melhorar a própria vida, você, como muitos de nós, procurará destruí-lo.

Você pode tentar destruir o vizinho com comentários sarcásticos, respostas desencorajadoras ou falsos elogios. Mas seu rosto e a linguagem corporal traem seus verdadeiros sentimentos. O "vencedor" não é surdo, cego ou tolo. Ele percebe o que acontece, e fica extremamente magoado, ainda mais se você for alguém que ele sempre considerou como amigo.

Jennifer contou à melhor amiga, Marilyn, um segredo que não havia contado a mais ninguém: estava grávida. As duas mulheres já haviam tido inúmeras conversas a respeito de seus relógios biológicos e do desejo de ter um bebê. E então Jennifer conseguiu engravidar. Ela mal pôde esperar para dar a notícia a Marilyn, certa de que a amiga partilharia de sua felicidade.

Uma surpresa aguardava Jennifer. Em vez de se mostrar feliz, Marilyn engoliu em seco e murmurou em tom inexpressivo: "Que ótima notícia. Parabéns pela gravidez". Não é preciso ser um gênio para adivinhar que Marilyn não estava pensando na felicidade de Jennifer e no bebê que a amiga ia ter, e sim no bebê que ela própria não teria. Marilyn ficou com inveja da amiga, e Jennifer percebeu isso. Mas, em vez de fazer o que a maioria das pessoas faria — permitir que a raiva destruísse uma amizade —, Jennifer deu um abraço carinhoso em Marilyn.

O ciúme e a inveja costumam vir à tona quando nos sentimos inadequados, desajustados — quando sentimos que temos algo a menos, ou que outra pessoa tem mais que nós.

Realizei uma pesquisa com 105 pessoas e vi que o ciúme é o elemento-chave de destruição da maioria dos relacionamentos. Uma das perguntas da pesquisa era: "O que destruiu seu relacionamento com um bom amigo?". Mais de 75% dos entrevistados mencionaram o ciúme como razão da ruptura de uma boa amizade. Isso se torna particularmente evidente em relacionamentos íntimos, quando um dos parceiros teme que o outro o abandone. Enciumada, uma pessoa pode tornar-se possessiva e desferir ataques verbais ou físicos contra o parceiro.

Em entrevistas com diversos psicólogos e conselheiros matrimoniais e familiares, perguntei: "Por que maridos e esposas se agridem?". Houve um consenso nas respostas: a agressão resulta dos sentimentos de inadequação ou de insegurança do marido ou da esposa, que sente tanto ciúme do cônjuge que acaba recorrendo à violência para conquistar mais poder dentro do relacionamento. Às vezes, a violência é verbal e manifesta-se como crítica.

Talvez seja essa a razão pela qual tantos executivos poderosos e respeitados, que administram grandes empresas e lidam com milhares de funcionários, tenham esposas verbalmente violentas. Tais mulheres vivem a aborrecer e a criticar os maridos para conquistar até a menor migalha de poder no ambiente doméstico.

Uma crítica pode ser uma coisa boa quando oferecida com palavras gentis, em tom amoroso e proveitoso. Também é significativo notar quem critica você e por quê. A crítica serve para melhorar sua maneira de ser? Foi feita com sinceridade, tendo em vista seus interesses? Se for esse o caso, então você não alimentará sentimentos negativos em relação à pessoa que o criticou. Poderá até sentir mais respeito pela pessoa que teve coragem de lhe dizer a verdade. Um crítico positivo fará críticas em tom positivo e usará palavras polidas de encorajamento e estima.

Por outro lado, existirão pessoas que irão criticá-lo sem pensar nos seus interesses. Elas o atacarão porque não gostam de você ou porque sentem ciúme, e terão prazer em lhe dizer o que há de errado com você.

Quando alguém lhe aponta o dedo de modo crítico, esse alguém deve primeiro olhar para si mesmo. Afinal, embora um dedo esteja apontando para a frente, três outros dedos apontam para trás. Quem o critica precisa examinar as próprias razões para estar agindo assim. Uma pessoa honesta o bastante reconhecerá que a crítica foi motivada pelo ciúme ou pela inveja, pois é bem provável que você possua algo que ela gostaria de ter.

Por que você é odiado quando é bonito ou bem-sucedido?

Poucos anos atrás, a campanha publicitária norte-americana de um xampu mostrava a linda atriz Kelly LeBrock (*A Dama de Vermelho*) jogando os belos cabelos de um lado para outro e dizendo: "Não me odeie por eu ser bonita". A atriz exaltava, então, as qualidades do xampu, insistindo em que o produto era a razão da sua beleza. Tenho certeza de que o xampu ajudava, mas duvido que Kelly LeBrock fosse tão bonita só por causa dele. No entanto, a campanha publicitária foi um sucesso, pois fazia com que o público-alvo encarasse com simpatia a atriz que fazia um "pedido" tão audacioso — prendendo a atenção dos telespectadores até o fim do comercial.

A sociedade valoriza muito a aparência física. Talvez isso tenha tido origem em Hollywood, onde vive o *beautiful people*[1], e se espalhado pelos Estados Unidos e pelo resto do mundo.

Hollywood é um templo exagerado e impróprio como reflexo da aparência física da humanidade. Definitivamente, não existe democracia em Hollywood. Lá, você é julgado pela aparência, pelo jeito de falar e pela posição social. Sua vida depende desses fatores. Já vi lindas moças de 19 anos, robustas e voluptuosas, entrarem em meu escritório, em Beverly Hills, aos prantos porque algum produtor ou diretor lhes disse que precisavam perder 10 quilos caso quisessem o emprego. As moças passam fome fazendo regime, ou comem incontrolavelmente e depois se obrigam a vomitar. Tomam laxantes. Fazem lipoaspiração e plástica no nariz. Usam aparelhos corretivos, mandam polir os dentes. Passam por cirurgias para aumentar os seios, fazem *peeling* no rosto — tudo isso para melhorar a aparência. Por ironia, quando finalmente atingem o peso certo e conseguem o nariz certo, os dentes certos, os seios certos e a pele certa, correm o risco de ficarem "bonitas demais" e serem rejeitadas para o próximo papel que tentarem obter.

As pessoas abrigam emoções conflitantes em relação aos que são muito bonitos. Há uma tendência a sentir ódio de

---

1 *Beautiful people*, expressão que designa um grupo social formado por "pessoas bonitas" geralmente jovens, ricas e famosas. (N. da T.)

alguém que se torna bonito. Também existem pessoas que se sentem pouco à vontade com uma beleza recém-adquirida, caso não estejam seguras de si.

Frieda, 45 anos, nasceu com um buraco no céu da boca, ou seja, nasceu com uma fenda palatina que nunca foi corrigida cirurgicamente. Era difícil entender o que ela dizia, porque o problema tornava sua voz nasalada. Frieda marcou uma hora comigo, depois de assistir a um programa de tevê no qual fui entrevistada. Quando ela entrou no escritório, notei que tinha uma aparência malcuidada. Os dentes de Frieda estavam estragados, e era óbvio que ela não tomara banho recentemente. Os cabelos eram lisos e oleosos, os óculos antiquados. Bem acima do peso ideal, ela usava roupas que lhe realçavam o excesso de gordura.

Além do problema de fala, decidi ajudar Frieda a melhorar a "imagem total". Como operária da linha de montagem de uma fábrica, ela não tinha dinheiro para pagar por uma remodelação de imagem. Sendo assim, pedi a alguns amigos meus que me ajudassem a ajudá-la. O cirurgião plástico Henry Kawamoto e o dentista Henry Yamada concordaram em usar o quadro clínico de Frieda como "objeto de estudo". Meu dermatologista tratou dos problemas de pele que ela apresentava; minha cabeleireira lhe fez um corte de cabelo bonito e fácil de cuidar; meu oftalmologista examinou-lhe os olhos e deu-lhe óculos novos, atraentes — tudo isso de graça. Eu mesma contribuí com horas e horas de terapia para melhorar a fala e a capacidade de comunicação de Frieda — sem mencionar as horas de conversa para aumentar-lhe a autoconfiança e a positividade, para que tivesse uma vida melhor e pudesse realizar os sonhos dela. Elaborei para Frieda um programa de dieta e exercícios saudáveis, ensinei-lhe a realçar os melhores traços do rosto com um pouco de maquiagem. Por fim, levei-a a uma loja e mostrei-lhe como comprar roupas e acessórios fáceis de combinar, de boa qualidade mas não necessariamente caros.

Frieda ficou mais bonita, superou os problemas de fala, começou a gostar mais de si mesma; estava pronta para iniciar vida nova.

Meses mais tarde, recebi um telefonema perturbador do dr. Kawamoto. Frieda havia ido ao consultório dele para um rotineiro exame pós-cirúrgico; seu aparelho fonador estava funcionando bem, mas a fala regredira. O médico me contou também que a aparência de Frieda era a mesma de antes da cirurgia plástica — malcuidada, acima do peso ideal, mal vestida — e depois me perguntou o que havia acontecido com a bem-sucedida remodelação de imagem que eu programara para ela.

Chocada, liguei na mesma hora para Frieda e ouvi o tom de voz monótono e nasalado que havíamos trabalhado tanto para eliminar. "O que houve com você, Frieda?", perguntei; "Nós nos esforçamos tanto para melhorar sua fala e sua imagem!" Sem hesitar, ela respondeu: "Bem, meus amigos gostam mais de mim do jeito que eu era antes".

Tive a sensação de que alguém havia me dado um soco na boca do estômago. Fiquei triste não apenas por saber que um grande esforço e horas intermináveis de dedicação haviam ido por água abaixo, mas também por ver que Frieda não havia tido a coragem, a força interior necessária, para perceber que as pessoas venenosas que diziam gostar mais dela "do jeito que era antes" não eram suas amigas. Essas pessoas haviam se sentido ameaçadas pela recém-adquirida beleza e autoconfiança de Frieda.

É uma pena, mas existem muitas pessoas iguais aos supostos amigos de Frieda — gente que se sente tão ameaçada pelas mudanças positivas de alguém que tenta sabotá-las. Isso é muito comum quando alguém está tentando abandonar o vício das drogas ou do álcool.

Por outro lado, existem pessoas venenosas que só gostam de você quando está parecendo ou se sentindo ótimo.

Por que gostam de você apenas quando é bonito ou bem-sucedido?

Mary odiava o homem de 136 quilos no qual Zane se transformara depois de 8 anos de casamento. O peso do marido a desestimulava sexualmente. Mary mal conseguia respirar quando Zane se deitava sobre ela; sentia asco da respiração ofegante, do suor e da aparência corpulenta dele. Sempre que tinha uma chance, importunava o marido dizendo que queria vê-lo emagrecer. Mary usou todas as táticas possíveis de aproximação, desde pedidos carinhosos até ameaças. Seus esforços foram em vão. Certo dia, quando não conseguiu entrar no próprio carro, Zane finalmente decidiu fazer um programa de emagrecimento.

Depois de perder 68 quilos, Zane ficou ainda mais bonito do que era na época em que se casara com Mary. Seu novo peso combinava às mil maravilhas com as feições másculas e os distintos cabelos grisalhos. Ele fez musculação e transformou-se num verdadeiro "gato". Mulheres começaram a paquerá-lo na rua. Pessoas que nunca lhe haviam dado atenção começaram a conversar com ele. Os amigos convidavam-no mais vezes para sair, e seus contatos profissionais melhoraram.

Zane começou a ficar convencido, cheio de autoconfiança. Mary, apavorada, pensou: "Criei um monstro". Ela não sabia lidar com o novo e melhorado Zane. A princípio, tentou ser sedutora e pedia para fazer amor a toda hora; Zane reagiu de maneira reticente. Zangada por ter sido rejeitada, Mary voltou a importunar o marido, dessa vez implicando com o modo como ele se vestia, com a quantidade de dinheiro que gastava e outras coisas do gênero. Zane lembrou-se da maneira horrível com a qual Mary o havia tratado quando estava gordo, e recusou-se a tolerar a situação. Sentia-se magoado pelo fato de a esposa só ter começado a procurá-lo sexualmente depois que ele emagrecera. Não demorou muito para que pedisse o divórcio.

Todos nós já passamos por uma experiência semelhante à de Zane. Ninguém quer se sentir querido ou amado apenas porque tem boa aparência. Se uma pessoa descobre que é esse o caso — como costuma acontecer após uma mudança para melhor —, ela tende a ficar ressentida ou com raiva.

No *Donahue*[1] tivemos um excelente exemplo de como uma pessoa pode ficar ofendida quando alguém reage de modo positivo diante dela só porque tem boa aparência. A equipe de produção do *Donahue* colocou uma mulher magra e bonita dentro de um "molde" de látex que a deixou obesa; em seguida, vestiram-na com roupas largas e filmaram um encontro[2] entre ela e um homem num restaurante. Depois de poucos minutos à mesa, o homem começou a dizer que a mulher devia entrar para um programa de emagrecimento e comer apenas certos tipos de alimento. Ele foi se tornando cada vez mais repulsivo enquanto continuava se referindo ao excesso de peso da mulher. Na hora de fazer o pedido dos pratos ao garçom, o homem chegou a determinar o que a mulher podia ou não comer.

No dia seguinte o homem apareceu no palco do *Donahue*, onde imaginava que iria participar do quadro "Você namoraria uma pessoa obesa?". Ele estava preparado para relatar suas experiências e dar opiniões sobre o assunto.

De repente, uma linda e esbelta mulher deixou a platéia e foi sentar-se ao lado do homem no palco. Phil Donahue perguntou a ele se esse era o tipo de mulher que namoraria. O homem sorriu, com ar de conquistador, e colocou um braço em torno dos ombros da mulher; ela o empurrou para longe, fazendo menção de dar-lhe um soco no nariz.

---

1 Programa de tevê norte-americano, tipo *talk show*, cujo nome é o mesmo do seu apresentador. (N. da T.)

2 No original, *blind date*: um encontro social entre um homem e uma mulher que não se conhecem, arranjado por uma terceira pessoa. (N. da T.)

Não é necessário dizer que a linda e esbelta mulher era a mesma que havia usado o "molde" que a deixara obesa.

Cada vez mais irada, a mulher descreveu o modo como o homem a havia tratado enquanto estava "gorda". Apesar disso, o homem continuava tentando abraçá-la, até que ela pediu a Phil: "Mande esse idiota ficar com as mãos longe de mim, caso contrário sairei do palco!".

O homem provou ser uma criatura asquerosa para todos os que assistiram ao programa. Foi nauseante e doloroso testemunhar como alguém pode ser rude com um outro baseando-se apenas em sua aparência física, e depois vê-lo tentando seduzir a mesma pessoa só porque a aparência física dela melhorou.

A raiva é uma reação natural nesse tipo de situação. Ninguém quer se sentir amado apenas por ser atraente. Infelizmente, esse é um comportamento comum em sociedade.

Por que você é odiado quando fracassa?

Em Hollywood, um ator famoso é convidado para todas as festas importantes, sempre consegue bons lugares nos melhores restaurantes e vive sendo perseguido por *paparazzi*. Quando esse mesmo ator trabalha em um filme que não faz sucesso, o que acontece é fascinante. O volume de convites para festas diminui, os bons lugares nos restaurantes desaparecem como que por encanto, os *paparazzi* somem de vista.

Uma de minhas clientes teve uma de suas músicas no primeiro lugar das paradas de sucesso. Seus *shows* lotaram, os convites para participar de filmes tornaram-se abundantes. Ela freqüentava festas todas as noites e era tratada como a "rainha do baile". O álbum seguinte, porém, foi um fracasso de vendas. Da noite pare o dia, as pessoas começaram a tratá-la como se não a conhecessem. Ela nunca mais recuperou o *status* de grande estrela da música. Em Hollywood, você só é bom enquanto fez sucesso. As pessoas por lá não perdem tempo com quem fracassa.

No "mundo real", as pessoas também podem tratá-lo mal devido a alguma coisa. Depois de invejarem seu sucesso, elas podem odiá-lo ao vê-lo ser malsucedido.

Por que será que, quando alguém está "na pior", é tão fácil chutá-lo e empurrá-lo ainda mais para o fundo do poço?

Donald Trump tinha tudo: dinheiro, fama, autoconfiança, inteligência, *status* social e uma linda esposa. A imprensa não cansava de lisonjeá-lo — até que ele teve um caso com Marla Maples. Não foi um caso discreto; Marla e Ivana, a esposa de Trump, confrontaram-se numa pista de esqui em Aspen, diante de Trump — e do resto do mundo.

Depois desse incidente, a boa estrela de Donald Trump pareceu despencar do céu. Ele provou do toque de Midas. Perdeu milhões de dólares juntamente com a boa reputação e, o que é pior, perdeu a esposa. Ivana emergiu vitoriosa da história — conseguiu planejar uma boa vida para si mesma com o lançamento de uma grife de roupas, escrevendo livros e dando palestras, tendo uma vida social ativa e arranjando um novo marido. Parece que todo o mundo ficou do lado dela.

As pessoas ficaram furiosas com Donald Trump devido ao modo como conduziu a própria vida. Ele havia sido o herói de muita gente. Mesmo quando, finalmente, se casou com "a outra", muitas pessoas pensaram que Marla só conseguira fisgá-lo porque havia engravidado.

Por que o público exultou com o fracasso de Trump e continuou a espicaçá-lo quando ele já estava no fundo do poço? As pessoas interessaram-se pela "novela" da vida de Trump porque ele foi um herói que realizou o Sonho Americano e depois o destruiu. Tendo representado alguém que podia nos servir de exemplo, ele acabou se revelando um ser humano igual a todos — e por isso ficamos zangados. Queríamos um herói.

Para resumir, as pessoas o odeiam quando você é malsucedido, porque seu fracasso revela o potencial para o fracasso que existe em cada uma delas.

Os comentários venenosos que as pessoas fazem sobre os sem-teto, os obesos, os desempregados, os enfermos e todos aqueles que passaram por tragédias na vida são provocados pelo medo. É a síndrome do "Isso Poderia Ter Acontecido Comigo". As pessoas temem que coisas ruins que aconteceram com os outros aconteçam com elas. Em vez de mostrarem compaixão e estenderem a mão para oferecer ajuda, elas acham mais fácil lidar com a dor transformando-a em hostilidade ou ignorando-a para que vá logo embora. Esse é o modo que elas encontram para aplacar todo sentimento de vulnerabilidade.

Por que as pessoas odeiam você quando o conhecem bem?

Todo mundo conhece o adágio: "A familiaridade gera o desprezo". Mas, na verdade, a familiaridade deveria gerar amor. Por que as pessoas que melhor o conhecem são as que o tratam da pior maneira? Por que as pessoas são mais gentis com um estranho do que com alguém de quem são íntimas? Tudo se resume a uma grande falta de auto-estima.

Lembra-se daquela piada de Groucho Marx: "Eu não seria membro de nenhum clube que me aceitasse como sócio"? Qualquer um que o aceitasse como amigo certamente não tinha juízo!

Embora possamos rir dessa piada autodepreciativa, ela não é engraçada. Com uma freqüência excessiva, esse tipo de sentimento contamina famílias, amizades e casamentos na sociedade atual.

Se você se considera horrível, indigno de ser amado, como pode amar alguma outra pessoa? Durante os anos em que trabalhei, ouvi inúmeras histórias sobre pessoas que, ao começarem um relacionamento amoroso ou de amizade, eram generosos e carinhosos, para depois se transformarem em verdadeiros carrascos.

Uma cliente, Dolores, teve uma experiência do tipo *O Médico e o Monstro*[1] com um homem que, durante a fase do noivado, a tratava como se fosse uma rainha. Dominic vivia lhe dando presentes, levava-a aos melhores restaurantes, preparava-lhe banhos de espuma e jantares à luz de velas. Atencioso, telefonava cinco vezes por dia só para dizer que a amava.

Depois do casamento, tudo mudou. Dominic tornou-se egoísta, entediante, mal-humorado, negativista, agressivo. Só após um longo processo de aconselhamento matrimonial foi que Dominic pôde revelar que não se sentia merecedor do amor de Dolores. Ele havia tentado sabotar o relacionamento de ambos adotando uma atitude grosseira, insensível. Depois de ter feito o impossível para conquistar Dolores, estava fazendo o impossível para afastá-la de si. Com o auxílio adicional de uma terapia individual, Dominic melhorou em auto-estima e amor-próprio, de modo a poder transferir esses sentimentos positivos para o relacionamento com Dolores.

Dominic e Dolores tiveram sorte, pois conseguiram salvar o casamento. Na maioria das vezes, porém, a pessoa que é motivada pela insegurança ou pelo ódio a si mesma nunca se sente realmente bem em relação às pessoas que fazem parte de sua vida, sejam elas amigos íntimos, sejam parentes ou colegas de trabalho. É por esse motivo que muitas pessoas tratam gente "de fora" com respeito, dignidade e gentileza, embora sejam rudes e desrespeitosas umas com

---

1 Referência ao romance fantástico de R. L. Stevenson, publicado em 1886. O personagem principal, dr. Jekyll, descobre uma droga que, quando ingerida, o transforma num monstro: o sr. Hyde. (N. da T.)

as outras. Elas dão a quem está mais próximo o mesmo tratamento de desprezo e hostilidade que dão a si mesmas. Tudo se resume a uma ausência de auto-respeito, amor-próprio e auto-estima.

Você não pode agradar a todo mundo, portanto trate de agradar a si mesmo

As pessoas venenosas o odeiam quando você é bem-sucedido e bonito. Elas também o odeiam quando fracassa. É o típico dilema "se correr o bicho pega, se ficar o bicho come". Vão odiá-lo ou amá-lo por seu sucesso ou por seu fracasso, e não há *nada* que você possa fazer a respeito.

O falecido Ricky Nelson, ídolo dos adolescentes da década de 50, tentou reconquistar seu *status* no começo da década de 70. Foi expulso sob vaias do palco do Madison Square Garden, enquanto tocava suas antigas canções nostálgicas. Ocorreu um erro de julgamento: as pessoas queriam ouvir músicas atuais. Magoado, Nelson escreveu uma canção sobre a desagradável experiência, *The Garden Party*, que se transformou num dos maiores sucessos da década.

"Você não pode agradar a todo mundo, portanto trate de agradar a si mesmo", dizia a canção. Tais palavras deveriam ser gravadas a fogo na mente de todos, para servirem de consolo sempre que alguém se sente excluído ou rejeitado. As técnicas que ensinarei mais tarde neste livro permitirão que você lide com atitudes tóxicas resultantes do ciúme e da inveja, ou da falta de auto-estima.

Muitos de nós passamos pela vida tentando agradar a todo mundo e tentando fazer com que todos gostem de nós quando, na verdade, existem certas pessoas que jamais irão gostar de nós. Podemos ser venenosos para essas pessoas, por alguma razão desconhecida. Em contrapartida, elas são tóxicas para nós.

Deveriam nos ensinar desde o começo — a partir da infância — que não importa a razão pela qual somos perseguidos ou rejeitados: seja por termos a pele clara ou escura demais, seja por sermos obesos ou macérrimos, muito altos ou muito baixos, superinteligentes ou burros. Deveríamos aprender desde cedo que, enquanto tivermos amor por nós mesmos e nos aceitarmos como somos, o que os outros pensam e dizem a nosso respeito não tem importância.

Se pensássemos desse modo, certamente seríamos mais felizes e não sofreríamos tantos desapontamentos, pois não tentaríamos agradar a ninguém além de nós mesmos.

Talvez um comentário do ator Bill Cosby resuma melhor esse ponto: "Não sei qual é a chave para o sucesso, mas a chave para o fracasso é tentar agradar a todo mundo". Ele está coberto de razão!

4

Identificando as pessoas venenosas em sua vida

- Percebendo pela primeira vez que alguém pode ser venenoso para você
- Quem é venenoso?
- Por que existem pessoas venenosas?
- Pessoas venenosas e doenças
- Humor venenoso contagiante
- Trazendo à tona o que há de pior em você
- O amigo de um homem pode ser um veneno para outro homem
- Pessoas venenosas no passado
- Quem é venenoso para mim

Percebendo pela primeira vez que alguém pode ser venenoso para você

Vários anos atrás, em Sacramento, Califórnia, apresentei um seminário para um grupo de oficiais do governo. Em determinado momento, eu disse: "Se existem pessoas na vida de vocês que não lhes dão apoio e que não os tratam com a dignidade e o respeito que merecem, livrem-se delas. Não permitam que façam parte da sua vida diária".

Ao final do seminário, um cavalheiro alto e atraente aproximou-se de mim com lágrimas nos olhos e indagou: "Doutora Glass, como pode aconselhar alguém a livrar-se desse tipo de pessoa? E os amigos que tenho há vinte, trinta anos? Isso não significa nada?".

Embora eu entendesse a preocupação do homem, respondi: "Não podemos ser sentimentais quando alguém abusa de nós, puxa-nos para baixo e nos impede de evoluir. O sentimentalismo tem a ver com carinho, amor, com pessoas que são forças positivas em nossa vida. O sentimentalismo deve ser reservado às pessoas que nos tratam com gentileza, dignidade e respeito. Ele não é para as pessoas que nos sabotam e nos impedem de crescer".

O homem continuou a me desafiar, insistindo em defender a idéia de que não devemos nos livrar de indivíduos venenosos. Ele acreditava que, se certas pessoas já fizessem parte de nossa vida há muito tempo, desempenhando um papel importante, não deveríamos afastá-las.

Perguntei a ele: "O senhor está pensando em alguém específico quando me diz que não devemos nos livrar de uma pessoa venenosa?".

"Sim", respondeu o homem, com timidez. "E se a pessoa venenosa for minha esposa? Isso significa que tenho de me livrar dela?"

Lágrimas molharam-lhe as faces enquanto ele prosseguia: "Enquanto a senhora falava, eu pensava em minha esposa. Desde que nos casamos, há vinte anos, ela vive me atormentando. Minha esposa sempre diz que sou um perdedor, que não sei fazer nada direito. Ela está sempre gritando comigo".

O homem confessou a seguir que a sua vida sexual era praticamente inexistente, pois a esposa não se cansava de acusá-lo de ser um péssimo amante. A mulher o criticava a todo instante, e mesmo quando algo de bom ocorria com ele, como um aumento de salário ou uma promoção, ela não o elogiava. Ao contrário, fazia questão de atormentá-lo ainda mais sempre que ele estava feliz com alguma coisa. Os dois já haviam tentado fazer terapia de casal, mas a esposa continuava a atacá-lo verbalmente.

Eu disse ao cavalheiro que se ele já experimentara todas as opções possíveis para salvar seu casamento e mesmo assim a situação continuava a mesma, o melhor que ele tinha a fazer era refletir se gostaria de passar mais vinte anos sendo desrespeitado. Argumentei que ele não precisava mais sofrer abusos. Existiam outras alternativas, e ele precisava fazer mudanças drásticas em sua vida.

Por fim, o homem viu a luz. Percebeu que a esposa não era uma aliada ou uma amiga, mas sim uma pessoa tóxica que lhe envenenara a vida, destruindo-lhe a auto-estima.

Pela primeira vez na vida o homem estava sendo honesto consigo mesmo. Ficou emocionalmente abalado. Ser honesto consigo mesmo é uma experiência assustadora, ainda mais depois que alguém passa anos enganando-se, ignorando ou negando uma situação. O mais apavorante de tudo é enfrentar a realidade e perceber que a pessoa que você pensava amar está envenenando a sua vida e prejudicando a sua saúde mental, emocional e física.

Quem é venenoso?

Uma pessoa venenosa é alguém que procura destruí-lo, arrasando sua auto-estima e dignidade, envenenando a essência de quem você é. Mina a sua resistência e o deixa mental ou fisicamente doente. As pessoas venenosas não são solidárias. Elas só vêem o que há de negativo em você. Ciumentas e invejosas, não ficam felizes com seu sucesso; mostram-se hostis sempre que você se dá bem em alguma coisa. A insegurança e o sentimento de inadequação dessas pessoas fazem com que elas tentem sabotar seus esforços para ter uma vida feliz e produtiva.

Existem pessoas venenosas dos mais variados tipos, que se expressam de diferentes maneiras.

Qualquer um pode ser uma pessoa venenosa. Grupo socioeconômico, idade, herança cultural, religião e nível de educação não importam. O Q.I. também não importa. Até um gênio pode ser uma pessoa venenosa.

Pessoas venenosas podem ser encontradas em todas as áreas da vida, seja no ambiente familiar, seja no profissional.

Algumas delas podem ser agressivas e desagradáveis na sua frente, enquanto outras podem preferir agir pelas costas. Outras, ainda, podem ter açúcar nos lábios — dizendo-lhe coisas gentis, positivas, carinhosas — e sal nos olhos — fitando você com inveja, negatividade e hostilidade.

Podemos aprender muito com o grande filósofo Confúcio, cujos ensinamentos influenciaram o império chinês e toda a civilização da Ásia Oriental. No século V a.C., Confúcio disse: "Os amigos pretensiosos, bajuladores ou oportunistas são prejudiciais". Esta é uma das definições de uma pessoa venenosa.

Como se verifica com várias das verdades ditas por Confúcio, essa aplica-se de modo significativo aos tempos modernos e à nossa própria cultura. Pessoas venenosas eram prejudiciais há 2.500 anos, e ainda o são atualmente, em todos os aspectos da vida.

Por que existem pessoas venenosas?

Acredito que a maioria das pessoas é boa, não má. Os seres humanos nascem inocentes, amorosos, felizes, abertos, receptivos e inofensivos. Pesquisas já provaram que os bebês não nascem com ódio ou inveja.

Nunca saberemos se as pessoas são venenosas como resultado do ambiente (como foram criadas), da formação biológica específica (sua composição genética) ou de uma combinação desses dois fatores. Nunca saberemos com certeza por que algumas pessoas se tornam venenosas e outras não.

Bernie, um produtor de Hollywood, teve uma infância difícil. O pai o torturava fisicamente e acabou sendo preso por assassinar um vizinho. A mãe era uma eterna vítima, seriamente maltratada pelo marido. Em conseqüência disso, Bernie cresceu com pouco ou nenhum respeito pelas mulheres — ou por qualquer outra pessoa.

Embora tenha conseguido ser bem-sucedido no mundo do *show business*, ele se indispôs com muita gente ao longo do caminho — enganou diversas pessoas, pedindo-lhes dezenas de milhares de dólares emprestados sem jamais devolver o dinheiro; foi um péssimo pai e um péssimo marido, maltratando verbal, emocional e fisicamente os filhos e a esposa.

Quando morreu, há pouco tempo, de câncer no estômago, Bernie deixou não apenas uma porção de dívidas, mas também uma porção de inimigos. No dia em que Bernie faleceu, sua secretária telefonou para algumas celebridades que o haviam conhecido, pedindo-lhes que fizessem um elogio fúnebre no funeral dele. Ninguém aceitou o convite. Na verdade, ninguém quis nem mesmo ir ao funeral.

Os filhos de Bernie ficaram felizes com a morte do pai. A ex-esposa, mais generosa, ficou contente em saber que ele finalmente estava em paz. A secretária de Bernie sentiu alívio, pois não teria mais de suportar a agressividade do patrão. A única coisa que a deixou aborrecida foi a inconveniência de ter de procurar outro emprego.

Conversando comigo, a secretária de Bernie revelou que, depois de dar mais de 250 telefonemas e descobrir que ninguém queria ir ao funeral do chefe, ela mandou cremá-lo. Ninguém, acredita ela, jamais perdeu tempo pensando em Bernie depois disso.

Ao morrer, uma pessoa deveria deixar lembranças felizes. Infelizmente, tudo o que Bernie deixou para trás foi um legado de toxinas que haviam poluído a vida de todas as pessoas que o conheceram.

Não importa se uma pessoa é venenosa como resultado de uma infância terrível, da falta de amor dos pais. O que importa é se a pessoa envenena *você* e sua vida. Mesmo que alguém tenha fama de ser venenoso em relação a outras pessoas, só o que interessa é que esse alguém o trate com a dignidade e o respeito que *você* merece.

Pessoas venenosas e doenças

Se você passa muito tempo perto de uma pessoa tóxica e permite que o veneno dela influencie sua vida, pode ficar sujeito a doenças psicossomáticas. A negatividade de um indivíduo pode minar sua resistência física. Não utilizando alguma das técnicas descritas mais tarde neste livro, reprimindo a raiva e deixando de confrontar a pessoa venenosa, você pode desenvolver uma doença séria e até mesmo fatal.

Raiva e hostilidade afetam a produção do hormônio noradrenalina. Alguém que vive em estresse constante pode produzir uma quantidade excessiva desse hormônio, que provoca pressão alta e obstruções que podem causar infartos e derrames cerebrais. Existe, também, como já provaram os pesquisadores, uma forte correlação entre a repressão de emoções negativas e casos de câncer e de problemas cardíacos.

Segundo o dr. Deepak Chopra, em seu livro *Ageless Body, Timeless Mind*[1], o índice de sobrevivência para casos de câncer e de doenças cardíacas é menor entre as pessoas que sofrem de esgotamento psicológico. Há pouco tempo, li uma citação do comediante Woody Allen: "Um de meus problemas é que eu nunca ponho nada para fora. Não consigo

---

1 "Corpo Eterno, Mente Infinita." (N. da T.)

expressar raiva; em vez disso, desenvolvo um tumor". Não achei graça quando li tais palavras. Elas eram verdadeiras demais, e fizeram-me lembrar de uma de minhas clientes, Madelyn, ex-maquiadora. Acredito que a tendência de Madelyn a manter a raiva guardada dentro de si contribuiu para que ela desenvolvesse um tumor cerebral. Madelyn veio fazer um tratamento fonoaudiológico comigo, depois que a cirurgia para remoção do tumor deixou-a com a língua e as cordas vocais paralisadas. Durante uma de nossas sessões, perguntei a ela como era sua vida antes de o tumor ter sido descoberto.

Madelyn me contou que nunca expressava o que sentia — nunca dizia a ninguém que estava zangada ou magoada. Negava os próprios sentimentos porque eles lhe despertavam culpa, e também porque não queria ferir os sentimentos dos outros.

"Sabe de uma coisa, doutora Glass? Aprendi muito com essa experiência", comentou Madelyn, certo dia. "Nunca mais vou bancar a boazinha e deixar de dizer a uma pessoa que ela me irrita. Estou zangada, e pela primeira vez na vida estou me dando permissão para ficar zangada. Não quero mais ser aquela moça sempre bondosa, prestativa e quieta. Tenho vontade de repetir aquela cena do filme *Rede de Intrigas*, na qual Peter Finch grita pela janela 'Estou furioso e não vou mais tolerar isso!'."

Madelyn prosseguiu: "Estou furiosa com meu pai, que nunca me deu atenção, carinho, amor. Estou furiosa com minha melhor amiga, que quer sempre ser melhor do que eu e vive competindo comigo, principalmente quando há um homem envolvido na história. Também estou furiosa com meu namorado, que não me deu o menor apoio enquanto eu estava no hospital. Ele só se importa consigo mesmo, não liga a mínima para mim".

Ao terminar de falar, Madelyn começou a chorar. Entre um soluço e outro, ela gritou que estava sentindo um alívio que jamais experimentara antes. Pela primeira vez na vida, era capaz de expressar o que sentia — especialmente a cólera.

É triste que Madelyn tenha precisado de um tumor cerebral para conseguir pôr para fora a raiva que as pessoas venenosas, em sua vida, lhe despertavam.

O desenvolvimento de um tumor cerebral é um exagero, mas passar muito tempo perto de pessoas venenosas pode contribuir para o surgimento de uma série de doenças psicossomáticas. Você pode sentir dor de cabeça, náusea, dor nas costas, irritação na garganta, comichões na pele ou falta de ar sempre que está perto de uma pessoa tóxica. Você também pode reagir com sintomas psicológicos, como letargia ou depressão. O mais freqüente é ter a sensação de que sua energia foi sugada de repente, como se um vampiro lhe houvesse chupado todo o sangue. Esses estados de fraqueza emocional podem provocar diversos comportamentos autodestrutivos: comer em excesso, bulimia, anorexia, consumo excessivo de álcool ou drogas.

Talvez não queira enfrentar a situação e causar cenas desagradáveis. Pode dizer: "Tudo bem, esse tipo de coisa não me afeta", mas no final acabará agindo de modo autodestrutivo para lidar com a mágoa que sente por dentro.

Roger, que não via os pais havia muitos anos, convidou a noiva para ir conhecê-los no Natal. Depois de uma deliciosa ceia em família, Roger, a noiva, os pais, irmãos e sobrinhos reuniram-se ao lado da árvore para trocar presentes. Sabendo que o pai era louco por golfe, Roger comprara para ele um lindo e caro suéter de *cashmere* para jogar golfe.

Ao receber o presente, o pai de Roger abriu o pacote, deu uma olhada no suéter e devolveu-o, dizendo com frieza: "Não preciso disso". Roger, chocado com o incidente, pegou o suéter de volta e não trocou mais nenhuma palavra com o pai até o final da noite. Ninguém que assistiu à cena esboçou qualquer reação, e o incidente pareceu ter sido esquecido.

Mais tarde, naquela mesma noite, Darlene, a noiva de Roger, comentou: "Mal posso acreditar na coisa horrível que seu pai fez! Você não ficou zangado? Não ficou magoado com o que aconteceu?".

"Não", respondeu Roger. "Meu pai é assim mesmo. Não me incomodei nem um pouco com o que ele fez."

Darlene ficou surpresa e, ao mesmo tempo, horrorizada com a resposta. A raiva que a atitude do pai de Roger lhe despertara voltou-se contra o próprio Roger, que fazia questão de negar os próprios sentimentos.

Ver o noivo reprimir suas emoções era só uma amostra do que estava por vir. Darlene começou a perceber que sempre que entravam numa discussão Roger se fechava; em vez de expressar sentimentos, ele se afastava. Isso fez com que Darlene reconsiderasse a idéia de casar-se com Roger, com quem levaria uma vida pouco comunicativa. Ela ficou ainda mais frustrada quando o noivo se recusou a fazer terapia de casal, para que ambos aprendessem a se comunicar melhor. Roger continuou a negar que existisse qualquer problema, insistindo que não havia nada de errado com ele. Finalmente Darlene decidiu romper o noivado; Roger estava lhe envenenando a vida ao se recusar a partilhar seus sentimentos com ela.

Darlene não se surpreendeu quando, tempos depois, soube que o ex-noivo, com 38 anos de idade, estava no hospital devido a um ataque cardíaco. O coração de Roger estava morrendo — literal e figurativamente. Cheio de raiva e mágoa, finalmente parou de bater. Roger havia sido um homem raivoso. Tinha raiva do pai. Tinha raiva de Darlene por ter sido abandonado por ela. Acima de tudo, tinha raiva de si mesmo por não ter conseguido expressar o que sentia, até que fosse tarde demais.

Manter a raiva, a dor e a humilhação guardadas dentro de si, sem expressá-las jamais, pode provocar sérios problemas físicos.

Humor venenoso contagiante

Você já ficou de mau humor sem saber por quê? Talvez seja porque você esteve nas proximidades de uma pessoa venenosa. Indivíduos de sensibilidade aguçada podem reproduzir sem querer o tom de voz, a postura e as expressões faciais de uma pessoa venenosa, assumindo assim também algumas das características internas dela.

Lembra-se de quando a sua mãe lhe dizia para não deitar com os cachorros, se não quisesse pegar pulgas? Pois o mesmo raciocínio vale pare o contágio de humores negativos. Se você está perto de alguém que vive mal-humorado, é possível que acabe pegando o mau humor dele. Pode até se transformar num novo transmissor de mau humor, infectando outras pessoas. Foi o que ocorreu com Alex e seu irmão Walt.

Os negócios de Walt foram à falência e a esposa o abandonou. Ele saiu de Nova York e foi morar com o irmão na Califórnia, para recuperar-se do baque sofrido. Além de suas roupas e pertences pessoais, Walt levou mais duas coisas para a casa de Alex: a energia negativa e o mau humor.

"Tudo começou a dar errado desde que meu irmão foi morar em casa", Alex me confidenciou. "Estou sempre mal-humorado, de 'baixo-astral'. Minha mulher e eu vivemos brigando. Sinto-me infeliz, deprimido. Minha energia, geralmente intensa, anda em baixa. Sinto-me esgotado, zangado, cansado. Tenho problemas para dormir e ando comendo feito um porco. Subi na balança ontem de manhã e vi que ganhei quase dez quilos desde que Walt chegou... há três semanas."

Enquanto Alex me contava sua histeria, perguntei-lhe por que não arranjava outro lugar para Walt morar. Ele respondeu que não queria magoar o irmão, que isso o faria sentir-se culpado. Perguntei então como Alex iria sentir-se caso seu casamento terminasse, seu trabalho fosse prejudicado e ele perdesse sua casa e tudo o que conseguira à custa de muito esforço.

Alex entendeu o que eu queria dizer e murmurou: "No final das contas, ficar com sentimento de culpa não me parece tão grave". Ao voltar para casa depois da sessão, Alex teve uma conversa sincera com Walt. Deu-lhe algum dinheiro e pediu a ele que fosse morar em outro lugar. Aparentemente não houve problema nenhum; Walt atendeu de boa vontade o pedido do irmão.

Depois que Walt foi embora, foi como se uma nuvem negra sumisse do horizonte de Alex. O humor da mulher e dos filhos dele também melhorou bastante. A casa ficou com uma aura mais leve, brilhante e energética. Alex tornou-se mais produtivo e seu nível de energia aumentou. Ele começou a exercitar-se todos os dias e logo perdeu o excesso de peso.

Sempre que Walt lhe telefonava, porém, Alex ficava mal-humorado de novo, e sua energia se esvaía. Convencido agora do poder contagiante do humor venenoso do irmão, ele tomou a decisão de diminuir ao máximo seus contatos com Walt. Não bancaria mais a babá do irmão nem o ajudaria a sair das enrascadas em que se metia, como fizera durante toda a vida. Em resumo, Alex decidiu que não seria mais vítima da constante energia negativa de Walt.

Se, como Alex, você é assaltado pelo mau humor sempre que está perto de uma pessoa venenosa, o melhor a fazer é ficar o mais longe possível dessa pessoa. Assim como ocorreu com Alex, você irá descobrir que é capaz de rir mais, cantar mais, sorrir mais e encarar a vida de modo mais positivo.

Trazendo à tona o que há de pior em você

A proximidade de uma pessoa venenosa pode trazer à tona o que há de pior em você. Por exemplo, pode se transformar numa pessoa calada. No extremo oposto, começar a agir de modo temperamental, ofendendo-se com qualquer coisa que a pessoa lhe diga e atacando-a verbalmente.

Carla e Peter trabalhavam na mesma firma e dividiam o mesmo escritório; um sempre sabia o que o outro estava fazendo. Carla era do tipo alegre, bem-humorado. Só ficava irritada quando recebia algum telefonema de Larry, o ex-namorado. Larry não tinha a menor noção de quando deixar alguém em paz, e vivia tentando reconquistar o amor de Carla. Ela resolveu não atender mais às chamadas de Larry, comunicando a decisão à secretária. De vez em quando, porém, Larry driblava a secretária e conseguia falar com Carla.

Sempre que isso acontecia, Peter adivinhava de imediato com quem Carla estava falando ao telefone. Ele a via franzir a testa, apertar os lábios e ficar com as narinas tensas.

Talvez você já tenha notado esse tipo de reação em amigos ou parentes que recebem telefonemas de alguém que detestam ou com quem não gostariam de falar no momento. Embora possam adotar um tom de voz agradável em relação ao interlocutor, eles reviram os olhos, franzem os lábios, balançam a cabeça ou gesticulam com a mão livre como se quisessem dizer: "Vamos acabar logo com isso".

Peter sempre ficava chocado quando ouvia a doce e alegre colega de trabalho, Carla, dizer em tom frio e grosseiro ao ex-namorado que ele era um idiota e lhe dava nojo. Também surpreendentes eram os "vá à merda" que escapavam dos lábios delicados da habitualmente bem-educada Carla. Felizmente, ela nunca era grosseira com outras pessoas nem dizia palavrões a torto e a direito.

Larry trazia à tona o que havia de pior em Carla, provocando nela reações anormais. Carla não se orgulhava do modo como falava com o ex-namorado. Mostrar-se grosseira diminuía sua auto-estima, mas ela era incapaz de evitar esse tipo de reação; Larry era a fonte de sua raiva.

Você pode ser uma pessoa maravilhosa e considerar-se gentil e sensível, mas se estiver perto da pessoa errada — de uma pessoa venenosa — pode transformar-se em alguém que nem mesmo você consegue reconhecer. Sendo assim, é importante saber que existem pessoas que podem trazer e trazem à tona o que há de pior em você. Elas fazem com que você aja de modo tão negativo que mais tarde você sentirá vergonha das próprias ações.

O amigo de um homem pode ser um veneno para outro homem

A pessoa que envenena a sua vida pode não envenenar a vida de mais ninguém. A "venenosidade" pode ser específica e interativa. Você pode reagir de modo desfavorável a certas pessoas que parecem lhe pisar nos calos, tendo por base a caracterização pessoal que você fez da personalidade dessas pessoas. Talvez você ache difícil gostar de gente impetuosa ou mandona; seu melhor amigo, por outro lado, pode detestar gente ultraconvencional ou sentenciosa e não ter o menor problema com pessoas impetuosas ou mandonas.

A situação relatada a seguir ilustra muito bem como uma pessoa venenosa pode ser encarada diferentemente, dependendo do ponto de vista. Eu estava almoçando em companhia de três amigas minhas — Shoshana, Nancy e Alicia. Em dado momento, Shoshana comentou que ia receber uma visita da cunhada e que estava odiando a idéia. "Sua cunhada é quieta, melancólica, rabugenta?", perguntei eu. Alicia indagou: "Ela é espalhafatosa e infame?". "Por acaso ela é interesseira e falsa", quis saber Nancy. Shoshana admitiu que achava a cunhada interesseira e falsa.

Um pouco mais tarde, não pude deixar de abordar o assunto com minhas companheiras de almoço. O que era venenoso para mim ("quieta, melancólica, rabugenta") era diferente do que era considerado venenoso por Alicia ("espalhafatosa, infame") e por Shoshana e Nancy ("interesseira, falsa"). No fim, acabamos rindo da história. Embora todos consideremos certas características tóxicas, cada um de nós considera certas características mais tóxicas que outras.

Como o conjunto Sly and the Family Stone cantava nos anos 70: "*different strokes for different folks*"[1]. O que é dor para alguém pode ser prazer para uma outra pessoa; o que alguém considera lixo, pode ser um tesouro para uma outra pessoa.

O mais importante é reconhecer que as características que você julga venenosas não são necessariamente venenosas para os outros.

Tanto Carla quanto Larry são considerados pessoas maravilhosas. Se você perguntar aos amigos de Carla se ela é venenosa, eles responderão rindo: "Claro que não! Carla é a moça mais adorável, gentil e generosa que conhecemos". Pergunte aos amigos de Larry se ele é tóxico e a resposta será: "De jeito nenhum! Larry é um cara legal, tem um ótimo senso de humor e alto-astral".

No entanto, Larry desperta o que há de pior em Carla. Para Carla, Larry é um sujeito controlador, ofensivo, vulgar e fraco. Carla, por sua vez, transforma-se numa moça grosseira, hostil e verbalmente agressiva quando está perto de Larry — e essa atitude traz à tona o que há de pior em Larry. Esses dois indivíduos aparentemente maravilhosos envenenam a vida um do outro, e devem permanecer afastados se não quiserem destruir sua auto-estima.

A idéia de que uma pessoa pode ser tóxica para alguém específico e não ser tóxica para outros indivíduos pode ficar mais clara se eu contar o que aconteceu comigo durante uma viagem que fiz à Austrália para divulgar meu livro *He Says, She Says: Closing the Communication Gap Between the Sexes*[2].

---

1 "Ritmos diferentes para pessoas diferentes." (N. da T.)

2 "Ele Diz, Ela Diz: Extinguindo o Abismo de Comunicação Entre os Sexos." (N. da T.)

Depois de uma palestra matinal para trezentas pessoas em Brisbane, uma mulher veio conversar comigo e com a relações-públicas australiana designada para me acompanhar durante toda a minha estada no país. A mulher começou a falar sobre as más experiências com os homens, que, segundo ela, eram todos "uns monstros". Tinha um ar de mártir, uma postura rígida, e mal movia os lábios quando falava. "Que fulana antipática e tensa", pensei. Tive vontade de dizer a ela: "Por que você não se solta um pouco? Se adotasse uma atitude mais à vontade e não se levasse tão a sério, talvez os homens a considerassem mais atraente e deixassem de ser 'monstros'".

Incapaz de aturar a conversa da mulher, pedi licença e me afastei, deixando-a em companhia da relações-públicas. Mais tarde, a relações-públicas veio se juntar a mim. Quando comentei que havia achado a outra mulher extremamente venenosa, ela teve uma reação que me surpreendeu: "Verdade? Pois eu achei a mulher bastante agradável. Chegamos a trocar o número de nosso telefone, para marcarmos um almoço amanhã ou depois".

A viagem pela Austrália prosseguiu. Em cada cidade nova em que chegávamos, a relações-públicas descrevia para mim as personalidades e os entrevistadores que eu iria encontrar. Logo, percebi que todas as pessoas sobre as quais a relações-públicas fazia comentários negativos me eram bastante simpáticas e agradáveis. Ela caracterizou uma certa entrevistadora de Sydney como "uma mulher excêntrica e detestável, que não fechava a boca um segundo". Ao conhecer a tal entrevistadora, gostei dela logo à primeira vista. Em vez de enxergá-la como havia sido descrita pela relações-públicas, eu a vi como uma mulher inteligente e sensível. Nós nos demos tão bem que a entrevistadora me convidou para almoçar em seu iate em uma outra ocasião em que eu visitasse Sydney.

Numa estação de rádio, conheci um aborígine australiano que seria entrevistado logo depois de mim. Nunca tinha conhecido um aborígine antes, e a relações-públicas apressou-se em me dizer quanto os membros desse grupo eram ignorantes e autodestrutivos. Após alguns minutos de conversa, o homem — guitarrista de um conjunto aborígine — e eu ficamos amigos; trocamos endereços para que eu pudesse lhe enviar meu livro e para que ele pudesse me mandar um disco dele.

Fui obrigada a concluir que qualquer pessoa que a relações-públicas considerasse tóxica era alguém que provavelmente eu adoraria. Mais uma confirmação de que o que é venenoso para alguém pode não ser venenoso para um outro indivíduo. E vice-versa.

Você precisa aprender a ficar com um pé atrás sempre que alguém tentar encher a sua cabeça com comentários desagradáveis sobre uma outra pessoa. Só porque alguém não gosta de um determinado indivíduo, isso não significa que você também irá detestá-lo. Não encare um comentário negativo como verdade absoluta. Uma suposta pessoa venenosa pode transformar-se em seu melhor amigo.

Pessoas venenosas no passado

Durante a vida, você conheceu pessoas que não lhe despertaram simpatia imediata. Talvez tenha até conhecido pessoas odiosas que lhe provocam enjôo só de pensar nelas. Embora nos tenham ensinado que devemos amar uns aos outros sem distinção, na prática isso não ocorre. Sem dúvida alguma, existem certas categorias de pessoas que são extremamente venenosas para você. É até bem provável que viva encontrando esse mesmo tipo de pessoa pela frente.

Embora Chuck tenha sido casado quatro vezes, com quatro mulheres diferentes — Lori, Mandy, Tawny e Lisa —, os amigos brincam com ele dizendo que sempre se casou com o mesmo tipo de mulher: todas as esposas de Chuck eram mimadas e interesseiras.

Talvez você nunca tenha pensado nisso antes, mas existem razões lógicas pelas quais você não gosta de determinadas pessoas. Tais pessoas são especificamente prejudiciais às suas características pessoais.

Para descobrir quais são os tipos de pessoas particularmente venenosas para você, faça o exercício que vem a seguir.

Quem é venenoso para mim

1. Faça uma lista de cinco homens e de cinco mulheres que infernizam ou já infernizaram sua vida. Pense em todas as pessoas que fizeram parte de sua vida, desde a infância até o momento presente.
2. Considere as razões pelas quais você não gosta dessas pessoas. Ao lado do nome de cada uma delas, faça uma lista das características negativas que elas possuem. Se tiver problemas para lembrar das características mais importantes, consulte a lista abaixo.
3. Compare as listas e veja quantas características negativas as pessoas que você detesta têm em comum.

abusivo
acha defeito em tudo
acomodado
afável
afetado
aflito
agressivo
alegre
atrevido
amargurado
ameaçador
amedrontado
amedrontador
amoral
ansioso
antiquado
apático
apreensivo
apressado
aproveitador

ardiloso
arrogante
atrevido
autodestrutivo
avesso a
compromissos
bagunceiro
bajulador
barulhento
bitolado
blasfemador
"bobo alegre"
bonzinho
brigão
bruto
calmo demais
cansativo
caprichoso
cáustico
cauteloso
censor
cerimonioso
cético
chato
chorão
ciumento
competitivo
condescendente
confrontador
conivente
conservador
conspirador
contestador
contraditório
controlado
controlador
convencido
cortês
covarde
crítico
cruel
delicado
dependente
depreciador
deprimido
derrotista
desafiador
desaforado
desanimado
desatencioso
desavergonhado
descarado
desconfiado
descontrolado
descrente
desinteressado
desleal
desleixado
desonesto
desordeiro
desrespeitoso
destemido
desumano
devasso
dissimulado
distante
"do contra"
dogmático
"duas caras"
durão
efusivo
egoísta
ególatra
emburrado
emotivo
encrenqueiro
enérgico
enfadonho
enganador
enigmático
escrupuloso
demais
esfuziante
esnobe
espalhafatoso
espertalhão
espírito de porco
estabanado
estúpido
evasivo
excêntrico
exigente
explosivo
falante
falso
fanático
fingido
fofoqueiro
foge de confrontos

forçador de barra
forte
fraco
frágil
frio
fútil
gregário
gritalhão
grosseiro
grudento
hiperativo
hipercinético
hipócrita
hostil
indigno de confiança
ignorante
imaturo
impaciente
impassível
impertinente
impetuoso
imprevisível
imprudente
impudico
inamistoso
inconveniente
indecente
indeciso
indefeso
indelicado
independente
indiferente
indiscreto
inexpressivo
infame
infantil
inflexível
ingênuo
injusto
insatisfeito
inseguro
insensível
insistente
insolente
instável
insultuoso
intelectual
interesseiro
intimidador
intrometido
introvertido
inútil
invasivo
invejoso
irônico
irracional
irritante
facilmente
irritável
jovial
lamuriento
lascivo
lerdo
liberal
"língua afiada"
macabro
machão
mal-educado
mal-humorado
maluco
mandão
maníaco por
limpeza
maníaco por sexo
manipulador
masoquista
mau
medroso
melancólico
melindroso
mentiroso
mesquinho
meticuloso
"metido a
engraçadinho"
minucioso
misterioso
moralista
mordaz
não tem amor-
próprio
narcisista
negativista
negligente
nervoso
neurótico
nunca se
emociona
obsceno

obstinado
odeia ficar sozinho
ofensivo
oferecido
ordinário
"panaca"
paranóico
passivo
passivo-agressivo
pateta
perdedor
perfeccionista
pernicioso
perspicaz
petulante
piadista
"poliana"
pomposo
presunçoso
provocador
"puxa-saco"
questionador
rabugento
rancoroso
rebelde
reclamão
reprimido

reprovador
repulsivo
reservado
reticente
ridicularizador
rígido
rude
sabe-tudo
sacana-sádico
sarcástico
sem força de
vontade
sem imaginação
sempre joga a
culpa nos outros
orgulhoso
sempre na defensiva
sentencioso
sentimental
sério demais
servil
severo
socialmente inepto
solene
solícito em excesso
solitário
sórdido submisso

sujo
superficial
superior
supersticioso
suplicante
taciturno
teimoso
tem mania de
mártir
tem mania de
perseguição
tem mania de
vítima
temperamental
tenso
tolo
traiçoeiro
vaidoso
vil
violento
vira-casaca
vive com a cabeça
nas nuvens
vive com sentimento
de culpa
volúvel - vulgar
xereta

Você pode se surpreender ao ver quantas características negativas as pessoas que lhe são venenosas têm em comum.

Uma de minhas clientes, Jéssica, fez esse exercício. Os resultados foram surpreendentes. Aqui está a lista de pessoas que mais infernizam — ou que já infernizaram — a vida de Jéssica.

Mulheres das quais Jéssica não gosta e suas características negativas

1. Sheri (consultora de projetos da firma na qual Jéssica trabalha) — sentenciosa, dissimulada, "duas caras", ciumenta.
2. Sharon (colega de quarto de Jéssica na época da faculdade) — "duas caras", sentenciosa, ultraconvencional, ansiosa, fingida.
3. Jan (amiga de infância) — negativista, sentenciosa, fingida.
4. Susan (colega de trabalho) — negativista, sentenciosa, ciumenta.
5. Diane (advogada de Jéssica) — "duas caras", dogmática, sentenciosa, fingida.

Homens dos quais Jéssica não gosta e suas características negativas

1. Gerald (professor de Jéssica no segundo ano da faculdade) — introvertido, indeciso, "duas caras", perdedor.
2. Charles (chefe de departamento no primeiro emprego de Jéssica) — frio, impassível, conspirador, dissimulado.
3. Mark (primo) — introvertido, indeciso, mesquinho, amedrontado, perdedor.
4. Stephen (primeiro namorado) — fraco, introvertido, indeciso, perdedor.
5. Barry (superior de Jéssica em seu atual emprego) — fraco, introvertido, indeciso, perdedor.

Muitas das características mencionadas por Jéssica são comuns aos homens e às mulheres. Mas é importante fazer listas separadas para os homens e mulheres de sua vida.

Jéssica não suporta mulheres "de duas caras", sentenciosas, ciumentas e fingidas; detesta homens introvertidos, indecisos e fracos. Na categoria feminina, Sharon e Diane são intercambiáveis, e o mesmo ocorre com Jan e Susan. Mas todas as mulheres partilham características negativas. Essa afirmação também vale para a categoria masculina vista por Jéssica. Embora Gerald e Barry apresentem traços negativos idênticos, todas as características masculinas são semelhantes e venenosas para Jéssica.

Depois de fazer esse exercício, procure traços parecidos nas listas dos homens e das mulheres. Existe algum padrão? Por acaso as características de algumas pessoas são tão parecidas que poderiam ser intercambiáveis?

A partir desse exercício você pode identificar características que sinalizam as pessoas que mais podem envenenar sua vida e causar-lhe um forte estresse emocional.

Agora que já identificou as características comuns às pessoas que lhe são tóxicas, você pode ficar de sobreaviso quando conhecer alguém novo.

É de seu interesse manter distância de pessoas venenosas ou, se isso não for possível, usar as Dez Técnicas (veja capítulo 6) para lidar com elas.

Ninguém é obrigado a gostar de todo mundo, como mostra claramente esse exercício. É saudável discriminar pessoas que são prejudiciais ao seu bem-estar e à sua personalidade. Nem todo mundo é ou deveria ser bem-vindo em sua vida. Confúcio aconselhava: "Não se associe a ninguém que não seja tão bom quanto você". Tal conselho parece pouco democrático à primeira vista, mas ele pode ser adaptado em termos que fazem sentido no mundo atual — em que é aconselhável nos cercarmos de pessoas que *são boas para nós.*

A noção de que devemos amar a todos e de que todos devem nos amar é ingênua para os dias de hoje. A maioria de nós foi criada para sujeitar-se a essa noção, mas isso é totalmente irreal. *Nem todo mundo* irá gostar de você, e você não irá gostar de *todas as pessoas* que conhecer. Embora eu me considere uma boa pessoa e a maioria dos indivíduos que eu conheço pareçam concordar comigo, isso não significa que todo mundo gosta de mim — ou gosta de estar perto de mim. Sei que a energia positiva, a disposição para fazer dez coisas ao mesmo tempo e a facilidade que tenho para expressar emoções devem irritar muita gente, assim como devem agradar a diversas outras pessoas.

Mesmo que suas intenções sejam as melhores, mesmo que você se esforce ao máximo para ser agradável, ainda assim pode ser tóxico para alguém, por um número indeterminado de razões desconhecidas. E preciso se dar conta de que existe gente por aí que jamais irá gostar de você, e não há nada que possa ser feito a respeito.

Se você aceitar a idéia (com relutância ou não) de que nem todo mundo irá gostar de você, será bem mais fácil lidar com as pessoas que envenenam a sua vida.

5

Os trinta tipos de terrores venenosos

- Os "Tratores"
- Os Tagarelas
- Os Autodestrutivos
- Os Fugitivos
- Os Vulcões Silenciosos mas Letais
- Os Fofoqueiros
- Os Pugilistas Irados
- As Vítimas do Destino
- Os Duas-Caras que Apunhalam pelas Costas
- Os Insípidos Indecisos
- Os Aproveitadores Oportunistas
- Os Tiranos
- Os Brincalhões
- Os Inconvenientes
- Os Loucos
- Os Mentirosos
- Os Intrometidos
- Os Pães-Duros
- Os Fanáticos

- Os Narcisistas Egoístas
- Os Bajuladores
- Os Moralistas Afetados
- Os Esnobes Pretensiosos
- Os Competidores
- Os Controladores
- Os Críticos Acusadores
- Os Sabe-Tudo Arrogantes
- Os *Icebergs* Emocionais
- Os Céticos Paranóicos
- Os Instigadores

Parece familiar?

Por que será que alguns animais gostam de certas pessoas, abanam o rabo para elas e as lambem e para outras latem, rosnam ou então as ignoram?

Num nível básico, gatos, cachorros e outros animais distinguem instintivamente as pessoas de que gostam e de que não gostam — parecem adivinhar quem é venenoso para eles, quem é ameaçador ou quem não é, quem tem medo deles e quem não tem.

Nós também somos animais, embora mais evoluídos. Sabemos também, por instinto, quais são as pessoas das quais gostamos e quais são as que não suportamos. Podemos não conseguir verbalizar por que detestamos um indivíduo em particular, mas o instinto nos aconselha a ficar longe desse indivíduo.

Em meu trabalho como especialista em comunicação, passei milhares de horas ouvindo histórias sobre pessoas venenosas. Aos poucos, comecei a descobrir diferentes padrões de pessoas. Tomando por base os casos que me foram relatados ao longo dos anos, fiz uma lista com trinta tipos de pessoas tóxicas, as quais chamei de "Terrores Venenosos".

Tais Terrores Venenosos não sabem, definitivamente, como fazer amigos e influenciar pessoas. Na verdade, muitas das características deles são tão ofensivas que os outros evitam sua companhia.

Quando ler as descrições e os casos exemplares dos Terrores Venenosos, talvez você se surpreenda ao reconhecer nas categorias relacionadas muitas pessoas que fazem parte de sua vida cotidiana e que o desagradam. Listei algumas das características dessas pessoas — que já apareceram no exercício "Quem é venenoso para mim" — para que você possa saber com mais precisão quem deve evitar. Você irá notar que uma pessoa venenosa pode se encaixar em várias dessas categorias. Talvez se espante ao perceber que você mesmo pode fazer parte de algumas dessas categorias.

Se isso acontecer, não se aborreça nem entre em pânico. Lembre-se, conhecimento é poder. Tomar consciência de que possui alguma característica venenosa irá ajudá-lo a começar a mudar o comportamento para melhor. Você aprenderá a realizar tal mudança mais adiante, ainda neste livro.

Os "tratores"

- Escolhem os amigos — e acabam com eles.
- Carros atropelam menos pessoas que eles.
- São o terror da festa.
- Têm a língua afiadíssima.

O Trator é arrogante, cruel, depreciador, sacana, repulsivo, hipócrita, condescendente, superior, ofensivo, crítico, sarcástico, desrespeitoso, ardiloso, repreensor; acha defeito em tudo, sente-se ameaçado e é inseguro.

Os Tratores têm tão pouca auto-estima que vivem encontrando defeitos em todo mundo. Eles adoram depreciar, provocar e ridicularizar os outros, principalmente pessoas estranhas. Sentado com você à mesa de um restaurante ou no saguão de um aeroporto, um Trator fará comentários do tipo: "Veja só como aquele cara é gordo" ou "Que mulher horrorosa!". Você também pode ser alvo de idênticas observações sarcásticas e maldosas.

Uma das especialidades dos Tratores são os falsos elogios. Eles gostam de fazer declarações de fundo negativista, do gênero: "Puxa, como essa roupa afina a silhueta!", insinuando de modo indireto que você andou engordando nos últimos tempos. Se por acaso você fez dieta para perder peso, um Trator lhe dirá: "Você não deveria emagrecer tanto, ou acabará ficando doente". Nada satisfaz esse tipo de pessoa, que sempre verá nuvens negras no horizonte.

Os Tratores precisam arrasar com você para poderem se sentir melhores, mais importantes. Inseguros e cheios de autodesprezo, eles se sentem ameaçados por você e pelo resto do mundo. O único modo que os Tratores têm de conseguir manter a cabeça erguida é decepando a cabeça das pessoas que os cercam. Eles procuram pôr defeitos nos outros porque vêem o mundo por meio de "olhos distorcidos", como diz o meu amigo iogue Bikram Choudhury.

Ken é um exemplo típico de Trator. Sair para jantar com ele é uma experiência que faz qualquer um perder o apetite. Ken é do tipo que comenta: "Repare na maneira como aquele sujeito come; parece um porco!", e "O traseiro daquela garçonete é parecido com o de um hipopótamo". Ou então: "Está vendo aquela garota ali? Aposto que os seios dela são falsos; se eles explodissem, o restaurante seria inundado por uma onda de silicone". Ken morre de rir do cenário que imaginou e faz observações cada vez mais grosseiras e hostis a respeito da garota e dos seios "falsos", do rapaz que a acompanha, da sobremesa que os dois pediram e de todas as outras pessoas que se encontram no restaurante.

Os tagarelas

- Precisam de um cadeado na boca.
- Compram dezenas de livros sobre "Como Falar em Público" quando, na verdade, precisariam de um livro sobre "Como Calar a Boca".
- Cansam sua beleza — e seus ouvidos
- Você não teve chance de contar nada a ele nas últimas semanas porque não conseguiu interrompê-lo.
- Têm uma voz difícil de esquecer.
- Ele demora duas horas para explicar que é um homem de poucas palavras.

Um Tagarela fala demais, é ignorante, egoísta, irritante, narcisista, desrespeitoso, pouco comunicativo, aborrecido.

Os Tagarelas tanto são "viciados em falar" que não conseguem fechar a boca. Eles impõem seu fluxo ininterrupto de pensamentos a qualquer pessoa que esteja por perto, mesmo que o que estejam dizendo não tenha muito sentido. Quando um Tagarela lhe telefona e fica falando horas a fio, é como se ele estivesse tendo uma conversa consigo mesmo e você nem existisse. Esse tipo de Terror Venenoso fala a respeito de tudo e de todos, sem limites. Sofrendo de "diarréia verbal", os Tagarelas crônicos geralmente falam sobre sua vida e a de seus parentes, ou sobre a vida de pessoas que não conhecem nem querem conhecer. Suas histórias insignificantes e intermináveis não interessam a quase ninguém. Eles podem passar quinze minutos descrevendo os itens que compraram no supermercado. Sem o menor traquejo social, os Tagarelas estão tão empenhados em contar a própria história que não prestam a menor atenção quando você dá sinais de aborrecimento ou de impaciência. Eles são egoístas demais para reconhecer que as outras pessoas também têm direito de falar.

Sem permitir que você abra a boca, o Tagarela o obriga a fazer algo que você não quer: ouvir as histórias do Tagarela.

Os autodestrutivos

- Eles só têm um propósito na vida: servir de exemplo de coisas terríveis.
- Cada vez que sai uma matéria nova no jornal sobre os malefícios do cigarro, ficam nervosos e fumam um maço extra.
- Sempre que ouvem dizer que um determinado alimento faz mal à saúde, passam a consumir mais desse alimento.

Um Autodestrutivo é fraco, instável, sabotador, pessimista, egoísta, inerte, desanimado, macabro, deprimido, desafiador, rebelde; gosta de bancar a vítima, vive fora da realidade e despreza tudo.

Os Autodestrutivos odeiam tanto a si mesmos que vivem se mortificando. Ficam repisando os próprios defeitos e repreendem-se com severidade por qualquer coisa. Geralmente têm pensamentos do gênero: "Como sou idiota", "Agi como um perfeito imbecil", e "Ainda está para nascer alguém tão ruim quanto eu". Para resumir, os Autodestrutivos tentam arrasar consigo mesmos antes que outra pessoa tenha a chance de fazê-lo. Eles nunca conseguem aceitar elogios e rejeitam qualquer palavra ou gesto gentil que lhes seja dirigido. Podem sentir tanto autodesprezo que se transformam em alcoólatras, drogados, viciados em comida ou em sexo. Acreditam que não são dignos de nada que seja bom e que não merecem ter uma vida satisfatória, positiva. Sua auto-estima vive no fundo do poço.

Uma morte prematura pode ser o desfecho trágico e máximo de um Autodestrutivo, como aconteceu com o jovem ator River Phoenix. Phoenix tinha o mundo todo praticamente à sua disposição, mas não se achava capaz de continuar vivendo. Acabou se destruindo com uma *overdose* de cocaína e heroína, morrendo caído numa calçada em frente a um clube noturno enquanto as pessoas evitavam passar perto dele.

Quando a vida dá errado para pessoas venenosas desse tipo, elas se voltam contra si mesmas. No fundo, desejam morrer. É difícil conviver com um Autodestrutivo e vê-lo fazer mal a si mesmo, como Bernardette descobriu.

Bernardette namorou Theodore durante mais de um ano. Os dois se conheceram quando Theodore estava passando por uma fase difícil, envolvendo um divórcio e uma mudança de emprego. Bernardette era compreensiva, atenciosa, e sempre apoiava Theodore nos momentos de crise. O casal se entendia bem, exceto pelo fato de Bernardette viver insistindo para que Theodore comesse, bebesse e fumasse menos. Como resultado, quando o namorado a pediu em casamento, ela foi obrigada a pensar duas vezes antes de chegar a uma decisão.

Bernardette notou que sempre que Theodore estava estressado, ou sempre que algo de ruim lhe acontecia, ele agia de modo autodestrutivo. Por exemplo, ele tomava uma garrafa inteira de uísque e se enchia de comida — era capaz de devorar em pouquíssimo tempo cinco sanduíches de manteiga de amendoim com geléia, três sacos de batata frita e meia dúzia de barras de chocolate. Para completar, Theodore fumava três maços de cigarro por dia.

Bernardette encorajou-o a resolver os problemas causados pela ansiedade de modo mais saudável — fazendo ginástica e alimentando-se melhor. Chegou até a se oferecer para pagar as despesas caso que ele quisesse ir para um centro de reabilitação que o ajudasse a largar a bebida e o cigarro. Embora o amasse muito, finalmente Bernardette deu um ultimato a Theodore: "Quero me casar com você, e não ir ao seu enterro".

Theodore começou a fazer terapia, matriculou-se em uma academia de ginástica, parou de fumar e de beber, consultou um nutricionista — essas foram as condições impostas por Bernardette para aceitar se casar com ele. Theodore levou uma vida saudável durante seis meses antes de retomar os hábitos autodestrutivos.

Certo dia Bernardette recebeu um telefonema de um médico de um pronto-socorro. Theodore havia morrido de um ataque cardíaco, aos 42 anos de idade.

Essa história triste nos mostra não apenas as possíveis e trágicas conseqüências de ser um Autodestrutivo, mas também os abalos emocionais pelos quais passam as pessoas que convivem com um Terror Venenoso desse tipo.

Os fugitivos

- Peça companhia a um deles, quando desejar ficar sozinho.
- Estão sempre por perto, até o dia em que você precisa de ajuda.
- Assim que você começa a expor a sua opinião, desligam o aparelho para surdez.

Um Fugitivo é um introvertido fracote que não suporta confrontos, que rejeita problemas e se sente intimidado; é insípido, covarde, pouco comunicativo, desonesto, desleal, desrespeitoso, medroso, solitário.

Os Fugitivos conhecem apenas um jeito de lidar com o estresse: fugir. Incapazes de enfrentar qualquer tipo de dificuldade, eles desaparecem como que num passe de mágica, como fez Gus.

Gus estava praticando *jogging*. Quando ia atravessar uma rua, o sinal para pedestres ficou vermelho e ele precisou parar. De repente, Gus viu o homem parado a seu lado cair de joelhos, aparentemente sofrendo um ataque cardíaco. Em vez de tentar socorrer o homem ou gritar para pedir ajuda, Gus seguiu seu caminho assim que o sinal ficou verde — fugindo da situação o mais rápido possível.

Gus não tinha o que costumamos chamar de "coração de pedra"; o problema foi que ele sentiu tanto medo e ficou tão traumatizado que não soube como lidar com a situação — por isso, fugiu.

O Fugitivo não consegue assumir nenhuma posição firme a respeito de nada. Avesso a compromissos, é tão fraco que não sabe lidar com nenhuma situação negativa ou estressante.

Depois de namorar Dick por quase três anos, Bree começou a pensar em casamento. Quando falou sobre o assunto com Dick, ele entrou em pânico. Sem saber como responder ao ultimato, Dick fez a única coisa que lhe pareceu apropriada: fugiu, e nunca mais ninguém teve notícias dele.

Quando Bree veio ao meu escritório, arrasada pelo que Dick havia feito com ela, sua primeira reação foi culpar a si mesma; afinal, se não tivesse falado em casamento, Dick não teria desaparecido. Eu argumentei que, se a tendência de Dick era fugir a cada vez que se deparava com uma situação difícil ou crucial, Bree ficaria melhor sem ele. Embora concordasse racionalmente comigo, Bree continuou a se sentir magoada, traída.

Como nunca permanecem por perto para resolver um conflito, os Fugitivos nunca vêem os traumas que provocam ao fugir dos problemas.

Os vulcões silenciosos mas letais

- Há anos ele não dá atenção à esposa — mas é capaz de matar qualquer homem que seja atencioso com ela.
- Fingem fazer as pazes, quando na verdade estão armazenando munição para a próxima briga.
- Com certeza eles deixarão pegadas furtivas nas areias do tempo.

Um Vulcão é instável, pouco comunicativo, conspirador, fraco, enigmático, irracional, inconstante, misterioso, rancoroso, introvertido, impertinente; vê defeito em tudo e não tem autocontrole.

É amedrontador conviver com um Vulcão, pois nunca se sabe como ele irá reagir a uma determinada situação. No fundo, os Vulcões são bombas-relógio ambulantes. Eles parecem controlados e agem com calma, sorrindo e comportando-se de maneira cordial o tempo todo. Nunca deixam transparecer que estão aborrecidos com alguém ou com alguma coisa. Nunca reclamam ou dizem que você fez algo que eles consideram errado. São tipos aparentemente gentis, incapazes de matar uma mosca.

De repente, porém, o Vulcão entra em erupção e "cospe larva" para todos os lados. Por exemplo, você o cumprimenta ou o olha de modo errado, e provoca uma reação. O Vulcão pode explodir num terrível acesso de raiva, gritando insultos e culpando você por tudo o que já ocorreu de ruim na vida dele. Esse comportamento, além de chocante, é assustador.

O dr. Rearden, um importante pesquisador, teve uma experiência dessas com uma assistente que já conhecia havia três anos. Linda era uma mulher tímida, delicada, discreta; não se metia na vida de ninguém, levava sua profissão a sério e mantinha uma certa distância dos colegas de trabalho. Cumprimentava as pessoas com cordialidade, embora isso parecesse lhe custar algum esforço.

O dr. Rearden era do tipo exigente, enérgico, empreendedor, sempre cercado de trabalhos que requeriam atenção imediata. Ele vivia gritando para Linda da sua sala: "Traga-me aquele relatório agora!", "Ligue para o Departamento de Saúde!", "Preciso disso imediatamente!" e "Faça aquilo para daqui a cinco minutos!". Sem reclamar ou mostrar-se aborrecida, a assistente obedeceu às ordens do chefe durante três anos.

Certo dia, agindo como de hábito, o dr. Rearden gritou: "Linda, pare o que está fazendo e traga-me o relatório terminado ontem!". A assistente entrou bufando na sala dele, os olhos faiscando de raiva. Com uma veia pulsando na testa, Linda berrou a plenos pulmões: "Estou cansada de você, do seu jeito de me dar ordens! Quem você pensa que é? Só porque é famoso e aparece em reportagens da revista *Newsweek* isso não o transforma em Deus! Você não me impressiona, sabia? Eu odeio você!". Depois de jogar no chão toda a papelada que estava em cima da mesa do dr. Rearden, Linda deu um chute no cesto de lixo e saiu da sala batendo a porta. Ninguém nunca mais a viu.

Todos os que trabalhavam no escritório ficaram chocados. O dr. Rearden ficou preocupado não apenas com a própria segurança física, mas também com a segurança de Linda e de qualquer outra pessoa que atravessasse o caminho dela.

O Vulcão carrega tanto ódio dentro de si que provoca medo nas pessoas que convivem com ele. Muitos Vulcões são do tipo que acaba pegando uma arma para sair por aí dando tiros a torto e a direito, matando gente inocente sem nenhuma razão aparente. Sempre que os amigos de um indivíduo desses é entrevistado depois da tragédia, as declarações são sempre as mesmas: "Ele era um sujeito ótimo", "Ninguém poderia imaginar que ele seria capaz de uma coisa dessas", ou "Ela era tão calma, tão gentil!".

De todos os Terrores Venenosos, o Vulcão é o mais assustador — você nunca sabe quando, onde ou como ele vai explodir. Os Vulcões mostram-se controlados e dóceis, mas por dentro estão fazendo uma lista mental de tudo aquilo que os irrita ou magoa.

Os fofoqueiros

- Eles são especialistas em *não* guardar segredos.
- Munidos apenas de um telefone, eles conseguem obter mais informações sobre a vida das pessoas que um agente do FBI.
- Têm um excelente "senso de rumor".

Os Fofoqueiros são indiscretos, inseguros, falsos, depreciadores, atrevidos, xeretas, dissimulados, hipócritas, competitivos, perniciosos, superficiais, céticos, covardes, conspiradores, críticos, desleais, intrometidos, cruéis, ofensivos e agressivos. Têm a língua afiada, vivem jogando a culpa nas costas dos outros e gostam de achar defeito em tudo.

O Fofoqueiro (ou *yenta*, em ídiche) adora espalhar histórias — ele exagera os detalhes, se for o caso, podendo até mesmo inventar boatos.

Basicamente, o Fofoqueiro é uma pessoa xereta cujo maior prazer é contar a alguém as desgraças alheias. Seus olhos brilham enquanto conta a um amigo que a esposa de fulano trai o marido, ou que o sr. X deu uma surra na namorada, que foi parar no hospital.

Quase nada de importante ocorre na vida de um Fofoqueiro, que tem uma necessidade primária de se sentir importante e aceito. Ele imagina que dar informações "secretas" às pessoas fará com que elas o admirem.

Uma de minhas clientes, uma grande Fofoqueira, ingenuamente admitiu que adora fofocar porque isso a faz sentir-se importante, valorizada. Os amigos a procuram para saber das últimas "novidades" e a encorajam a ser mexeriqueira.

Embora gostem de falar da vida alheia, os Fofoqueiros nunca falam de si mesmos, protegendo a própria intimidade com unhas e dentes. Hipócritas, tiram informações das pessoas com charme e cordialidade, usando táticas do tipo "sou seu melhor amigo, confie em mim e conte-me tudo". A razão pela qual nunca contam nada sobre si mesmos é simples: não querem que os outros façam com eles o que eles fazem com os outros.

O emprego de Lynette permite-lhe saber detalhes da vida de várias pessoas ricas e famosas. Ela utiliza tais informações para sentir-se importante. A princípio, Lynette adota uma atitude simpática e demonstra interesse pela vida da pessoa com quem está conversando. Parece ser uma boa amiga, mas no final revela ser uma inimiga secreta — uma vampira disposta a sugar informações que, mais tarde, irá passar adiante.

Imagine-se conversando com Lynette. Ela lhe conta fofocas sobre os clientes ricos e famosos ou sobre pessoas que você também conhece pessoalmente. Você se sente lisonjeado imaginando que Lynette só conta esse tipo de coisa para você, porque confia em você e o considera uma pessoa especial.

A verdade, porém, é outra. Além de contar a qualquer um as mesmas coisas que conta para você, ela contará para todo mundo tudo o que você disser a ela em particular. A informação que você forneceu fará parte do leque de fofocas que Lynette utiliza para se fazer de importante.

Quem lida com um Fofoqueiro não deve nunca esquecer o adágio: "Quem traz leva". Ou seja, quem traz a você informações sobre a vida de outras pessoas levará informações sobre sua vida para outras pessoas. Portanto, tome cuidado com o que fala a respeito de si mesmo.

Os pugilistas irados

- Eles são tão detestáveis que nem as mães deles os suportam.
- Adoram desligar o telefone no meio de uma conversa.
- São cruéis, egoístas e grosseiros, mas mesmo assim existe algo mais neles que você odeia.
- Aproximam-se das pessoas com a sutileza de uma broca de dentista durante um tratamento de canal.

Um Pugilista Irado é desrespeitoso, controlador, confrontador, odioso, arrogante, agressivo, sacana, impetuoso, pernicioso, enérgico, intimidador, sádico, inconstante, machão, descontrolado, maníaco, teimoso, autodestrutivo, rude, desordeiro, ameaçador, espalhafatoso, pouco comunicativo, ofensivo e deprimido.

Os Pugilistas estão sempre na ofensiva, prontos para uma discussão ou uma briga.

Adoram bancar os advogados do diabo, mesmo que concordem com sua opinião. Não importa o que diga, eles dirão o contrário.

Vivem provocando as pessoas, sem nenhuma razão aparente. É a própria insegurança e a necessidade de se mostrarem importantes ou inteligentes que fazem com que eles comecem uma discussão.

Tudo e todos parecem irritá-los. São críticos ao extremo e em geral tornam-se fisicamente violentos, dando socos em paredes ou portas.

Os Pugilistas sempre acabam ficando furiosos, mesmo que você faça o que eles querem. Acham defeito em tudo e dão um jeito de atacá-lo antes que você os ataque.

O que um Pugilista mais teme é que você diga ou faça algo que o faça sentir-se inadequado. É por isso que ele dá início a brigas, para ter algum tipo de controle sobre a situação.

Geralmente os Pugilistas tiveram uma infância difícil. Quando adultos, eles têm a sensação de que a vida lhes pregou uma peça não muito agradável. A máscara de agressividade que usam serve para esconder sua hipersensibilidade.

Uma atriz que conheço nunca conquistou o prestígio que merece porque tem dificuldade para se relacionar bem com as pessoas. Ela é sua pior inimiga; todo mundo tem medo de trabalhar com ela. Diretores, atores, atrizes e até mesmo produtores não a suportam.

Por quê? Porque ela está sempre pronta para brigar, para atacar alguém sem o menor motivo. Está sempre preparada para discordar de qualquer um que ocupe uma posição superior à dela. Como resultado da sua atitude, essa atriz sabotou a própria carreira, que era bastante promissora.

Os Pugilistas tendem a ser desrespeitosos e insubordinados. Discutem com todo mundo. Vivem desafiando e provocando as pessoas só para mostrarem que têm razão, mesmo que não façam a menor idéia do que estão falando.

As vítimas do destino

- Elas vivem predizendo desastres.
- Gostam tanto do azar que correm ao encontro dele.
- Seu cumprimento habitual é "mau dia".
- Estão sempre escondendo o sol de hoje com as nuvens negras de amanhã.
- Encontram defeito até no Paraíso.
- Estão no caminho certo, mas acabam sendo atropeladas.

Uma Vítima do Destino é masoquista, sabotadora, rancorosa, melindrosa, egoísta, melancólica, negativista, mesquinha, paranóica, teimosa, lamurienta, fraca, derrotista, autodestrutiva, temerosa, solene, covarde, deprimida, macabra, cética, depreciativa, desconfiada, lerda, letárgica, afetada; é cheia de culpas e preocupações, sente-se rejeitada, vive na defensiva e encontra defeito em tudo.

É deprimente conviver com uma Vítima, que transmite energia negativa ao comentar quanto a vida foi, tem sido e será horrível para com ela. As Vítimas tentam fazer com que você sinta pena delas, mas não estão interessadas em nenhum bom conselho que você tenha a lhes oferecer. Preferem mergulhar na autopiedade, certas de que o mundo e todas as pessoas que o habitam desejam prejudicá-las. Nada dá certo para as Vítimas. Talvez isso ocorra porque elas sempre vêem o copo meio vazio, em vez de cheio até a metade.

Como os Pugilistas, as Vítimas culpam todo mundo, menos a elas próprias, por tudo o que lhes ocorre de ruim.

Como os Pugilistas, também as Vítimas sentem-se inadequadas, além de injustiçadas pela vida. Mas em vez de reagir com socos e palavras grosseiras, elas recorrem às lágrimas, às expressões de melancolia. Jogam a culpa da própria infelicidade sobre o tempo, sobre a profissão que exercem, sobre a infância difícil, sobre as pessoas com quem convivem. Vítimas eternas, vivem mergulhadas na autopiedade, e tentam conquistar a piedade alheia com uma atitude do tipo "coitadinho de mim".

As Vítimas do Destino também adoram preocupar-se, prevendo acontecimentos desagradáveis. Por exemplo, elas sabem que vão passar horas enfadonhas numa festa, que ninguém irá conversar com elas, que tudo dará errado antes mesmo de saírem de casa.

Depois de ter passado algum tempo perto de uma Vítima, você irá sentir-se deprimido e exausto, ou sentirá vontade de chorar e ir dormir, pois toda sua energia terá sido sugada. Qualquer conselho que você tentar dar a uma Vítima será em vão, pois ela sempre terá na ponta da língua uma resposta que começa com "Eu sei, *mas...*" e termina com uma explicação sobre os motivos pelos quais não adianta seguir o conselho oferecido. Afinal, a Vítima sempre vê uma situação pelo pior ângulo, e não há nada que você possa dizer ou fazer para mudar isso.

Infelizmente, existe um grande número de Vítimas em nossa sociedade. Ligue a tevê ou o rádio, sintonize um programa de entrevistas e logo ouvirá ou verá alguém reclamando de um mau casamento ou de um emprego, de falta de dinheiro ou de excesso de peso. Ouvir e ver tais pessoas todos os dias pode não apenas nos deixar irritados mas também deprimidos e cansados.

Os duas-caras que apunhalam pelas costas

- Com amigos como eles, quem precisa de inimigos?
- Não batem à porta antes de entrar em sua casa, mas batem a porta ao ir embora.
- Estendem um tapete vermelho para você num dia, e puxam o tapete de debaixo de seus pés no dia seguinte.

Os Duas-Caras que nos apunhalam pelas costas são dissimulados, covardes, lisonjeiros demais, reticentes, desonestos, sedutores, sabotadores, egoístas, fingidos, enigmáticos, falsos, conspiradores, evasivos, hipócritas, mentirosos, cruéis, intrometidos, superficiais, vira-casacas, enganadores e indignos de confiança.

A maioria de nós considera o Duas Caras o mais venenoso de todos os Terrores.

De fato, no *Inferno*, de Dante, o círculo final do inferno era reservado aos perpetradores do mais odioso crime de todos: traição. Nada dói mais que saber que você foi traído por alguém em quem confiava. E é esse o ofício do Duas-Caras.

Esse tipo de Terror Venenoso é extremamente passivo-agressivo. Ele sorri com hipocrisia e finge ser o melhor amigo, ao mesmo tempo em que o apunhala pelas costas. Confúcio, uma autoridade em protocolo social, deplorava gente dessa espécie, declarando: "É vergonhoso agir como amigo de alguém e, ao mesmo tempo, traí-lo".

Os Duas-Caras são assustadores, pois mudam de atitude conforme o que acreditam que você precisa ouvir. Pisam nos seus calos para seguir adiante, dispostos a fazer o que for necessário para conseguir o que querem.

Sharon e Laura freqüentaram a mesma escola e formaram-se em *design* gráfico. Supostamente, eram ótimas amigas. Depois da faculdade, Laura desejava muito conseguir um determinado emprego numa certa empresa. Confidenciou seu desejo a Sharon, explicando quem eram as pessoas envolvidas no caso e as táticas que pretendia usar para obter o trabalho. Sharon, a mais íntima confidente de Laura, fez perguntas detalhadas para indicar que estava interessada no problema da amiga. Na verdade, porém, ela estava reunindo informações para uso próprio. Sem dizer nada a Laura, Sharon foi até a empresa, candidatou-se ao emprego e conseguiu ficar com ele. Ao saber disso, Laura ficou arrasada. Sharon, por sua vez, comportou-se como se nada houvesse acontecido, sem sentir o menor remorso pelo que tinha feito a amiga.

Você nunca pode confiar num Duas-Caras. Ele usará as confidências que lhe foram feitas contra você, no momento em que menos espera. O Duas-Caras é um conspirador, sempre à espera de conseguir algo que lhe dê vantagem sobre você. No fundo, guarda-lhe rancor, mas não tem coragem de confessar que está com raiva, aborrecido ou com inveja.

Os Duas-Caras são evasivos e nunca dizem a ninguém o que realmente pensam. O que *você* pensa é o que *eles* pensam, e nesse sentido os Duas-Caras são parecidos com os Fofoqueiros.

Os Duas-Caras são o tipo de pessoa que tem sal nos olhos e açúcar nos lábios. Podem mostrar-se doces e amigos, mas na verdade são víboras impiedosas.

Os insípidos indecisos

- Estão sempre em cima do muro, para não ofender ninguém.
- Têm a coragem de uma ameba.
- Ainda não decidiu que nome dar ao filho — e o menino já vai fazer 3 anos!
- Só sabem o que querem depois que alguém lhes diz o que devem querer.
- São tão cautelosos quanto porcos-espinhos fazendo amor.

Um Indeciso é passivo-agressivo, fraco, taciturno, puxa-saco, pouco comunicativo, dependente, dissimulado, temeroso, pouco confiável, reticente, conservador, desleal, aflito, inerte, tímido, submisso, socialmente inepto, panaca, covarde, teimoso, perdedor; vive se sentindo culpado e sempre diz "sim" a todo mundo.

Os Indecisos são indivíduos passivo-agressivos que não têm coragem de expressar a própria opinião. Curvam-se na direção em que o vento sopra e têm dificuldade para tomar qualquer decisão. Geralmente do tipo quieto, à primeira vista parecem ser agradáveis, nunca discordando de nada. Mais tarde, porém, eles começam a nos irritar quando fica claro que o seu "sim" na verdade significa "não".

Dizem uma coisa num dia e afirmam o oposto no dia seguinte. No fundo, os Indecisos não sabem direito o que estão fazendo — as pessoas que os cercam também não sabem o que eles estão fazendo, por isso é difícil e frustrante trabalhar com eles.

Mark é um Indeciso típico. Promovido ao cargo de chefe de divisão de uma empresa, acabou sendo demitido em tempo recorde porque se mostrou incapaz de tomar decisões. Ouvia os prós e os contras relativos a determinada situação e, em seguida, não fazia nada.

Sem coragem de defender algo ou alguém — incluindo a si mesmos — os Indecisos acreditam que, se ficarem adiando os problemas, eles desaparecerão sozinhos, ou que as decisões a ser tomadas cairão do céu. Os Indecisos perdem tempo porque são inseguros em relação à própria capacidade e nunca querem correr o risco de estar errados. Quando forçados a tomar uma decisão, acabam se zangando.

Um Indeciso fica tão paralisado pelo medo e pela ansiedade que só consegue agir se for pressionado. Até mesmo uma ação para salvar a vida de outra pessoa pode ser evitada por ele.

Os Indecisos não suportam confrontos. Vêem a si mesmos como vítimas, por isso detestam causar problemas. À procura de conforto, evitam arriscar-se.

Os aproveitadores oportunistas

- Estão sempre por perto quando precisam de sua ajuda.
- Eles lhe arrancarão os anéis das mãos, e depois voltarão para buscar os dedos.
- Quando seu dinheiro acaba, eles vão embora.
- São um cofre humano.

Um Aproveitador Oportunista é egoísta, interesseiro, intrometido, manipulador, puxa-saco, "duas caras", reticente, desleal, conspirador, desonesto, covarde, depreciador, dissimulado, obstinado e sedutor.

Um exemplo clássico de Aproveitadores Oportunistas envolveu um médico de Beverly Hills e uma *socialite* viúva chamada Emily.

Ao morrer, o marido de Emily deixou-lhe uma fortuna de milhões de dólares; deixou-lhe também milhões de dólares em dívidas. Em resumo, ela ficou tão pobre quanto um rato de igreja, embora aparentemente fosse uma das princesas mais ricas da cidade.

Para continuar a levar a boa vida à qual estava acostumada, a *socialite* viúva decidiu arranjar um marido rico e "mirou" um médico de Beverly Hills, supostamente milionário.

O médico também estava à procura de uma esposa rica, de alguém que tivesse dinheiro para tirá-lo das enrascadas em que se metera: oito processos por tratamento inadequado de pacientes, uma investigação por fraude financeira, vários negócios falidos e um consultório com um número cada vez menor de pacientes — resultado direto da sua crescente má reputação na comunidade. Ele ouvira dizer que Emily era milionária, o que a transformou na mulher de seus sonhos.

Quando o médico e a *socialite* se encontraram numa festa foi "amor à primeira vista", pois a reputação milionária de ambos os precedera. A fantasia de uma vida rica e luxuosa cruzou-lhes a mente quando, um mês mais tarde, eles saíram da igreja depois de fazer votos matrimoniais. Tenho certeza de que ambos gargalharam em silêncio quando o sacerdote recitou a frase "na riqueza e na pobreza".

Que surpresa tiveram Emily e o médico meses depois, quando cada um descobriu que o outro estava enterrado em dívidas! Brigas ocorreram, e o casamento terminou tão rápido quanto começara.

Os Aproveitadores Oportunistas só pensam em si mesmos. Mostram-se bons amigos apenas enquanto a situação lhes é conveniente — quando podem lucrar algo com o relacionamento. Esse tipo de Terror faz qualquer coisa para subir na vida. Se não consegue arrancar benefícios de alguém, ou quando já se beneficiou de uma relação até o limite, descarta a pessoa como se fosse um lenço de papel usado, sem pensar duas vezes.

Os tiranos

- Quando querem sua opinião, eles a emitem por você.
- São tão arrogantes que parecem ter o rei na barriga.
- São como crocodilos: quando abrem a boca, todo mundo se prepara para levar uma mordida.
- Depois de afiar os dentes, eles afiam a língua.

Os Tiranos são abusivos, mordazes, briguentos, mandões, forçadores de barra, descontrolados, irritáveis, contestadores, ríspidos, exigentes, rudes, irracionais, sádicos, cruéis, desafiadores, caprichosos, grosseiros, arrogantes, infantis, intimidadores, machões, inconstantes, maníacos, espalhafatosos, ameaçadores, condescendentes, volúveis, pouco comunicativos, impacientes e teimosos; são socialmente ineptos e adoram achar defeito em tudo e em todos.

O Tirano é um terrorista verbal, um sabichão rude, exigente e teimoso, cujo lema é: "Ou as coisas são do jeito que eu quero ou não são". Explosivo e inconstante, ele perde a calma em menos de um segundo. Só fica feliz quando está comandando o *show*.

O dr. Levack, professor universitário, é um exemplo perfeito de Tirano. Ele dá ordens à secretária e aos alunos, sempre exigindo as coisas "para ontem", e tudo tem de ser feito do jeito que ele quer. Se alguém comete um pequeno erro, o dr. Levack grita e se descabela. As pessoas estremecem sempre que ele se aproxima. Está sempre nervoso e agitado, é sempre cruel e agressivo. Vive gritando com todo mundo, não apenas por causa dos trabalhos que devem ser feitos mas também por causa do modo como devem ser feitos.

Quando o dr. Levack teve um ataque cardíaco e foi parar no hospital, seus subordinados ficaram tão felizes que deram uma festa para comemorar o afastamento temporário dele.

Os Tiranos Mandões têm uma necessidade incontrolável de estar sempre no comando da situação, assim como os Controladores (veja a seguir) — a diferença é que eles possuem tendências mais cruéis e sádicas. Em resumo, os Tiranos Mandões adoram humilhar os outros. Adoram torturar as pessoas descarregando ódio em cima delas, para vê-las estremecer como cachorrinhos que levam uma bronca do dono.

Esse tipo de Terror Venenoso costuma provocar úlceras nas pessoas que convivem com ele. Um Tirano é o abusador emocional clássico e, sem dúvida, ganha o prêmio de "O Mais Odiado pela Maioria". Os ensinamentos de Confúcio confirmam: "Na maioria das vezes ninguém obedecerá ao tirano, mesmo que ele dê ordens". Os Tiranos Mandões podem ser temidos e odiados, mas nada pode fazer com que as pessoas os respeitem o suficiente para atenderem de boa vontade as ordens dadas por eles.

Os brincalhões

- Quando contam uma piada, ninguém ri.
- Quando vão embora da festa, todos suspiram de alívio.
- Têm um repertório de três piadas, e as três já foram contadas mais de mil vezes.

Um Brincalhão é enfadonho, inseguro, fraco, servil, interesseiro, ofensivo, sarcástico, espalhafatoso, socialmente inepto, grosseiro, superficial, desrespeitoso, insistente, ofensivo; faz de tudo para chamar a atenção.

Os Brincalhões nunca levam nada a sério. Sempre começam uma conversa com uma piada: "Você já ouviu a última do...?". Eles costumam atacá-lo com tiradas sarcásticas, fingindo que a agressão verbal não passou de uma brincadeira, e diante do seu desdém reagem com uma pergunta: "Onde está o senso de humor? Todo mundo acha graça disso; o que há de errado com você?". O humor dos Brincalhões pode ser uma arma que implementa a hostilidade subjacente que existe neles.

Durante um encontro na hora do almoço, um Brincalhão pode dizer algo do gênero: "Coma mais um pãozinho, irá cair-lhe muito bem", só para insinuar que você andou engordando. Ao notar sua expressão de desagrado, ele vai começar a rir e argumentará: "Ei, qual o problema? Eu só estava brincando!". Os Brincalhões são indiretamente agressivos porque são covardes demais para dizer o que pensam de modo direto.

Sempre que você quiser discutir a sério algum assunto, o Brincalhão vai rir e fazer piadinhas, pois tem dificuldade para lidar com coisas sérias.

Confúcio dizia: "Quando passo um dia inteiro com um grupo de pessoas e a conversação nunca aborda questões de justiça, limitando-se a ser um exercício de humor frívolo, sinto-me muito mal". Como o sábio chinês, a maioria de nós detesta passar muito tempo perto de um Brincalhão. A raiva que você sente é rebatida com a inevitável risada, pois o Brincalhão não sabe lidar com emoções sinceras, que são dolorosas demais. Se o Brincalhão está aborrecido com algo, jamais vai demonstrá-lo; ele prefere disfarçar a mágoa ou o antagonismo com piadinhas. Em resumo, os Brincalhões erguem uma barreira protetora de risos à sua volta.

Jerry tinha uma piada para cada ocasião. Embora as pessoas pudessem ter gostado de uma ou outra pilhéria ocasional contada por ele, Jerry era extremamente desagradável porque nunca sabia quando devia parar de brincar. Ele nunca falava a sério, sempre iniciava uma conversa indagando: "Eu já te contei a última da...?". Depois dessa introdução, Jerry contava uma piada — às vezes engraçada, mas freqüentemente tola ou grosseira. Quando alguém fazia algum comentário sério perto de Jerry, ele logo ria e vasculhava a memória à procura de uma história divertida relacionada ao assunto. Quando as pessoas o viam aproximando-se tratavam de dar um jeito de sumir.

Certo dia uma colega de trabalho de Jerry, chamada Catherine, começou a chorar no escritório. A moça havia brigado com o namorado na noite anterior e estava muito nervosa. Ao vê-la assim, Jerry começou a fazer piada de tudo o que ela dizia. Catherine foi ficando cada vez mais tensa e acabou por expulsar Jerry do escritório aos gritos, acusando-o de insensível.

Na verdade, Brincalhões como Jerry são inseguros e têm pouquíssima auto-estima. Eles desejam tanto ser admirados e queridos que procuram conquistar as pessoas tentando diverti-las, como se fossem palhaços.

Como Arthur Miller afirmou certa vez: "Todo mundo gosta dos piadistas, mas ninguém lhes empresta dinheiro". O que o autor dramático quis dizer com isso é que ninguém respeita ou leva a sério um Brincalhão.

As piadinhas de Jerry voltaram-se contra ele. Em vez de ajudá-lo a conquistar as pessoas, suas pilhérias o fizeram perder os amigos — ninguém agüentava mais vê-lo levar tudo na brincadeira.

Os inconvenientes

- Eles sempre param para pensar — e acabam se esquecendo de continuar a conversa.

- São pessoas de poucas palavras, geralmente mal escolhidas.
- Têm um problema grave: trocam os pés pelas mãos.

Os Inconvenientes são pouco confiáveis, rudes, irritantes, ofensivos, inexpressivos, ríspidos, atrevidos, descarados, excessivamente honestos, desleixados, egoístas, lerdos, intrometidos, socialmente ineptos; não percebem o que se passa à volta deles, têm aparência descuidada, não dão atenção aos outros e são pouco evoluídos.

Os Inconvenientes não têm desconfiômetro. São pessoas obtusas, sem a menor consciência de si mesmas e do ambiente que as cerca. Costumam fazer comentários rudes, sem ligar a mínima para os sentimentos dos outros. Geralmente têm má postura e má entonação vocal, trocam apertos de mão frouxos, evitam contato visual com o interlocutor e têm pouca elegância social.

Em resumo, os Inconvenientes são criaturas pouco evoluídas que, como crianças de 4 anos de idade, ignoram os sentimentos dos outros ao revelar de modo inesperado tudo o que lhes passa pela cabeça. Eles dizem a coisa errada e aborrecem você. Mesmo quando são inteligentes ou eficientes no emprego, não possuem o menor senso de respeito ou cortesia — são descuidados e negligentes.

Gordon freqüentou uma escola particular de segundo grau para superdotados. Embora fosse intelectualmente superdotado, ele era socialmente inepto. Ao conseguir seu primeiro emprego como programador de computadores, deu fora atrás de fora, até se tornar malquisto por todos os colegas de trabalho. Gordon pulou de emprego em emprego, pois sempre acabava ofendendo alguém e sendo despedido. Ele parecia viver em outro planeta, alheio a tudo e a todos ao seu redor. Mesmo depois de perder o quinto emprego, Gordon ainda não tinha a menor idéia de qual era o seu problema.

Geralmente o Inconveniente é um desconhecido que se aproxima de você e diz algo bizarro, sem pé nem cabeça, e você fica a imaginar: "Como ele teve coragem de me dizer uma coisa dessas?". Pois pode acreditar, os Inconvenientes sempre dizem coisas desse tipo.

Os loucos

- Você não pode dizer-lhes que são loucos, pois eles pensarão que *você* é louco.
- Eles têm vários parafusos soltos.
- Precisam de um *check-up* do pescoço para cima.

Um Louco pode ser instável, emotivo demais ou insensível, enigmático, exaustivo, amedrontador, indigno de confiança, volúvel, imprevisível, descontrolado, abusivo, cáustico, contestador, ríspido, solitário, melancólico, paranóico, sabotador, difícil, rígido, impetuoso, descarado, odioso, hipercinético, infantil, intimidador, irracional, superficial, deprimido e deprimente, sádico, confrontador, desesperado, egoísta, caprichoso, desconfiado, teimoso, ofensivo, lerdo, cruel, ameaçador, maníaco, ambivalente, masoquista.

Conviver com um Louco, mental ou emocionalmente perturbado, é assustador. Ele pode sofrer de alguma psicose, como esquizofrenia ou depressão maníaca, e viver fora da realidade. Pode ter uma desordem de personalidade capaz de ameaçar a própria vida ou a de outras pessoas. Pode ter problemas com álcool ou drogas, o que o faz agir de forma estranha e descontrolada.

Relacionei os viciados em álcool e drogas com a categoria dos Loucos porque o álcool e as drogas prejudicam o estado mental normal das pessoas. Viciados podem ser pessoas boas e gentis, mas quando ingerem álcool ou drogas se transformam em monstros e geralmente agem de modo violento.

Os Loucos podem mudar de Médico para Monstro bem diante de nossos olhos. É difícil conviver com os Loucos porque, como ocorre com os Vulcões, nunca sabemos quando eles vão começar a agir de maneira estranha ou violenta.

Bethany, uma atraente mulher de 31 anos, colocou um anúncio na seção de classificados pessoais de um jornal. Warren, que respondeu ao anúncio, correspondia às expectativas de Bethany — era alto, bem-sucedido, bonito, solteiro, tinha 42 anos. Logo no primeiro encontro, Bethany reparou que ele falava rápido demais e pulava sem parar de um assunto para outro. Ela atribuiu tal comportamento ao nervosismo do primeiro encontro e não deu muita importância ao fato.

No segundo encontro, Warren agiu de modo ainda mais esquisito, falando coisas que pareciam não ter muito sentido. Mas era tão atraente e *sexy* que, mais uma vez, Bethany ignorou seu comportamento estranho. Talvez Warren estivesse apenas querendo impressioná-la.

No terceiro encontro, porém, Bethany finalmente se deu conta de que Warren era mentalmente desequilibrado. Sem o menor motivo, ele a chamou de "vagabunda horrorosa" e "porca", na entrada do restaurante onde iam jantar. Por sorte, Bethany havia ido ao restaurante no seu próprio carro. Assustada, ela entrou correndo no carro, trancou a porta e fugiu em alta velocidade. Uma amiga de Bethany, que tinha conhecido Warren anos antes, num barzinho para solteiros, contou-lhe que ele era um maníaco-depressivo e que havia passado por uma experiência semelhante com ele.

Uma vez que as estatísticas mostram que 1% da população é esquizofrênica e que a porcentagem de pessoas mentalmente perturbadas, alcoólatras e viciadas em drogas está crescendo exponencialmente (em razão do estresse provocado pelo desemprego, pela falta de moradia e pela destruição da unidade familiar), a conclusão é óbvia: no futuro, estaremos cada vez mais expostos a Loucos venenosos.

Os mentirosos

- Eles sempre passam uma imagem falsa de si mesmos — falsa para melhor, é claro.
- Vivem exagerando as coisas.
- Você só pode acreditar em metade do que lhe dizem. O problema é descobrir em qual metade pode acreditar.

Um Mentiroso é indigno de confiança, descarado, falso, sedutor, dissimulado, desonesto, intrometido, metido a sabichão, efusivo, desavergonhado, enigmático, manipulador, vil, fofoqueiro, imprevisível, fraco, egoísta, desonesto, enganador; adora encontrar defeito em tudo e não hesita em apunhalar os outros pelas costas.

Os Mentirosos não sabem se estão mentindo ou dizendo a verdade. Eles já mentiram tanto e para tanta gente, a fim de disfarçar a falta de auto-estima, que acabam acreditando nas próprias mentiras. São capazes de jurar com a mão sobre a Bíblia, com a consciência absolutamente tranqüila, que um determinado fato é verdade — quando você sabe que o fato é uma mentira deslavada. Eles não mudam nunca de opinião, pois são manipuladores por excelência.

Um detalhe que pode provocar confusão é que às vezes os Mentirosos dizem coisas que têm um fundo de verdade. Eles colocam um pouco de verdade no meio de um monte de mentiras, a fim de confundi-lo. Um Mentiroso pode revelar verdades incompletas; mais tarde, quando você o confronta, ele insiste em afirmar que não mentiu.

É frustrante lidar com Mentirosos, porque nunca podemos confiar neles. E como a confiança é o elemento-chave para uma comunicação aberta, é praticamente impossível respeitar um Mentiroso ou relacionar-se com ele de modo franco, honesto.

Sharlene envolveu-se com Price e descobriu depois que ele era casado. Price insistiu que não havia mentido para ela: ele havia dito que não estava com a esposa. Tecnicamente, Price *não* mentira. Apenas dera uma informação incompleta.

Diz um velho ditado: "Se um homem é capaz de lhe mentir, será capaz de roubar tudo o que você tem". Sharlene sentiu na própria pele quanto o velho ditado é verdadeiro, pois Price roubou-lhe tempo, dignidade e auto-estima.

A comunidade hollywoodiana está cheia de Mentirosos que contam as mais mirabolantes histórias sobre si mesmos e sobre seus projetos. Isso ocorre porque eles fazem parte de um mundo em que existe rejeição constante, o que provoca uma baixa na auto-estima das pessoas. Muitos atores mentem para se sentir mais valorizados, mais importantes. Eles exageram o lado positivo que possuem e ignoram o lado negativo. Tais Mentirosos costumam ser inofensivos, pois mentem para impressionar os outros, para aumentar o próprio valor. Mas não é esse o caso do "namorado" de Sharlene, que mentiu para manipulá-la. Mentirosos como Price podem destruir a vida das pessoas para as quais contam suas mentiras.

Os Mentirosos podem continuar insistindo numa história mesmo quando existem toneladas de evidências para provar que eles estavam mentindo. Os Mentirosos podem ser venenosos o bastante para se convencer de que suas mentiras são a mais pura expressão da verdade.

Os intrometidos

- O cirurgião plástico consegue fazer de tudo com o nariz deles — menos mantê-lo fora de onde não é chamado.
- Eles só se interessam pelo que não é da conta deles.

Um Intrometido é invasivo, atrevido, sentencioso, reprovador, descarado, controlador, instigador, hipócrita, ciumento, desavergonhado, xereta, fofoqueiro, dogmático, questionador, egoísta, sádico, ofensivo, descontrolado, rude, irritante, conspirador, dissimulado, sabotador; tem a língua afiada e vive pondo defeito em tudo.

O Intrometido é uma mistura de Fofoqueiro com Instigador, só que mais venenoso. Ele se mete em sua vida (pessoal e profissional) e a manipula fisicamente até torná-la insuportável. O Intrometido não se limita a falar da vida alheia, como o Fofoqueiro, nem a instigar as pessoas, como o Instigador. Ele se envolve em sua vida, telefonando ou arranjando encontros com os outros para discutir o que você faz ou deixa de fazer.

Lembra-se daquele famoso seriado de tevê dos anos 60, *A Feiticeira?* Havia uma vizinha xereta, a sra. Kravitz, que estava sempre telefonando para a polícia ou tentando meter Samantha (a feiticeira) e o marido dela em alguma enrascada. Bem, a sra. Kravitz é uma Intrometida clássica, uma linguaruda capaz de transformar a vida de qualquer um num inferno.

Todas as novelas de tevê têm pelo menos uma personagem do tipo Intrometido — aquela que tenta seduzir o marido de alguém, ou jogar uma filha contra a própria mãe. O Intrometido está sempre tentando arranjar problemas para os outros, sempre tentando arruinar a vida de alguém.

Uma vez que os Intrometidos não têm vida própria, eles procuram viver por intermédio dos outros, manipulando-os.

Jerome, que é vizinho de Glória num prédio de apartamentos, é um Intrometido típico. Se a porta do apartamento de Glória está entreaberta, Jerome vai entrando sem bater e pergunta o que ela está fazendo, se está recebendo visitas, o que está cozinhando para o almoço. Ele costuma aparecer sem ser convidado e tenta envolver-se na vida da vizinha.

Certo dia, Glória estava tendo uma discussão exaltada com uma amiga à beira da piscina do prédio. Jerome nadou para perto das duas e foi logo dando a sua opinião, dizendo que Glória estava errada. Em outra ocasião, Glória precisou pagar uma multa de cem dólares ao condomínio porque um vizinho informou que seu cachorro de estimação havia feito xixi na grama do jardim do prédio. Ela não se surpreendeu nem um pouco ao descobrir que o tal vizinho era Jerome. Glória também não ficou surpresa ao descobrir que foi Jerome quem chamou a polícia para reclamar de uma festa "barulhenta" que ela estava dando.

Jerome, um ator desempregado que não tinha vida própria — além de ficar metendo o nariz nos assuntos particulares dos seus vizinhos —, invejava as pessoas que levavam vidas ativas, produtivas, excitantes.

Os pães-duros

- Adoram ver uma mulher usando roupas caras, desde que a mulher não seja a própria esposa.
- Adoram ganhar amostras grátis de qualquer produto, mesmo que este seja inútil.
- Raramente dão presentes a alguém.
- Têm pena de quem gosta de fazer compras.
- Têm os braços curtos e os bolsos fundos.

Um Pão-Duro é egoísta, rígido, pechincheiro, controlador, limitado, bitolado, ansioso, inflexível, reprimido, teimoso, vazio, temeroso, mesquinho, cético, inseguro, pouco evoluído, fraco, resmungão, conivente, neurótico; não tem um mínimo de generosidade, possui pouquíssima imaginação, vive consumido pela culpa e gosta de se fazer de vítima.

Os Pães-Duros têm uma opinião tão baixa de si mesmos que acreditam que merecem apenas coisas baratas ou de graça. Além de serem avarentos em questões de dinheiro, também são "unhas-de-fome" em questões de amor e carinho. A conversa deles costuma girar em torno de dinheiro; estão sempre comentando quanto pagaram por determinado produto ou serviço, que vantagens obtiveram com um dado trabalho, como conseguiram enganar alguém para pagar menos por alguma coisa. Vangloriam-se da capacidade que têm para pechinchar.

Mesquinhos até o último fio de cabelo, os Pães-Duros se preocupam tanto com detalhes materiais insignificantes que acabam levando uma vida insignificante.

Um pão-duro é sempre o último a se oferecer para dividir com os amigos a conta do jantar ou do almoço num restaurante.

Na hora de pagar, examina cuidadosamente cada item da conta e finge esquecer os 10% de gorjeta para o garçom.

Irritantes, os Pães-Duros acabam por se indispor com todas as pessoas que conhecem, como aconteceu com Jay.

Jay assumiu um cargo importante numa grande empresa e começou a convidar pessoas diferentes para almoçar com ele todos os dias. Depois de um certo tempo, ninguém mais queria ir almoçar com Jay. Sem entender o que estava acontecendo, Jay acabou por perguntar a um colega de trabalho por que ele passara a recusar convites para o almoço. O colega respondeu, sem hesitar: "Porque você é pão-duro e nunca se oferece para pagar a conta".

A resposta do colega atingiu o alvo. Finalmente Jay entendeu porque Tina, uma ex-namorada, rompera com ele. Embora nunca houvesse dito de modo direto que Jay era "unha-de-fome", Tina insinuara mais de uma vez que gostaria de que ele lhe desse flores e outros presentes, como uma jóia ou uma roupa bonita. Quando conversei com Tina, ela me revelou que Jay era mesquinho até na hora de fazer amor, economizando palavras ternas, beijos e carícias.

Não importa quantas qualidades boas um pão-duro tenha, todas elas desaparecem diante da sua mesquinharia. Como disse Confúcio, associar-se a uma pessoa avarenta "é uma idéia que nem merece ser considerada".

Os fanáticos

- É difícil encontrar esse tipo de pessoa, mas é ainda mais difícil livrar-se dela depois de encontrá-la.
- Eles são como piche, grudam e não largam mais.
- O verdadeiro problema de ter um tempo livre é impedir que eles usem esse tempo.

Os Fanáticos são dogmáticos, teimosos, irritantes, controladores, arrogantes, grudentos, agressivos, bitolados, coniventes, irracionais, intimidadores, superficiais, hipócritas, depreciadores, neuróticos, exigentes, melindrosos, destemidos, assustadores, ofensivos, caprichosos, imprevisíveis, forçadores de barra, briguentos, sentenciosos, desrespeitosos; são socialmente ineptos, vivem fora da realidade e estão sempre na defensiva.

O Fanático é um exaltado que acredita fervorosamente em algo ou alguém e não tem a menor consideração por outros pontos de vista diferentes do seu. Como ocorre com o Tirano e o Controlador, tudo tem de ser do jeito que ele quer, senão não serve. Os Fanáticos defendem suas crenças com unhas e dentes e rejeitam qualquer um que não pense como eles. Estão sempre tentando adaptar os outros a seu modo de pensar. Se você tiver uma opinião própria ou discordar dos Fanáticos, eles ficarão zangados e vão considerá-lo um traidor.

É impossível ter uma conversa inteligente com um Fanático porque ele nunca dá atenção a pontos de vista diferentes dos que possui. Ele parece ter resposta para tudo e monopoliza qualquer discussão. É inflexível e sentencioso, o que dificulta qualquer diálogo aberto e produtivo.

Fanáticos são como um cachorro que ganhou um osso. Quando enfiam uma idéia na cabeça, nunca mais a abandonam.

Edith procurava viver segundo a doutrina cristã, embora raramente fosse à igreja, quase nunca lesse a Bíblia e jamais falasse no Espírito Santo. Maggie, que fazia tudo isso, disse a Edith que ela não podia considerar-se uma boa cristã a menos que fizesse essas coisas. Edith tentou explicar que tinha uma opinião diferente sobre o assunto, mas de nada adiantou. Maggie ficou exaltada e começou a defender a sua posição, citando aos gritos as Escrituras.

Talvez o mais forte exemplo de fanatismo esteja no filme *Atração Fatal*, no qual a personagem de Glenn Close perseguia o amante casado, recusando-se a abrir mão de sua fantasia amorosa até acabar morrendo.

Os narcisistas egoístas

- Adoram pessoas que dizem o que pensam, desde que elas concordem com o que eles pensam.
- Só gostam de uma coisa na vida: deles mesmos.
- Cada vez que se olham ao espelho, aplaudem-se.

Um Narcisista Egoísta é egomaníaco, superficial, inseguro, arrogante, entediante, limitado, exaustivo, teimoso, extravagante, indiscreto; adora mostrar-se e é socialmente inepto.

Os Narcisistas Egoístas só têm uma preocupação na vida: eles mesmos. Egocêntricos ao máximo, não gostam de fazer nada nem de falar nada que não esteja relacionado a eles.

Só ouvem o que você tem a dizer se o assunto em questão tiver algo a ver com eles. O vocabulário dos Narcisistas Egoístas tem um estoque inesgotável de palavras como "eu" e "meu". "Eu" é a primeira palavra de cada expressão que eles pronunciam. Tentar conversar com um Narcisista Egoísta é uma experiência frustrante, pois esse tipo de Terror Venenoso adora monologar, e não dialogar.

Os presentes de que um Narcisista Egoísta mais gosta são um espelho e um gravador, pois ele adora olhar a própria imagem e escutar a própria voz. É difícil manter um relacionamento com o Narcisista Egoísta, a menos que você esteja disposto a mimá-lo incessantemente.

O comportamento de um Narcisista Egoísta está exemplificado com perfeição na famosa piada hollywoodiana sobre o ator que está conversando com uma mulher numa festa. Depois de perceber que havia passado mais de duas horas falando sobre a carreira e suas qualidades de ator, o sujeito diz: "Oh, sinto muito, que falta de consideração a minha. Fiquei falando duas horas sobre mim mesmo! Vamos falar de *você* agora. O que *você* acha de mim?".

As pessoas não conseguirão se relacionar com você se o assunto não for outro além de *seu* "eu", *seus* filhos, sua esposa ou *seu* marido, sua carreira, *seu* sucesso. Esse tipo de conversa é irritante para alguém que percebe que você pensa que o mundo gira ao *seu* redor. Ser egocêntrico transforma você numa pessoa chata, semelhante a uma criança de 2 anos que se considera o ser mais importante do mundo. Essa atitude não é aceitável para um adulto.

Os bajuladores

- Você pode ficar com diabetes ou sofrer um ataque de hiperglicemia se passar muito tempo perto deles.
- Os elogios que fazem deixam você com a sensação de ser uma panqueca coberta de mel.

Os Bajuladores são dissimulados, mentirosos, falsos, efusivos, puxa-sacos, coniventes, enganadores, hipócritas, desavergonhados, covardes, gregários, duas caras, intrometidos, fofoqueiros, pretensiosos, irritantes, manipuladores, superficiais, controladores, desonestos, desleais, vira-casacas, aproveitadores.

Um Bajulador, quando criança, é bonzinho e gentil com os professores, com os pais e com os melhores amigos de seus pais. Mas quando não há nenhum adulto por perto, o garoto torna-se cruel e inferniza a vida do irmão caçula, do melhor amigo e de todos os amigos dele.

Os Bajuladores são exímios manipuladores — adulam você até conseguirem o que querem. São generosos com os elogios e agem como se fossem seus grandes amigos, capazes de fazer qualquer coisa por você.

No fundo é até possível que os Bajuladores nem gostem de você, mas eles jamais lhe dirão isso. Mostram-se efusivos em suas adulações, e, quando você tenta impedir novos elogios, eles ficam indignados e fazem questão de reafirmar que você é o melhor, o mais inteligente, o mais atraente. Incapaz de resistir, você acaba sorrindo — afinal, é gostoso ouvir elogios, mesmo que sejam meio exagerados. Quando você sorri, os Bajuladores sabem que ganharam a parada. Vê-los em ação, adulando qualquer um que possa lhes trazer algum benefício, é repugnante.

Os moralistas afetados

- Eles ficam horrorizados com qualquer coisa.
- Acham-se perfeitos.

Um Moralista Afetado é teimoso, controlador, dogmático, sentencioso, rígido, hipócrita, condescendente, pouco comunicativo, entediante, egoísta, antiquado, esnobe, pretensioso, negativista, pouco evoluído, crítico, meticuloso, superficial, ofensivo, mesquinho; sempre vê defeito em tudo e adora bancar o sabe-tudo.

Os Moralistas Afetados consideram-se perfeitos e incapazes de cometer um erro, ao mesmo tempo que empinam o nariz e se mostram dispostos a julgar as ações dos outros. São rígidos, ultraconservadores, e esperam que todo mundo viva de acordo com seus códigos de ética. Por exemplo, eles desprezam gente que fuma, bebe, fala palavrão, faz sexo antes do casamento; detestam pessoas que não são tão organizadas ou disciplinadas quanto eles. Geralmente guardam muita raiva e desdém dentro de si, e são pouco tolerantes com os outros. São perfeccionistas e gostam apenas de um número limitadíssimo de pessoas e de coisas. A atitude dos Moralistas Afetados é parecida com a dos Fanáticos, dos Tiranos Mandões e dos Controladores, pois querem que tudo seja feito do jeito deles.

Conviver com um Moralista Afetado é difícil, pois poucas pessoas são capazes de corresponder às suas expectativas. Ele costuma ter uma vida desagradável, pois é incapaz de descontrair-se e parar para sentir o perfume das flores.

Os Moralistas Afetados protegem-se atrás de uma máscara de rigidez para esconder o fato de que não são perfeitos. Como são seres humanos normais, sujeitos a erros e desejos que ameaçam sua postura moral, acabam transformando-se em hipócritas e sentem-se ambíguos em relação a si mesmos, o que lhes diminui a auto-estima.

Os esnobes pretensiosos

- Eles só gostam de quem não gosta das mesmas pessoas que eles.
- Só querem conhecer pessoas que não têm a menor vontade de conhecê-los.

- Têm tanta consciência de classe que não têm a menor classe, e todo mundo está consciente disso.
- Precisam de uma cirurgia plástica para "desempinar" o nariz.
- Andam de queixo tão erguido que acabam ficando com rugas na nuca.

Os Esnobes Pretensiosos são hipócritas, superficiais, arrogantes, depreciadores, desinteressados, inseguros, fracos, mandões, egoístas, agressivos, intimidadores, narcisistas, sentenciosos, implicantes, rígidos, pouco comunicativos, hostis, irracionais, injustos, condescendentes, desrespeitosos, rudes, mesquinhos; adoram ver defeito em tudo.

O Esnobe Pretensioso age como se fosse superior às outras pessoas. Faz questão de se sentir importante para esconder que, por dentro, está tremendo de insegurança. Vive mencionando gente de sobrenome famoso e só freqüenta lugares *in*, para aumentar a própria auto-estima. Se você não faz parte da turma *in*, o Esnobe Pretensioso nem se dá ao trabalho de cumprimentá-lo. Ele anda com o nariz empinado e só conversa com gente que está por dentro das últimas novidades. Quando se digna falar com os "simples mortais", adota um ar condescendente. Só vai a clubes e danceterias esnobes, do tipo que deixa entrar apenas as pessoas que têm a aparência certa, são famosas ou têm dinheiro bastante para subornar o porteiro. O Esnobe Pretensioso precisa desesperadamente ser aceito nesses lugares para poder sentir-se um ser humano de verdade.

Os Esnobes Pretensiosos também são temperamentais e insistem em receber atenção especial. São furadores de fila natos e agem como crianças mimadas; só respeitam a si mesmos, ignorando os direitos alheios. Eles exibem uma atitude do gênero "sou melhor do que você" para mascarar o "sou pior do que você" que sentem por dentro. São inseguros e possuem egos frágeis.

Às vezes o Esnobe Pretensioso não tem dinheiro nenhum mas ocupa uma posição que o coloca em contato com os ricos e famosos. Isso é muito comum em lugares como Beverly Hills, onde o assistente de uma celebridade se dá ares de "sou melhor do que você".

O comportamento do tipo Esnobe Pretensioso fica evidente no filme *Uma Linda Mulher*, quando a personagem de Julia Roberts entra numa loja chique em Rodeo Drive, Beverly Hills, vestida de modo vulgar: as vendedoras esnobes a tratam mal, pensando que ela não tem dinheiro. Tendo passado pessoalmente pela mesma experiência em Beverly Hills, posso dizer que o que ocorreu no filme também ocorre na vida real.

Embora as vendedoras das lojas sofisticadas nem de longe tenham dinheiro para comprar as roupas que vendem, elas são Esnobes Pretensiosas típicas, e conquistam a antipatia geral.

Os competidores

- Eles estão há anos tentando chegar ao topo.
- Adoram "chutar cachorro morto".
- Interessam-se apenas por pessoas cuja inferioridade faz com que se sintam bem.
- Sempre que dão um passo à frente, pisam nos calos de alguém.

Um Competidor é destemido, provocador, fanático, infame, paranóico, ofensivo, forçador de barra, agressivo, rancoroso, sabotador, conivente, confrontador, indigno de confiança, negativista, inseguro, contestador, briguento; sente-se ameaçado, intimidado, e vive na defensiva.

Os Competidores encaram qualquer situação como uma oportunidade para exceder alguém em esperteza, para passar à frente dos outros. Tudo é uma competição, desde a obtenção de um emprego até a conquista de um namorado ou namorada, de um marido ou de uma esposa. Conte a um Competidor que você tem um cachorro de estimação bonito e inteligente e ele lhe dirá que tem um cachorro melhor, ainda mais bonito e ainda mais inteligente. Diga-lhe que teve um dia de trabalho bastante atarefado e ele afirmará que trabalhou o dobro, superando uma porção de obstáculos pelo caminho.

É impossível relaxar perto dos Competidores, pois você sempre se sente prestes a ser atacado. Eles costumam ter uma atitude pessimista em relação às pessoas porque estão sempre competindo com elas. Suponhamos que você fez um comentário sobre uma amiga comum que está particularmente bonita hoje. O Competidor responderá: "Eu já a vi com melhor aparência. Na verdade, parece bem cansada hoje. Repare nas olheiras dela".

Os Competidores tendem a ser exibidos e vivem se gabando de suas conquistas, passadas e presentes. Estão sempre tentando impressionar você, mostrando-se superiores e mais bem-sucedidos. A verdade é que eles têm uma autoestima tão baixa que só conseguem se relacionar com os outros transformando tudo numa competição.

Os controladores

- Os conhecidos o chamam de "chefão" — dizem a todo mundo o quê e como fazer.
- Casam-se com a secretária, imaginando que poderão continuar agindo como patrão dela.
- Acreditam na justiça e na ordem, desde que possam estabelecer as leis e dar as ordens.

O Controlador é invasivo, sabotador, rígido, manipulador, arrogante, agressivo, hipócrita, intrometido, confrontador, dogmático, egoísta, obstinado, forçador de barra, irracional, injusto, ameaçador, desrespeitoso, pouco comunicativo, teimoso, pouco evoluído; apunhala os outros pelas costas e costuma agir como um trator.

Os Controladores são como os Tiranos Mandões: sentemse imobilizados caso não estejam no controle da situação. No entanto, ao contrário dos Tiranos, eles nem sempre usam a raiva ou a crueldade para conseguir o que querem. Preferem utilizar a bajulação e a manipulação.

Eles não gostam de trabalhar em equipe e têm dificuldade para delegar autoridade, tentando fazer tudo sozinhos. Se as coisas não ocorrem do jeito que querem, ficam zangados ou perdem o interesse, pois acham que *devem* orquestrar cada movimento. Os Controladores acabam criando para si mesmos uma vida de frustração e desapontamento, pois *nunca* conseguem descontrair-se e seguir a corrente. Em vez disso, forçam os acontecimentos, e, quando as coisas não correm conforme planejaram, entram em pânico, mostrando-se ainda mais irritados ou manipuladores.

John odiou a viagem que fez com Jill à Indonésia. Nada deu certo para ele nesse país do Terceiro Mundo. Quanto mais John tentava controlar as coisas, pior ficavam. Reservas em aviões e hotéis, compras, refeições, clima — tudo serviu para deixá-lo frustrado, pois ele não tinha um controle minucioso sobre nada do que lhe acontecia. John recusou-se a considerar que a Indonésia era um país de cultura diferente, com valores diferentes e jeitos diferentes de realizar as coisas.

Os Controladores entram em pânico, literalmente, quando não conseguem controlar as coisas, por mais insignificantes que sejam. Anita, uma de minhas clientes, divorciouse do marido quando percebeu que ele era um Controlador completamente descontrolado.

Certo dia, Anita e Phil ouviam música pelo rádio enquanto viajavam de carro. De repente, uma forte estática começou a atrapalhar a recepção. Phil tentou sintonizar melhor a estação, sem sucesso, e começou a xingar. Depois de alguns minutos, furioso, acabou por parar o carro no acostamento. Desceu, abriu o porta-malas e pegou um pé-de-cabra. Em seguida arrancou o rádio do painel, jogou-o na beira da estrada e o destruiu com o pé-de-cabra.

Anita mal pôde acreditar no que via. Ficou chocada, mas não se atreveu a dizer uma só palavra, com medo de que o marido a atacasse com o pé-de-cabra usado para destruir o rádio.

A grande ironia é que os Controladores não conseguem controlar-se. Incapazes de controlar uma pessoa, uma situação ou até mesmo um objeto inanimado — como um rádio —, eles se descontrolam. São os Controladores que mais gostam de dar socos em paredes, quando as coisas não ocorrem como querem.

Você não pode manter ninguém sob rédea curta, impedindo qualquer movimento contrário à sua vontade. Se fizer isso, a outra pessoa irá sofrer, emocional ou fisicamente. Pense numa borboleta: quando você tenta retê-la, as asas dela se quebram, e você destrói a beleza e a vida.

Os críticos acusadores

- Passam a maior parte do tempo no balcão de reclamações.
- Param de namorar e começam a intimidar.
- Fazem uma pergunta, eles mesmos a respondem, e depois dizem a você qual é o problema.

O Crítico Acusador é reclamão, intimidador, mandão, agressivo, ríspido, pouco comunicativo, odioso, instigador, irracional, ciumento, sabe-tudo, sádico, hipócrita, desavergonhado, abusivo, cáustico, irritante, desprezível, rígido, dogmático, temperamental, negativista, injusto, questionador, briguento, caprichoso, insatisfeito, rebelde, impaciente, condescendente, controlador, desrespeitoso, ofensivo, intrometido, ameaçador, desconfiado, depreciador, cruel, perfeccionista, lamuriento; acha defeito em tudo, implica com coisas sem importância.

Os Críticos Acusadores têm de fazer você sentir que está errado para que sintam que estão certos. Ao criticá-lo de modo direto, eles tentam convencê-lo de que você vale menos como pessoa. Você nunca consegue fazer nada direito perto dos Críticos Acusadores, por isso fica constrangido. Eles são como maus pais, sempre ralhando com os filhos, mesmo quando a bronca não é merecida.

Em vez de *perguntar* algo a você, os Críticos *acusam* você. Fazem isso com o objetivo de conquistar poder e controle, numa atitude semelhante à dos Controladores. Em resumo, os Críticos Acusadores acham que têm a obrigação de encontrar algo de errado em você e de dizer o que pensam, de modo ríspido, cínico e agressivo, refletindo assim o constante estado de insatisfação em que vivem. Eles fazem observações acusatórias do tipo: "É por sua causa que estamos atrasados", ou "Você não conseguiu o emprego porque é negligente demais".

Certo dia ouvi num restaurante a seguinte conversa entre um casal:

Ele: Foi por sua causa que chegamos atrasados.
Ela: Não, a culpa foi sua.
Ele: Minha? Foi você quem demorou horas para se maquiar.
Ela: Você demorou mais que eu, dando aquele telefonema.
Ele: Você está sempre atrasada; todo mundo na sua família tem o hábito de chegar atrasado aos compro-

missos marcados. Por acaso ninguém nunca ensinou você a ser pontual?

O homem e a mulher eram típicos Críticos Acusadores. Embora o homem fizesse a primeira acusação, a mulher respondeu com igual agressividade. Cada um deles usou a conversa para fazer com que o outro sentisse que estava errado.

O Crítico Acusador exige tanta perfeição que nunca consegue ficar satisfeito com nada. Assim como um Moralista Afetado, o Crítico está sempre tentando transformar um mundo imperfeito num exemplo de perfeição. Desse modo, ele ataca você verbalmente, depreciando as coisas que faz, acabando com o clima alegre de uma festa, procurando sempre o lado negativo de uma situação — mesmo quando se trata de algo tão insignificante quanto o prato que você pediu ao garçom do restaurante.

Quem convive com um Crítico Acusador por um período de tempo tem grandes chances de ficar fisicamente doente, pois esse tipo de Terror Venenoso é dificílimo de aturar.

Os Críticos Acusadores são pessoas difíceis que vivem encontrando defeito em tudo e implicam até com detalhes sem importância. Infelizmente o comportamento crítico é comum em muitos casamentos, o que talvez justifique o crescente número de divórcios em nossa sociedade.

Os sabe-tudo arrogantes

- São inteligentes, verdadeiras enciclopédias ambulantes — mas ninguém gosta de consultá-los.
- Sabem todas as respostas, mas ninguém lhes faz as perguntas.
- Se eles não podem gabar-se de saber algo, gabam-se de não saber nada sobre determinado assunto.

Os Sabe-Tudo Arrogantes são pretensiosos, confrontadores, inseguros, exaustivos, manipuladores, pedantes, limitados, sentenciosos, interesseiros, fingidos, agressivos, irritantes, rígidos, desatenciosos, teimosos, condescendentes, sarcásticos, controladores, ofensivos, tagarelas, críticos e socialmente ineptos.

Os Sabe-Tudo Arrogantes não sabem nada sobre relacionamento com outras pessoas. Embora pareçam saber tudo e ter toda a autoconfiança do mundo, são na verdade bastante inseguros. Não fosse por isso, não precisariam propagandear aos quatro ventos quanto são inteligentes e quantas informações têm armazenadas no cérebro.

O Sabe-Tudo Arrogante gosta de falar, não de *dialogar*. Muitas vezes ele age como se, ao falar com alguém, estivesse fazendo-lhe um favor ou dispensando uma grande honra. Gosta de usar palavras difíceis e age com rapidez na hora de desdenhar as idéias da pessoa com quem está falando. Seu tom condescendente faz com que qualquer um se sinta burro e desajeitado, ao passo que ele se sente esperto e sofisticado.

Outra tática do Sabe-Tudo Arrogante é aborrecer você com verdadeiras avalanches de informações. Você não tem a menor chance de competir com ele, muito menos de tentar conduzir uma conversa inteligente. Uma vez que ele já sabe tudo, nunca está disposto a aprender mais, especialmente se for você que esteja querendo lhe ensinar algo.

Os *icebergs* emocionais

- Eles são tão expressivos quanto uma lata de picles.
- Têm uma personalidade semelhante à de uma parede.
- Quando doam sangue, a pessoa que recebe a transfusão pega pneumonia por causa da água gelada que corre nas veias deles.

O *Iceberg* Emocional é frio, calmo, distante, indiferente, reticente, taciturno, desonesto, limitado, intimidado, inseguro, indigno de confiança, inexpressivo, temeroso, pouco evoluído, enigmático, pouco comunicativo, covarde, imprevisível, desconfiado, deprimido.

Os *Icebergs* Emocionais só exprimem uma coisa: distanciamento. Usam o silêncio assim como o Tirano usa ameaças. São reticentes e caladões como os Vulcões; a única diferença é que nunca "entram em erupção".

Você nunca sabe o que um *Iceberg* Emocional está sentindo, nunca consegue descobrir nada pelo tom de voz ou da linguagem corporal dele. Não dá para adivinhar se ele está alegre ou triste. O olhar do *Iceberg* Emocional costuma ser vazio e sem vida, raramente revela alguma emoção.

Embora possam ser bons profissionais, os *Icebergs* Emocionais costumam decepcionar quem se envolve com eles em nível pessoal. Eles são tão emocionalmente frios que qualquer relacionamento que os envolva se torna frustrante. Os *Icebergs* Emocionais recusam-se a dizer por que são tão quietos e reservados. Costumam usar o silêncio como forma de manipulação, para intimidar os outros. Sentem prazer ao ver como as pessoas ficam constrangidas com o silêncio que tanto lhes proporciona conforto.

Eles podem ter as mesmas emoções das outras pessoas, mas caso as partilhassem com alguém teriam a sensação de estar perdendo o poder que exercem sobre essas mesmas pessoas.

Para resumir, os *Icebergs* Emocionais gostam de fazer com que você fique a imaginar o que se passa na cabeça deles.

Os céticos paranóicos

- Você nunca lhes diz que são céticos ou paranóicos, pois jamais acreditariam em você.

- Acham que todos que os detestam os perseguem, mas ao mesmo tempo não acreditam nisso.
- Pensam que o mundo está contra eles, e têm toda a razão.

Um Cético Paranóico é negativista, temeroso, reclamão, autodestrutivo, deprimido, irracional, sentencioso, limitado, indeciso, tímido, questionador, rancoroso, dogmático, egoísta, inseguro, masoquista, rígido, assustado, fraco, instável, descrente, contraditório; gosta de se fazer de vítima, vê defeito em tudo, duvida de tudo, vive fora da realidade e tem falta de autoconfiança e de força de vontade.

Os Céticos Paranóicos nunca acreditam em nada do que lhes dizem, a menos que lhes mostrem algo que prove o que está sendo dito. Mesmo quando vêem algo, ainda assim não acreditam no que viram. Têm sempre uma expressão de dúvida estampada no rosto, e geralmente parecem hesitantes ao jogar um balde de água fria sobre cada idéia que lhes apresentam.

São pessimistas e descrentes natos. Antes que qualquer coisa ocorra, eles já estão convencidos de que tudo vai dar errado, à semelhança das Vítimas do Destino. É difícil conviver com um Cético Paranóico, porque ele vive desconfiando de tudo e acha que todos estão contra ele. "Confiar" é uma palavra que não consta do vocabulário de um Cético Paranóico.

Como resultado disso, é quase impossível se aproximar dos Céticos Paranóicos, porque eles duvidam das intenções e da sinceridade das pessoas que tentam chegar mais perto, temendo que algum plano esteja sendo armado contra eles.

Os instigadores

- Raramente repetem uma fofoca do modo como a ouviram.
- Adoram provocar discussões.
- Sofrem de indiscrição aguda.

Os Instigadores são sabotadores, intrometidos, controladores, indiscretos, sádicos, negativistas, bravos, antagônicos, sentenciosos, covardes, perniciosos, ciumentos, forçadores de barra, indignos de confiança, mentirosos, caprichosos, ofensivos, manipuladores, desrespeitosos, confrontadores, críticos, encrenqueiros, enganadores; vêem defeito em tudo e apunhalam os outros pelas costas.

Os Instigadores são bisbilhoteiros que adoram criar problemas para os outros. Ao contrário dos Intrometidos, porém, não se envolvem pessoalmente nas encrencas que provocam. Limitam-se a incitar as pessoas, sabendo que seus conselhos darão origem a discussões.

Talvez a vida dos Instigadores seja tão monótona que o único modo que eles encontram de se divertir é causando problemas na vida dos outros. Costumam dizer coisas do tipo: "Oh, estou certo de que o seu marido a ama, embora eu o tenha visto almoçando com a secretária ontem", ou "Não quero me meter no que não é da minha conta, mas o Robert não deveria ser seu assistente exclusivo? Pois é, eu o vi hoje de manhã fazendo um trabalho para outra pessoa aqui do escritório...".

Os Instigadores não têm consideração por ninguém além de si mesmos. São alarmistas que adoram manipular situações e fazer tempestades em copo d'água.

Sirvone, um cabeleireiro, riu ao me contar como havia provocado uma briga entre uma de suas clientes e a filha adolescente dela.

Em tom alarmado, Sirvone disse à cliente que ela deveria ficar de olho na filha, pois ouvira histórias terríveis sobre a escola que a garota freqüentava. Se a cliente não tomasse cuidado, a filha dela acabaria se envolvendo com drogas e arranjando um namorado mau-caráter que a engravidaria e abandonaria. O cabeleireiro acrescentou que, se a adolescente fosse sua filha, ele não a deixaria sair com a turma da escola.

A cliente ficou tão assustada que, na mesma hora, ligou para a filha a fim de proibi-la de ir com os amigos ao cinema naquela noite. As duas passaram um bom tempo discutindo ao telefone.

Ao ver o ar de prazer no rosto de Sirvone enquanto ele me contava tal história, percebi quanto destilava veneno e era perigoso.

Os Instigadores provocam esse tipo de situação para se sentir importantes. Manipular a vida dos outros faz com que se sintam poderosos também.

Por serem causadores de ações negativas, os Instigadores estão incluídos entre os piores tipos de encrenqueiros que existem por aí. Eles podem torcer a verdade ou incentivar as pessoas a fazer coisas que elas normalmente não fariam. Os Instigadores acendem o fogo e depois ficam de longe vendo as chamas devorar tudo o que encontram pela frente.

São também mexeriqueiros e espalham histórias que podem prejudicar as pessoas. Como os Fofoqueiros, são incapazes de guardar um segredo. Mas, ao contrário dos Fofoqueiros, são capazes de inventar as piores histórias só para manipular os outros. Parecem viver com o propósito exclusivo de criar problemas na vida de outras pessoas.

Em resumo, são pequenos demônios que fazem de tudo para tirar o pior proveito possível de uma situação.

Parece familiar?

Você reconheceu, entre os trinta tipos de Terrores Venenosos, pessoas que fazem parte de sua vida cotidiana? Identificou alguém em particular — algum colega de trabalho, um vizinho, uma amiga, um namorado ou uma ex-mulher? Talvez você tenha até reconhecido a si mesmo em certas descrições feitas.

Também deve ter notado que vários Terrores Venenosos partilham muitas características com outros Terrores Venenosos, embora cada Terror Venenoso seja único e possua características específicas. Freqüentemente, uma pessoa venenosa que você conhece pode incorporar mais de um tipo de Terror Venenoso. Por exemplo, a pessoa pode ser Fofoqueira e Controladora, ou pode ser ao mesmo tempo um Trator e um Duas-Caras.

Depois de ter lido as descrições dos trinta tipos de Terrores Venenosos, você já está preparado para entender exatamente por que não gosta de determinadas pessoas.

Lidar com um Terror Venenoso é, como me disse um advogado que conheci em Phoenix, "semelhante a beber um copo de ácido de bateria".

No próximo capítulo você aprenderá a neutralizar essas pessoas tóxicas como ácido de bateria, para que elas parem de infernizar a sua vida.

6

Dez técnicas para lidar com pessoas venenosas

- A técnica do Escape-de-Tensão
- A técnica do Humor
- A técnica do Evite-o-Pensamento
- A técnica do Espelho
- A técnica do Confronto Direto
- A técnica do Questionamento Tranqüilo
- A técnica do Grite-e-Mande-Para-o-Inferno
- A técnica do Dê-Amor-e-Seja-Gentil
- A técnica da Fantasia
- A técnica do Desligamento
- Técnicas que *nunca* devem ser usadas
  Nunca se autodestrua
  Nunca faça uso da violência física
- Outras técnicas proibidas para lidar com pessoas venenosas

Essas dez técnicas para lidar com pessoas venenosas vêm sendo utilizadas por inúmeros clientes meus, que as consideraram bastante eficientes. Depois de dominar essas técnicas, eles experimentaram melhorias incríveis em matéria de saúde, atitudes, empreendimentos profissionais e relacionamentos pessoais.

A técnica do escape-de-tensão

Essa técnica serve como base para todas as outras, pois ajuda você a ter controle físico sobre as suas emoções.

O que ocorre quando alguém o aborrece? Você fica tão irritado que seria capaz de "cuspir fogo", o sangue recebe uma descarga extra de adrenalina, o coração dispara, a cabeça começa a latejar, o rosto fica vermelho e os olhos parecem querer saltar das órbitas, enquanto a respiração fica presa. Usar a técnica Escape-de-Tensão irá ajudar você a oxigenar o cérebro de imediato, além de servir como uma válvula de escape para as emoções negativas — fazendo com que seu corpo recupere o equilíbrio homeostático. Essa técnica lhe permitirá absorver oxigênio e soltar dióxido de carbono de modo controlado, sistemático. Aqui está a seqüência a seguir:

1. Inspire pela boca por dois segundos.
2. Prenda a respiração por três segundos, enquanto pensa na pessoa que o irritou.
3. Continue pensando na pessoa enquanto a expele literalmente para longe, junto com o ar guardado nos pulmões.
4. *Pare de pensar na pessoa e não* respire por dois segundos.
5. Repita as instruções de 1 a 4 até que, pensando na pessoa venenosa e expelindo o ar dos pulmões, você consiga livrar-se a irritação que ela lhe causou.
6. Repita o procedimento mais uma vez, continuando a expelir a negatividade da pessoa venenosa. Depois da terceira vez, inspire profundamente pela boca, enchendo os pulmões, e solte o ar normalmente.

Você pode sentir um pouquinho de tontura após utilizar essa técnica. Não se preocupe, isso é normal. Se você ficar tonto, sente-se e comece a inspirar e expirar devagar, até que a tontura passe.

Depois disso você deverá sentir-se menos tenso e zangado. Caso isso não ocorra, repita o procedimento completo até sentir que a raiva provocada pela pessoa venenosa desapareça.

A técnica do Escape-de-Tensão é ótima para ser utilizada quando alguém o irrita ou quando está perto de alguém desagradável. Soltar o ar pode ajudar a liberar o excesso de tensão.

O efeito calmante dessa técnica também é útil para evitar que você troque os pés pelas mãos e diga a coisa errada no momento errado. A primeira inspiração lhe proporciona alguns segundos extras para pensar antes de agir.

Como profissional que lida com centenas de clientes, aprendi por experiência própria que essa técnica é um verdadeiro salva-vidas quando tenho de lidar com pessoas que têm sérios problemas emocionais ou que estão descontroladas. A técnica do Escape-de-Tensão permite que eu me acalme e também ajuda a acalmar os meus clientes. Uso a mesma técnica para ganhar tempo e tranqüilidade quando me fazem perguntas diante de uma grande platéia, depois de uma palestra ou durante alguma entrevista na tevê. A técnica me ajuda a controlar o ritmo das palavras, evitando que eu fale depressa demais, gagueje ou diga tolices. A técnica do Escape-de-Tensão também pode ajudar você a conseguir a mesma coisa.

A técnica do humor

Durante o processo de livrar-se da tensão, você também pode divertir-se. Quantas vezes já não pensou, horas mais tarde do acontecido, numa resposta adequada a um comentário venenoso? Quantas vezes você não ficou acordado à noite, relembrando o incidente e recriminando-se por não ter dito o que queria no momento exato?

Com a técnica do Humor você pode dar uma resposta imediata à pessoa venenosa e ainda dar boas risadas.

Use a técnica do Escape-de-Tensão e, quando estiver prendendo a respiração, pense em algo engraçado para dizer. Não importa que os outros encarem o que você disser como uma bobagem, desde que *você* ache a resposta divertida.

Utilizei essa técnica durante um jantar no qual eu estava sentada ao lado de um homem superdesagradável que não parava de contar vantagens sobre si mesmo. Ele me disse que, embora fosse um excelente cantor, nunca conseguira transformar-se num grande astro da ópera, e por isso ganhava a vida como professor de canto. Durante todo o jantar o homem ficou tentando me impressionar com os seus conhecimentos sobre ópera, um assunto que na verdade nunca me interessou muito. O maior contato que eu havia tido com ópera até então tinha sido com *L'italiana in Algeri*, de Rossini, quando ensinei os infames Rob e Fab da dupla Milli Vanilli a dublar um trecho do drama cantado para um comercial de chiclete. Mesmo assim, continuei ouvindo a conversa do homem com um sorriso gracioso. De repente, enquanto me servia de um segundo pedaço de um delicioso pãozinho de queijo e alho, o homem me encarou e disse, em tom severo: "Perdi sete quilos recentemente, e acho que você deveria fazer o mesmo".

A princípio fiquei em estado de choque, sem acreditar no que ouvira. Comecei a me sentir culpada, pensando: *Será que estou mesmo comendo demais? Será que preciso de um regime?* No mesmo instante inspirei fundo, mas logo percebi que a técnica do Escape-de-Tensão não iria funcionar. Eu estava furiosa, e a única coisa que me faria bem naquele momento seria divertir-me à custa do homem.

Decidi zombar dele retrucando algo que estivesse relacionado à ópera. Encarei-o de volta e, com o maior ar de inocência, declarei: "Perder peso, eu? Imagine! Pretendo engordar trinta quilos só para ficar parecendo uma daquelas cantoras famosas de ópera — você sabe, uma daquelas mulheres imensas que usam tranças e chapéus com chifres".

O homem não me dirigiu mais a palavra pelo resto da noite, ou seja, alcancei meu objetivo. Dei uma risadinha e me senti ótima. Eu havia liberado a tensão de ter de lidar com uma pessoa venenosa através do humor, zombando de algo que o homem levava a sério: a ópera.

Você também pode usar a técnica do Humor para salvar a auto-estima e melhorar sua imagem diante dos outros.

Juan nasceu com nariz achatado, fenda palatina e lábio leporino; era fanhoso. Os garotos da escola para onde Juan fora transferido, ao mudar de cidade com os pais, viviam zombando cruelmente dele.

Certo dia, um garoto mais velho o empurrou e derrubou, dizendo: "Ei, que cicatriz horrorosa é essa na sua cara?". Juan encarou o garoto e afirmou: "Oh, acho que me cortei enquanto fazia a barba ontem". Os outros meninos começaram a rir ao imaginar um garotinho de 9 anos se barbeando.

O bom humor de Juan o tornou benquisto pelas outras crianças. Ele já havia aprendido que fazer graça era um modo de livrar-se de situações desagradáveis, portanto usava a técnica do Humor para zombar de si mesmo e brincar com os outros. Em pouco tempo Juan se tornou o garoto mais popular da sua classe, e no semestre seguinte foi eleito representante da classe.

Às vezes você pode revidar um comentário venenoso acrescentando mais um insulto ao insulto feito. A pessoa venenosa pode achar que está sendo engraçada e inteligente, mas, ao fazer um comentário ainda mais ultrajante, você choca o ofensor ao mesmo tempo em que se diverte.

O comediante David Brenner tinha uma resposta ótima para quem zombava do nariz dele: "Você acha que o meu nariz é grande? Pois é, quando eu era criança pensava que meu nariz era um terceiro braço". Howard Stern, que tem um programa de entrevistas no rádio, deprecia a própria aparência e o tamanho do próprio pênis. É difícil não gostar de alguém que ri de si mesmo.

Se você não consegue pensar em nada de engraçado para dizer, experimente comprar um livro de piadas e memorizar algumas respostas particularmente divertidas.

Comediantes que precisam lidar com gente bêbada ou chata enquanto estão se apresentando costumam ter um bom repertório de respostas engraçadas. Quando algum inconveniente tenta atrapalhar sua apresentação, um famoso cômico da tevê diz sem pestanejar: "É isso o que ocorre quando primos em primeiro grau se casam e têm filhos". A platéia cai na risada, o inconveniente se cala e o *show* continua.

Embora eu não seja favorável ao humor sarcástico e agressivo, em certos casos ele é necessário. Às vezes é preciso combater fogo com fogo. Quando alguém faz comentários venenosos a seu respeito, a técnica do Humor permite que esse alguém veja quanto está sendo estúpido, ao mesmo tempo que ajuda você a liberar a tensão e a raiva.

Muitas vezes as pessoas querem usar a técnica do Humor, mas não conseguem pensar em nada de engraçado para dizer. Fiz uma pequena lista de respostas divertidas/irônicas que já foram usadas por diversos comediantes. Decore-as para utilizá-las na hora certa. Por não serem agressivas ou cruéis demais, elas podem ser usadas para ajudá-lo a escapar de uma situação desagradável.

1. Você conseguiu me fazer acreditar em reencarnação — agora eu sei que foi um animal numa de suas vidas passadas.
2. Por acaso você é filho de primos em primeiro grau?
3. O que quer que esteja comendo você por dentro deve estar sofrendo de indigestão.
4. Você parece ser do tipo que gosta de preservar a própria auto-estima; nesse caso, por que não pára de bancar o bobo?

5. Não vou entrar numa guerra de esperteza com você. Nunca ataco alguém que esteja desarmado.
6. Por que você não vai fazer uma visita aos seus parentes no zoológico?
7. Acho que não posso pedir que você aja como um ser humano — afinal, você não sabe fazer imitações.
8. A última vez que vi você foi quando tive um pesadelo.
9. Você tem uma personalidade ótima, mas não para um ser humano.
10. Não sei o que você tem pulsando no lugar do coração, mas espero que seja uma bomba-relógio.
11. Não sei o que eu faria sem você, mas acho que a experiência seria agradável.
12. Você nunca se cansa da própria companhia?
13. Quanto mais eu o vejo, menos gosto de você.
14. Não consigo lembrar seu nome, mas suas maneiras rudes me parecem familiares.
15. Nunca esqueço um rosto, mas no seu caso eu gostaria de abrir uma exceção.
16. Por que você não troca seu cérebro por outro que funcione melhor?
17. Continue falando, assim terei certeza de que você não está pensando.
18. Até que suas maneiras não são ruins. Na verdade, eu diria que são péssimas.
19. Por um instante não reconheci você, e confesso que esse foi um dos melhores momentos da minha vida.
20. Você tem classe, sim — pena que seja do mais baixo nível.

A técnica do evite-o-pensamento

Às vezes você fica tão furioso com alguém que tem a sensação de que vai explodir. Cada vez que pensa no indivíduo ou em algo que ele fez, é tomado por emoções negativas. Quando isso ocorre, é uma boa idéia usar a técnica do Escape-de-Tensão, com uma ligeira modificação: quando estiver soltando o ar, diga: *Evite o pensamento!* Cada vez que você pensar no indivíduo ou na situação desagradável que ele provocou, você precisa ouvir-se dizendo: *Evite o pensamento!*, seja em voz alta, seja em pensamento.

Essa técnica pode funcionar como um verdadeiro salva-vidas, pois você não fica remoendo um acontecimento tóxico por horas a fio.

Você acordou sentindo-se ótimo. O seu dia está correndo bem, até que de repente uma lembrança ruim invade a mente e o deixa de péssimo humor. Você vai ficando cada vez mais irritado enquanto se recorda de um determinado acontecimento, recriminando-se por não ter dito poucas e boas à pessoa que o ofendeu ou magoou, culpando-se por ter-se deixado envolver por tal pessoa. A cabeça parece um vulcão prestes a entrar em erupção, enquanto cenas do acontecimento desagradável repetem-se sem parar em sua mente.

Foi isso que ocorreu com Glenda. Depois de um tumultuoso rompimento com Mário, ela não conseguia esquecer o pesadelo do relacionamento tóxico de ambos. Glenda passava praticamente o dia todo recordando episódios desagradáveis do tempo do namoro com Mário. Mesmo seis meses após o rompimento, ela se sentia incapaz de livrar-se dos pensamentos negativos que a deixavam cada vez mais deprimida.

Quando ensinei a Glenda a técnica do Evite-o-Pensamento, a vida dela mudou. Finalmente Glenda conseguiu recuperar algum controle sobre a própria vida. Quando percebia que estava pensando em Mário, ela pensava em voz alta: *Evite o pensamento!* O humor de Glenda foi melhorando aos poucos, até que ela se tornou capaz de seguir a vida adiante, longe de Mário, sem ficar presa ao passado.

A técnica do Evite-o-Pensamento pode ser incrementada com afirmações positivas. Você pode dizer-pensar, por exemplo: *Evite o pensamento! Ninguém é melhor do que eu!*, ou *Evite o pensamento! Eu gosto de mim. Sou alguém importante. Sou uma pessoa de valor.* Você pode acrescentar qualquer frase que o ajude a ter pensamentos positivos sobre si mesmo.

A técnica do espelho

A técnica do Espelho obriga as pessoas venenosas a ver refletido de volta o próprio comportamento tóxico.

Débora, uma advogada que foi minha cliente, percebeu que esta técnica era valiosíssima durante suas negociações com um advogado agressivo e ofensivo. O advogado nunca permitia que Débora falasse durante uma conversa, gritando e dizendo palavrões sempre que ela abria a boca. Certa ocasião, durante uma conversa ao telefone, enquanto o advogado falava, Débora afastou o fone do ouvido e começou a latir feito um cachorro bravo.

O advogado emudeceu por alguns segundos antes de perguntar, berrando: "O que foi que você disse?". Débora tornou a aproximar o fone do ouvido e respondeu: "Eu disse...", recomeçando a latir feito um cachorro bravo. Em seguida, ela parou de latir e argumentou: "É assim que o senhor soa ao telefone, senhor Jones: como um cachorro enraivecido. Mas já que nós dois somos profissionais bem-educados e competentes, por que não conversamos de maneira civilizada, para que um possa ouvir o que outro está dizendo? Dessa forma, será mais fácil nos entendermos e chegarmos a uma decisão amigável".

O sr. Jones ficou embaraçado, pois até o momento ninguém nunca lhe havia dito que agia de maneira tão desagradável. Depois que Débora utilizou a técnica do Espelho, o advogado transformou-se num homem completamente diferente: um cavalheiro que ouvia o que sua interlocutora dizia e que estava disposto a negociar com civilidade.

Ao empregar a técnica do Espelho você não precisa ser agressivo ao *extremo*. Basta dar uma pequena amostra do modo como a pessoa venenosa se comporta, para que uma mudança imediata para melhor possa ser alcançada.

Isso ocorreu comigo quando entrei numa lojinha de sapatos em Beverly Hills e não avistei nenhuma vendedora lá dentro. Chamei três vezes: "Tem alguém aqui?". Finalmente ouvi uma voz hostil gritar: "O que você quer?". Segundos depois, uma mulher surgiu nos fundos da loja e veio na minha direção feito um tanque de guerra. Fiquei chocada. Afinal, eu estava em Beverly Hills, Califórnia — um lugar sofisticado freqüentado por gente rica, acostumada a ser bem tratada.

Quando a vendedora chegou perto de mim, eu disse em tom calmo, com delicadeza: "Vim a esta loja porque sei que os sapatos vendidos aqui são de excelente qualidade. Quando entrei, não avistei nenhuma vendedora, e precisei perguntar três vezes se havia alguém aqui. Finalmente ouvi você gritar 'O que você quer?'". Gritei a última frase no mesmo tom hostil e mal-educado da vendedora. A mulher enrubesceu, pediu desculpas e passou a me tratar como se eu fosse uma rainha.

Não precisei mencionar o incidente de novo. Não precisei ficar esfregando na cara da vendedora que ela havia sido grosseira comigo. A mulher já tinha tido uma amostra do próprio comportamento e percebido quanto ele era inadequado.

Talvez a vendedora passe a ser mais gentil com as próximas clientes que entrem na loja. Talvez ela nunca mais tenha coragem de gritar "O que você quer?" para alguém.

Às vezes as pessoas precisam saber quanto são estúpidas e agressivas — e precisam saber disso de imediato, vendo um reflexo da própria atitude. Você não está apenas mostrando a elas que não gostou de ser maltratado; você está fazendo com que elas *experimentem* a horrível sensação de ser maltratado — como Amanda fez com Corrine.

Corrine encontrou Amanda na festa de casamento de uma amiga que ambas tinham em comum. As duas conversaram agradavelmente durante uns quinze minutos. De repente, quando Amanda fez menção de aceitar o pratinho de bolo que um garçom lhe ofereceu, Corrine comentou em voz alta, na frente de vários outros convidados: "Você não devia aceitar o bolo, Amanda. Afinal, você engordou tanto desde a última vez em que nos vimos!".

Amanda ficou muda de espanto, mágoa e raiva. Quando finalmente recuperou a fala, ela foi atrás de Corrine, que se afastara, e disse alto e bom som: "O que fez comigo foi de uma crueldade sem tamanho, pois sabe quanto a questão de peso me incomoda. Se você tinha algum pensamento negativo a meu respeito deveria tê-lo guardado em segredo, assim como tenho guardado em segredo os pensamentos negativos que tenho a seu respeito. Antes do que aconteceu agora há pouco, eu jamais teria sonhado em mencionar que os seus dentes manchados de nicotina são horríveis, e que você deveria fazer um tratamento urgente para diminuir a oleosidade da pele".

Sem dúvida alguma, Corrine experimentou uma dose do próprio remédio. Ela sentiu o que Amanda sentira pouco antes, pois Amanda usou o mesmo padrão de comunicação que Corrine usara para ofendê-la.

A técnica do Espelho também costuma funcionar com crianças. Ao entrar pela primeira vez no meu escritório, uma garotinha que se tornou minha cliente foi logo ficando de pé em cima de uma cadeira. No mesmo instante repeti o gesto dela. Assustada, a garotinha argumentou: "Doutora Glass, a senhora é adulta, não pode ficar de pé em cima de uma cadeira!". "Acho que você tem razão", respondi. Segundos depois, estávamos ambas sentadas em nossas respectivas cadeiras e tivemos uma boa sessão.

A técnica do Espelho permite que crianças e adultos vejam as conseqüências de seu comportamento tóxico e percebam quanto as suas atitudes são desagradáveis.

A técnica do confronto direto

A técnica do Confronto Direto é excelente para ser usada quando alguém fez um comentário desagradável e ofensivo a seu respeito. Se você não conseguir pensar numa resposta divertida ou inteligente, ou se não se lembrar de nenhuma das frases sugeridas na seção da técnica do Humor, talvez você queira dizer abertamente à pessoa como se sente em relação ao que ela lhe disse ou fez.

A técnica do Confronto Direto evita que você se transforme numa vítima. Em geral, os outros vão respeitá-lo por criar coragem e dizer o que pensa. Ao confrontar alguém de modo direto, é essencial que você projete a voz de modo a falar num tom bem modulado, que seja ouvido e entendido com facilidade. Você também pode utilizar a emoção na voz para transmitir convicção e autoconfiança.

A senadora Dianne Feinstein, da Califórnia, usou com esperteza a técnica do Confronto Direto para responder a um comentário condescendente feito pelo senador Larry Craig, de Idaho. Ao falar contra uma proposta apresentada pela senadora Feinstein, referente à proibição de venda de armas semi-automáticas, o senador Craig concluiu seu argumento dizendo: "A gentil e delicada senadora californiana precisa familiarizar-se mais com armas de fogo e suas características letais".

A senadora Feinstein replicou: "Já estou bastante familiarizada com armas de fogo. Já ganhei uma eleição para prefeita como resultado de um assassinato. Encontrei um colega assassinado e pus um dedo sobre um buraco de bala, tentando detectar algum sinal de pulsação. Apresentei uma proposta de legislação para o controle de armas em São Francisco. Passei por um processo de destituição de cargo por causa disso. Aprendi a usar uma arma quando terroristas me atacaram em minha casa com uma bomba; quando meu marido estava morrendo; quando dispararam contra as janelas de minha residência. Sendo assim, senador, posso afirmar que *sei algo a respeito das conseqüências do uso de armas de fogo.*

Além de fazer com que os outros o respeitem, a técnica do Confronto Direto também permite que você ganhe mais auto-respeito ao dizer o que pensa.

Outro exemplo perfeito da técnica do Confronto Direto foi descrito pela atriz Meryl Streep na revista *Cosmopolitan*. No início da carreira, ela foi convidada pelo filho de Dino De Laurentis a conhecer o famoso produtor de cinema. De Laurentis conversou gentilmente com ela em inglês, depois virou-se para o filho e disse, em italiano: "Quem é essa mulher? Ela não é bonita. Ela não é nem mesmo interessante. Para que perder tempo com ela?". Meryl Streep, que fala italiano, encarou De Laurentis e confrontou-o de modo direto, dizendo, também em italiano: "Não gostei nem um pouco do que você disse". O produtor, embaraçado, ficou com pelo menos um dos dois queixos de suas duas caras caído quando Meryl foi embora e o deixou falando sozinho. Como todos sabem, Meryl Streep tornou-se uma das mais belas e procuradas atrizes de Hollywood, apesar de Dino De Laurentis.

Em resumo, a técnica do Confronto Direto faz com que os outros percebam que você sabe qual é o jogo deles, de modo que não podem bancar os fingidos e apunhalar você pelas costas. São obrigados a apunhalar você de frente e agüentar as conseqüências.

A técnica do questionamento tranqüilo

A técnica do Questionamento Tranqüilo permite que as pessoas venenosas vejam quanto suas idéias ou comentários são absurdos, ridículos ou estúpidos. Ao fazer a alguém uma série de perguntas que exijam como resposta um "sim" ou um "não", numa progressão lógica, você se transforma numa espécie de advogado que está tentando demonstrar algo importante por meio de uma seqüência de questões apresentadas a uma testemunha.

Ao utilizar essa técnica, é imperativo que você fale em tom calmo e passe a impressão de estar no controle da situação, sem permitir que a emoção o domine.

Digamos que alguém faça um comentário estúpido e ignorante, do tipo "odeio negros". Para demonstrar a idiotice de tal afirmação você pode, por exemplo, fazer as seguintes perguntas:

— Você odeia *todos* os indivíduos negros do mundo *inteiro*?

— Você conhece alguma pessoa negra da qual goste?

— Gosta de esportes?

— Existe algum esportista negro que você respeite?

— E quanto aos negros que fazem política ou música?

— Existe alguma pessoa negra que considere inteligente ou talentosa?

— Por acaso alguém negro já fez algo para ofender ou magoar você?

— Acredita que existem pessoas negras que trabalham com afinco e que tentam fazer a felicidade da própria família?

— Você conhece muitas pessoas negras?

— Já morou num bairro onde alguns dos vizinhos eram negros?

— Alguém já disse que odeia você só por causa da cor de sua pele?

— Se menos pessoas odiassem umas às outras e se mais pessoas tentassem se conhecer melhor como indivíduos, você não acha que o mundo seria bem melhor?

Usar a técnica do Questionamento Tranqüilo é conduzir uma pessoa ignorante por um caminho que a obrigue a pensar na própria estupidez e a explorar os sentimentos expressos nas entrelinhas de seu comentário tóxico.

Costumo utilizar o Questionamento Tranqüilo quando sou convidada a participar de *talk shows* e tenho de me dirigir a pessoas que parecem não ter a menor noção de seus atos. Durante um programa apresentado por Sally Jessy Raphael, cujo tema era "Mães e filhas que fazem programas juntas", uma mulher afirmou que ela e a filha de 20 anos se divertiam muito juntas; as duas ganhavam presentes dos homens com os quais saiam e tiravam dinheiro desses mesmos homens quando eles estavam bêbados. Aparentemente a filha ainda era virgem e, ao contrário da mãe, não tinha relações sexuais com os homens.

É desnecessário dizer que eu — além de toda a platéia do programa — fiquei chocada com a declaração da mulher. Usei a técnica do Questionamento Tranqüilo para tentar mostrar a ela quanto o seu comportamento era inadequado.

Dra. Glass (dirigindo-se à mãe): Você fazia programas em companhia da sua mãe?

Mãe: Não, mas gostaria de ter feito.

Dra. Glass: E seu pai? Você se dava bem com ele?

Mãe: Não.

Dra. Glass: E quanto aos homens, em geral? Você gosta dos homens?

Mãe: Às vezes.

Dra. Glass: Tenho a impressão de que, no fundo, você *não* gosta dos homens.

Mãe: Você também não gostaria deles se eles tentassem usá-la.

Dra. Glass: Você acha que os homens devem ser usados, explorados? Acha que eles só servem para lhe dar presentes, para lhe comprar coisas?

Mãe: E por que não? Afinal, eles usam as mulheres, não usam?

Dra. Glass: Você se considera uma boa mãe?

Mãe: Sim, eu me considero uma mãe excelente.

Dra. Glass (dirigindo-se à filha): Você acha que ela é uma boa mãe?

Filha (na defensiva): Sim, acho.

Dra. Glass (dirigindo-se à mãe): Você se orgulha do fato de a sua filha ser virgem?

Mãe: Sim.

Dra. Glass (dirigindo-se à filha): Você sente orgulho de ser virgem?

Filha: Sinto.

Dra. Glass: O que é ser virgem?

Filha: É nunca ter feito sexo com ninguém.

Dra. Glass: Então uma virgem é alguém que nunca teve uma relação sexual?

Filha: Sim.

Dra. Glass: Uma virgem se encarrega da parte superior do corpo de um homem, enquanto a mãe se encarrega da parte inferior do corpo de um homem? Isso é ser virgem?

A platéia começou a aplaudir enquanto mãe e filha erguiam a voz numa tentativa de se defender.

Dra. Glass (dirigindo-se à mãe): Você acha que está sendo um bom exemplo para a sua filha, ensinando-a a usar os homens, a conseguir o que quiser deles?

Mãe: Bem, é assim que funciona o mundo real.

Dra. Glass: Quer dizer que você se sente à vontade ensinando sua filha a ser prostituta?

Naquele momento a platéia ficou ainda mais agitada, com gente aplaudindo e gritando.

A técnica do Questionamento Tranqüilo é tão poderosa que, se você usá-la bem, poderá conseguir não apenas expressar seu ponto de vista, mas também fazer com que a outra pessoa mude de opinião. Você não conversa com a pessoa, você lhe apresenta perguntas que a obrigam a refletir, dando início a um processo de comunicação ativo.

Essa técnica também pode ajudar você a adquirir mais informações sobre um indivíduo ou sobre uma situação. Só então você tem como saber em que terreno está pisando, ou qual é a história verdadeira.

Ao aprender a técnica do Questionamento Tranqüilo, uma de minhas clientes percebeu uma melhora da vida amorosa. Ela se sentia menos estressada porque fazia uma série de perguntas diretas aos "pretendentes em potencial" e obtinha informações que a ajudavam a refletir se o relacionamento daria certo ou não.

Depois de conhecer Cláudia numa festa, Dean começou a telefonar-lhe com freqüência e convidou-a diversas vezes para sair. Os dois se comunicavam bem e tinham várias coisas em comum. Os encontros de ambos duravam até de madrugada, tantos eram os assuntos que tinham para conversar. Apesar disso, no entanto, Dean nunca tentou uma aproximação mais íntima. Cláudia, por sua vez, estava ansiosa para que uma aproximação mais íntima ocorresse.

A princípio Cláudia imaginou que Dean fosse tímido e decidiu tomar a iniciativa. No quarto encontro dos dois, num restaurante, ela roçou os joelhos nos dele, por debaixo da mesa, e tocou-o várias vezes nas mãos enquanto conversavam. Cada vez que Cláudia o tocava, Dean se encolhia na cadeira. Cláudia acabou chegando à conclusão de que Dean não estava fisicamente interessado nela. Como quem não quer nada, ela começou a falar sobre homossexuais, imaginando que o assunto provocaria uma conversa franca que explicaria o comportamento de Dean. Ficou bem claro, porém, que Dean era um heterossexual convicto que detestava ser paquerado por *gays*.

O casto beijo de despedida que Dean deu no rosto de Cláudia ao deixá-la em casa — um beijo semelhante ao que ela costumava trocar com parentes e amigos — deixou-a triste, com sentimento de rejeição. Começou a se perguntar se não teria mau hálito ou um odor corporal desagradável. Será que estava gorda demais? Seria pouco atraente? Depois de passar a noite em claro e concluir que Dean não a desejava, Cláudia achou melhor parar de considerá-lo um possível futuro namorado.

Na manhã seguinte, contudo, um Dean alegre e atencioso telefonou para convidá-la para um novo encontro. Cláudia resolveu esclarecer a situação de uma vez por todas.

Cláudia: Dean, preciso lhe perguntar uma coisa.

Dean: Tudo bem, o que é?

Cláudia: Você promete ser sincero comigo?

Dean: Prometo.

Cláudia: Mesmo se achar que vai ferir meus sentimentos?

Dean: Claro. O que houve, algum problema?

Cláudia: Bem, eu preciso saber se você se sente atraído por mim.

Dean: Sim, muito. Sei que você acha que não, mas sinto uma grande atração por você.

Cláudia: Você está dizendo que se sente atraído por mim como amigo?

Dean: Não.

Cláudia: Você se sente atraído por mim como pessoa?

Dean: Não. Você me desperta atração física, mental e emocional. Esse é o problema!

Cláudia: Por que você considera isso um problema?

Dean: Porque você já está bem estabelecida na vida, tem dinheiro e uma carreira de sucesso. Eu, ao contrário, estou iniciando uma carreira agora e não tenho dinheiro para levá-la a lugares sofisticados, da moda. Além disso, minha cabeça está a maior bagunça; ainda estou tentando superar o trauma de um divórcio, não sei se já estou preparado para entrar num novo relacionamento.

Cláudia descobriu exatamente por que Dean não havia tentado uma aproximação mais íntima. Embora não tivesse ficado entusiasmada com o que ouviu, pelo menos pôde deixar de se sentir insegura, imaginando se teria mau hálito ou se seria pouco atraente.

A famosa máxima "Procure e encontrará" aplica-se à técnica do Questionamento Tranqüilo: "Pergunte e saberá".

A técnica do grite-e-mande-para-o-inferno

Desde cedo aprendemos que não é de "bom-tom" ficar zangado, gritar e brigar. Pois eu digo que isso é um grande absurdo. Às vezes somos obrigados a gritar ou berrar, porque essa é a única maneira de nos fazer ouvir. Às vezes ficamos tão furiosos que a única atitude que nos resta a tomar para soltar a pressão é não acabar tendo uma hemorragia cerebral e gritar com a pessoa que nos irritou. Podemos berrar obscenidades ou palavrões porque essa é a única forma de desabafar nossa fúria. Como disse Mark Twain um dia: "Em certas circunstâncias, dizer obscenidades proporciona um alívio que nem mesmo uma oração pode nos trazer".

Embora eu não recomende uma dieta constante de gritos e palavrões — pois isso transformaria *você* numa pessoa venenosa —, às vezes é preciso usar essas armas para deixar bem claro tudo o que se pensa. Palavras obscenas podem não ser socialmente aceitáveis, mas talvez sejam as únicas que uma pessoa venenosa escute, as únicas capazes de forçá-la a ouvir o que você tem a dizer.

Pete Sampras, o tenista campeão norte-americano, usou a técnica do Grite-e-Mande-Para-o-Inferno para liberar a raiva que venenosos fãs ingleses lhe provocaram durante uma partida em Wimbledon, contra um jogador inglês. Cada vez que Sampras marcava um ponto, membros da torcida inglesa o vaiavam. Assim que o juiz confirmou que ele havia ganho a partida, Sampras virou-se para os torcedores e berrou: "Engulam essa, seus filhos da mãe!". Muitos norte-americanos sentiram orgulho da atitude do jovem tenista, que teve coragem de enfrentar os ingleses — famosos pela classe e pela boa educação.

A técnica do Grite-e-Mande-Para-o-Inferno também foi muito útil para uma cliente minha, que durante anos havia sofrido em silêncio por causa de um terrível acontecimento. Aos 18 anos, Sandra, hoje com 40, arranjou um emprego de assistente no consultório de um dentista. Uma de suas funções era administrar óxido nitroso aos pacientes para sedá-los. Certo dia, o patrão de Sandra sugeriu que ela experimentasse uma dose de óxido nitroso para ver como era e, desse modo, "entender melhor o que os pacientes sentiam sob o efeito da substância". Sandra concordou com a idéia. O patrão administrou-lhe uma dose bem maior do que a utilizada para sedar os pacientes. Enquanto inalava o gás, ela começou a rir e a sentir-se leve e livre como um pássaro. De repente, quando Sandra deu por si, o patrão já lhe havia arrancado a calcinha e estava tendo uma relação sexual com ela. Sandra ficou paralisada, em estado de choque. Assim que o dentista/estuprador desligou o fluxo de gás, Sandra correu até o banheiro e vomitou de modo incontrolável. Em seguida, o dentista agiu como se nada houvesse acontecido; mandou que ela limpasse todo o equipamento, lavasse o receptáculo de resíduos da máquina de sucção de saliva e depois fosse até o escritório dele. Como um autômato, Sandra obedeceu; quando finalmente foi ao escritório do patrão, recebeu a notícia de que estava despedida.

Durante anos ela manteve o incidente em segredo, com vergonha de contar o ocorrido a quem quer que fosse. Com o decorrer do tempo Sandra bloqueou a memória de tal modo que acabou por "esquecer" o caso. Certo dia, porém, ela viu num programa de tevê um videoteipe — gravado com o auxílio de uma câmera oculta — mostrando um dentista acariciando uma paciente. O apresentador do programa perguntou: "O seu dentista seria capaz de fazer uma coisa dessas enquanto você está anestesiada?". No mesmo instante o bloqueio mental de Sandra ruiu e ela se recordou do que lhe havia acontecido anos atrás. Daquela vez, além de nauseada, Sandra sentiu-se furiosa, com vontade de arrebentar a socos o antigo patrão. A tentativa de descarregar a raiva por meio da técnica da Fantasia Vicária (a seguir) não foi suficiente para acalmá-la. Processar o antigo patrão por estupro estava fora de questão, pois ela não queria submeter-se — nem submeter o marido e os filhos — à humilhação de ver o caso ir parar nos tribunais. Sua única saída era confrontar o dentista/estuprador.

Sandra marcou uma consulta usando o sobrenome de casada. Quando chegou a hora de ser atendida, ela explicou à assistente que seu problema dentário era muito embaraçoso e que, por essa razão, preferia conversar a sós com o dentista. A moça foi compreensiva e a deixou a sós na sala de consultas. Enquanto esperava que o antigo patrão saísse do escritório para atendê-la, Sandra usou a técnica do Escape-de-Tensão que eu lhe havia ensinado para manter a calma. Finalmente, quando o dentista entrou no consultório ela perguntou: "Você se lembra de mim?". "Não, sinto muito, não me lembro da senhora", respondeu ele. "Eu sou a assistente que você sedou com gás e estuprou, vinte e dois anos atrás." O dentista empalideceu e fez menção de sair da sala. Sandra bloqueou-lhe o caminho e continuou a falar: "Você me humilhou ao me fazer limpar a pior sujeira do seu consultório, e depois me botou no olho da rua, lembra? Pois agora é a sua vez de limpar a sujeira, seu estuprador nojento!". Ao terminar de gritar a última frase, Sandra pegou a lata de lixo perto da porta e despejou o conteúdo dela na cabeça do dentista. Mais tarde, enquanto voltava para casa, Sandra não conseguia parar de rir ao lembrar-se do dentista todo coberto de lixo odontológico, ao imaginá-lo passando noites de insônia diante da possibilidade de ela decidir processá-lo e arruinar-lhe a carreira. A técnica do Grite-e-Mande-Para-o-Inferno era o remédio de que Sandra precisava para dar fim ao ódio que nutria pelo antigo patrão.

A técnica do Grite-e-Mande-Para-o-Inferno permite que você aja como um tigre selvagem, que berre e faça caretas enquanto descarrega a raiva. Sim, você pode gritar, praguejar e espernear. Diga o que quiser, *mas jamais ataque fisicamente* a pessoa que despertou sua fúria. Pode usar "golpes baixos" verbais, mas *nunca* deve erguer a mão ou utilizar *nenhuma* forma de violência física.

A técnica do dê-amor-e-seja-gentil

Todos já ouvimos falar do preceito cristão que diz "ofereça a outra face", quando alguém nos fez algum mal. Este é um ensinamento dificílimo de seguir, especialmente para quem é adepto da filosofia "olho por olho, dente por dente".

No início deste livro, a raiz de toda a toxicidade foi identificada como ciúme causado pela insegurança e pela falta de auto-estima. Com bastante freqüência a pessoa venenosa recebeu uma quantidade insuficiente de amor ao longo da vida, isso quando não foi vítima de abuso ou violência. Talvez o único modo de lidar com essas pessoas seja por meio da compreensão, do amor e da gentileza.

São necessárias muita força interior e muita compaixão para transformar raiva em amor e gentileza. O primeiro instinto pode ser atacar o indivíduo ofensor de volta, atingindo-o com mais força do que aquela com que você foi atingido. Com a técnica do Dê-Amor-e-Seja-Gentil, porém, você pode aprender a retribuir a raiva com atitudes positivas, ajudando a melhorar a auto-estima da pessoa venenosa.

Ao utilizar essa técnica, é importante ter em mente que, por mais desagradável, agressivo e ofensivo que um indivíduo seja, você jamais deve perder a calma. Permaneça tranqüilo, use um tom de voz amigável e apaziguante, sorria sempre.

Mas como conseguir agir assim diante de tanta negatividade? Simples: basta lembrar quanto a pessoa venenosa deve estar sofrendo — quanto ela deve se sentir vazia, insegura, mal-amada.

São surpreendentes as mudanças comportamentais que podem ser alcançadas por meio do amor e da gentileza. O tom de voz do indivíduo tóxico se suaviza, a linguagem corporal torna-se mais descontraída; a pessoa pode até sorrir e acabar dizendo algo agradável para você.

Uma de minhas clientes, Vera, que trabalhava como caixa num banco, usava a técnica do Dê-Amor-e-Seja-Gentil sempre que tinha de atender algum cliente hostil. Os outros caixas chegavam a chamá-la para acalmar clientes difíceis, dispostos a causar problemas. Vera era bem-sucedida na hora de apaziguar pessoas hostis porque nunca considerava a agressividade delas como uma afronta pessoal, mas sim como um sinal de infelicidade. Vera acalmava as pessoas concordando com o que elas diziam, sorrindo-lhes e usando um tom de voz amigável, atencioso. Quando os clientes enraivecidos percebiam que Vera estava do lado deles, mudavam de atitude e tornavam-se mais positivos.

Assim como Vera, é preciso deixar que as pessoas venenosas saibam que você não é um inimigo e que está do lado delas. Faça isso com suavidade, ternura, amor. Afinal, um tapinha carinhoso nas costas é bem mais eficaz para atingir certos resultados que um chute no traseiro.

A técnica da fantasia

A técnica da Fantasia Vicária pode ajudá-lo a descarregar a tensão por meio de uma boa risada. Basta que você use a imaginação.

Um de meus clientes, James, levou a namorada para jantar num caro restaurante chinês. O atendimento era horrível, a comida era péssima, os garçons, mal-educados. James insistiu em levar para casa o que havia sobrado da refeição, e acabou tendo de pagar pela embalagem para viagem. Enquanto me contava essa história, ele foi ficando cada vez mais vermelho de raiva.

De repente, James começou a rir, com um brilho malicioso nos olhos. Em seguida, comentou: "Sabe qual é a minha fantasia? Voltar ao restaurante quando ele estiver lotado de gente esnobe e soltar um monte de gatos e ratos lá dentro. Eu adoraria observar a cara dos fregueses quando eles vissem aquela bicharada toda andando pelo chão e começassem a imaginar que tipo de carne os garçons *realmente* lhes serviram". James mergulhou tão fundo nessa fantasia que mal conseguia contá-la, de tanto que ria. "Já pensou na cara dos funcionários do restaurante, correndo atrás dos gatos e dos ratos, tentando capturá-los? E o dono do lugar, então? O sujeitinho antipático teria um ataque!", acrescentou ele.

Ao deixar meu escritório, James sentia-se ótimo. Não estava mais furioso por ter gasto uma pequena fortuna num restaurante horrível, pois descarregara toda a raiva por meio de uma fantasia. Ele jamais executaria seu "plano de vingança" na vida real, mas a imaginação lhe permitiu livrar-se da irritação causada por uma experiência tóxica.

Recentemente, a técnica da Fantasia recebeu bastante atenção, graças ao carnaval feito pela mídia em relação ao caso John e Lorena Bobbitt. Lorena cortou o pênis do marido e jogou-o fora pela janela do carro. A polícia recuperou o órgão, que foi reimplantado no dono durante uma cirurgia que demorou dez horas.

Acho, pessoalmente, que cortar o pênis do marido foi um ato irracional de uma mulher com problemas mentais. Se John Bobbitt chegou em casa bêbado e a estuprou ou não, Lorena poderia ter chamado a polícia ou ter ido refugiar-se num abrigo para mulheres; poderia ter pedido o divórcio, ou ter voltado para junto da família na Venezuela. Nada justifica o crime medonho que ela cometeu.

No entanto, o caso Bobbitt despertou uma guerra entre os sexos, como ficou comprovado nas declarações das pessoas de todas as partes dos Estados Unidos que ligaram para programas radiofônicos ao vivo a fim de dar a sua opinião. Algumas mulheres elogiaram a coragem de Lorena e a rotularam de "heroína". Vários homens retrucaram: "Como Lorena se sentiria se alguém lhe cortasse os seios e os jogasse numa lata de lixo?". O debate durou semanas, até que John Bobbitt foi absolvido da acusação de estupro por um júri que incluía nove mulheres. Aparentemente, Lorena só cortou o pênis do marido porque ele era egoísta demais na hora de fazer amor. Durante o julgamento, Lorena afirmou: "Ele sempre tem um orgasmo, mas não espera até que eu tenha um orgasmo também. Ele é egoísta. Eu não acho isso justo, por isso levantei os lençóis e cortei o pênis de John".

Muitas mulheres reagiram ao caso vivendo, por intermédio de Lorena Bobbitt, a fantasia de cortar o pênis do marido. A advogada feminista Gloria Allred confirmou isso em seu programa de rádio, dizendo aos ouvintes que os atos de Lorena representavam a fantasia de milhares de mulheres que adorariam mutilar os homens que abusavam delas.

A palavra-chave da técnica que estou apresentando nesta seção do livro é "fantasia". E uma *fantasia* é bem diferente da *realidade*. Você *não pode* transformar sua fantasia em realidade. Talvez visualize o rosto de seu chefe sendo socado enquanto assiste a uma luta de boxe pela tevê. Você libera assim a raiva e os sentimentos negativos que nutre em relação a uma pessoa venenosa.

A técnica da Fantasia pode incluir variações, como fazer um desenho de uma pessoa venenosa e mutilá-la no papel. Ou então pode pegar uma foto de um indivíduo que o irrita e desenhar chifres ou dentes de vampiro nele. Também pode rasgar a foto, cuspir nela, pisoteá-la ou queimá-la, ao mesmo tempo que imagina o que gostaria de fazer pessoalmente com a pessoa que aparece na foto.

Existem indivíduos tão venenosos que você desejaria feri-los fisicamente, ou então matá-los. Esse não é um desejo politicamente correto; além disso, ferir ou matar alguém é ilegal e socialmente inaceitável. Sentir tal desejo, porém, é normal. O anormal é permitir que esse desejo deixe de ser uma fantasia e se transforme em realidade. *Nunca* devemos agredir fisicamente uma outra pessoa. Você pode salvar a sua vida liberando a raiva que sente de alguém e, ao mesmo tempo, salvar a vida desse alguém, desde que não concretize suas fantasias. Fantasiar que algo de ruim ocorre com uma pessoa *já é suficiente* para saciar a sua sede de vingança.

Todos nós já utilizamos uma vez ou outra, mesmo que inconscientemente, a técnica da Fantasia. Quantas vezes não demos risada quando algum herói das telas de cinema — como Sylvester Stallone, Jean-Claude van Damme, Chuck Norris ou Steven Segal — encheu o inimigo de socos? Bem lá no fundo a cena nos excitou quando imaginamos, mesmo que por um milésimo de segundo, que era um de nossos inimigos venenosos que estava levando os socos.

Ver heróis fictícios ou atletas vencerem alguém num filme fantasioso ou num ambiente controlado é uma forma segura e saudável de liberarmos nossos instintos agressivos. Não existem conseqüências negativas, como ir parar na cadeia, sair ferido de uma briga ou acabar sendo morto.

Da próxima vez que você quiser descarregar a raiva em cima de alguém de modo seguro, use a técnica da Fantasia para imaginar o rosto da pessoa venenosa que inferniza a sua vida sendo socado por um de seus heróis favoritos do cinema.

Tal idéia pode parecer sádica, mas com certeza é mais segura do que socar alguém de verdade, além de ser um excelente jeito de liberar a mágoa e a raiva que você guarda dentro de si — e que eventualmente acabariam por destruí-lo.

Devo deixar claro, mais um vez, que a técnica da Fantasia é *apenas uma fantasia*. Você pode imaginar que está dando um soco na pessoa que o irritou, que está esfaqueando o indivíduo que o irritou; pode imaginar também que cortou o pênis de alguém e o jogou pela janela do carro, como no caso Bobbitt. A palavra-chave, porém, é "fantasia". E *você não deve nunca transformar suas fantasmas em realidade*. Caso contrário, as conseqüências serão desastrosas! Poderá ter descarregado a raiva, mas ao mesmo tempo terá destruído a própria vida. *Nunca faça uso da violência. Nunca faça justiça com as próprias mãos.*

A técnica do desligamento

A técnica do Desligamento deve ser reservada apenas para as pessoas que são extremamente venenosas — aquelas com quem você não quer mais ter contato. Depois de ter experimentado todas as outras técnicas sem obter resultado, não há nada que você possa fazer além de se desligar dos indivíduos tóxicos. Visualize-se perdendo contato com eles, como se estivesse retirando um plugue de uma tomada elétrica. Tire de dentro de si as emoções que o ligam a esses indivíduos, pare de se preocupar com o que ocorre com eles. Você não precisa mais se preocupar com o destino das pessoas das quais é melhor se desligar. Não lhes deseje o mal, mas também não lhes deseje o bem. Afaste-as da sua vida e siga adiante sem olhar para trás.

Eu tinha uma amiga chamada Samantha. Ela era muito desagradável, crítica e competitiva com todo mundo, mas eu a conservava como amiga porque nos conhecíamos desde a época da escola e tínhamos toda uma história em comum. Um dia, Samantha avisou que ia visitar-me no escritório, antes de partir em viagem para o Oriente. Embora estivesse ocupadíssima, cancelei vários compromissos para poder recebê-la e passar algum tempo com ela. Samantha chegou e já foi logo fazendo um comentário negativo sobre a decoração de meu ambiente de trabalho — comentário que fiz questão de ignorar. Um pouco mais tarde, enquanto deixava o escritório para ir almoçar com Samantha, eu disse a meu assistente: "Lembre-se de que devemos telefonar para Cingapura hoje, por isso é importante termos a carta daquele cliente em mãos. A propósito, lembre-se de ligar para o senhor Jones para saber se aquela nossa encomenda já chegou".

Meu assistente, um rapaz competente e respeitoso, e ao mesmo tempo bem-humorado e amistoso, respondeu com um sorriso: "Não se preocupe com nada, doutora Glass, e tenha um ótimo almoço. Quando a senhora voltar, os assuntos mais urgentes já terão sido resolvidos".

Quando sentamos à mesa do restaurante, a "melhor amiga" perguntou qual era meu objetivo de vida. Como éramos bastante íntimas, não relutei em abrir meu coração e revelar que pretendia ajudar a promover a paz mundial por meio de uma melhor comunicação entre as pessoas.

Depois de revelar um objetivo desses, qualquer um imaginaria que uma pessoa amiga sorrisse e dissesse: "Que idéia fantástica! Sei que você tem trabalhado muito na vida e espero que consiga alcançar o que deseja. Boa sorte, você merece!".

Pois bem, *minha* velha amiga fitou-me, séria, e comentou: "Lillian, a paz mundial começa em casa. O modo como você tratou o seu secretário, por exemplo, foi horrível. Como você tem coragem de dar ordens a ele daquele jeito?".

Fiquei chocada. Usei a técnica do Escape-de-Tensão, mas não funcionou. E não havia nada relacionado à situação que eu pudesse aproveitar para usar a técnica do Humor. Repassei mentalmente todas as outras técnicas e percebi que apenas uma me seria útil: a do Desligamento. Eu precisava tirar Samantha de minha vida, de uma vez por todas.

Encarei-a de volta e, em tom calmo, argumentei: "Samantha, durante a maior parte da minha vida você esteve presente para sabotar minha alegria e meus projetos de um futuro melhor. Você parece ter prazer em me dizer coisas negativas, mas agora chega! Não quero mais ser sua amiga, não quero nunca mais ter você perto de mim". Ao terminar de falar, levantei-me e saí do restaurante sem olhar para trás.

Samantha fez diversas tentativas para entrar em contato comigo desde então, mas eu me mantive firme em minha decisão. Eu a coloquei fora de minha vida para sempre. Você deve estar se perguntando: "Como alguém pode ser tão cruel e frio? Como alguém pode se livrar desse jeito de uma amiga íntima de longa data?". E eu respondo: "Como eu poderia *continuar sendo* amiga de Samantha? Como eu poderia permitir que ela continuasse me envenenando com constantes avalanches de negatividade, se existem tantas outras pessoas maravilhosas em minha vida — pessoas que desejam o melhor para mim, que *querem* que eu seja bem-sucedida, que *acreditam* em mim e que não sabotam meus projetos com comentários pessimistas?".

Não havia como conservar a amizade com Samantha. O relacionamento era frustrante e irritante demais. Não odeio Samantha; na verdade, não sinto mais nada por ela, pois a tirei de minha vida por completo.

Com a técnica do Desligamento, geralmente você precisa se desligar não porque detesta a pessoa, mas porque *gosta* dela. O desligamento seria um tipo de "amor durão", em que você estabelece limites e deixa que a outra pessoa lide com a situação. Assim você não se torna co-dependente e não contribui para o comportamento tóxico da outra pessoa.

Técnicas que *nunca* devem ser usadas

Nunca se autodestrua

Nunca dirija contra você mesmo a raiva que sente por outra pessoa. Álcool, tranqüilizantes, anfetaminas, maconha, cocaína, *crack*, heroína ou qualquer uma das drogas "novas" não são instrumentos apropriados para lidar com pessoas venenosas. O mesmo é válido em relação a comer em excesso e/ou a bulimia. Embora as drogas possam providenciar um alívio rápido ou uma euforia temporária, na verdade elas só servem para encurtar a vida.

Acabar com a própria vida por imaginar que não há esperança de resolver uma determinada situação é uma atitude irracional, irresponsável. Fiquei chocada e tristíssima quando li que uma adolescente de 15 anos, Megan Pauley, matou-se porque não conseguia mais suportar os tormentos infligidos por seus colegas venenosos. Mais triste ainda é saber que a taxa de suicídio entre os adolescentes aumentou 40% nos últimos poucos anos. Por quê? Em primeiro lugar, por causa da pressão exercida por pessoas tóxicas e devido ao desespero por ser aceito.

Existem técnicas para lidar com pessoas venenosas, e suicidar-se *não é* uma dessas técnicas. Se algum dia você já pensou em se matar, procure um serviço de atendimento 24 Horas, por telefone, ou procure ajuda profissional — *imediatamente.*

Nunca faça uso da violência física

Já foi dito mais de uma vez neste capítulo que você *nunca* deve recorrer à violência física para lidar com uma pessoa venenosa.

As conseqüências de um ato violento não são nem um pouco compensadoras. Ellie Nessler está enfrentando agora sérias conseqüências por ter matado o homem que estava sendo julgado por molestar o filho dela. Embora pais e mães do mundo todo possam entender os motivos que levaram a sra. Nessler a cometer o assassinato — e possam ter se sentido aliviados, por meio da técnica da Fantasia, com o que ela fez —, as conseqüências são que a sra. Nessler encontra-se agora na prisão, longe do filho que tanto amava e que tentou defender.

Existem alternativas para lidar com os indivíduos tóxicos que perturbam a sua vida, que utilizam *ataques verbais*, e não *ataques físicos*.

Ninguém neste planeta tem o direito de ferir fisicamente outra pessoa. E se alguém tentar fazer isso conosco, precisamos nos afastar desse alguém e/ou procurar os canais competentes que nos possam oferecer proteção. Ninguém precisa ser vítima de ninguém!

Não há nada que justifique nenhum tipo de violência física. Mesmo que as manchetes de certos jornais tenham anunciado que existe uma causa genética para atos violentos, os resultados da pesquisa que deu origem a tais manchetes foram obtidos por meio do exame de uma única família. É óbvio que serão necessárias pesquisas mais aprofundadas e abrangentes para determinar se o tal "gene da violência" está presente na população em geral, antes de deixarmos de lado a responsabilidade pelos nossos atos de agressão e jogarmos a culpa nos nossos genes. Não importa quão agressivos sejam seus genes, você precisa *controlar* o comportamento violento. Procure ajuda profissional, ou sofra as conseqüências de seus atos.

Outras técnicas proibidas para lidar com pessoas venenosas

Nunca use reféns. Nunca use uma criança ou qualquer outra pessoa para vingar-se de um indivíduo tóxico. Infelizmente, esse tipo de atitude é muito comum em casos de divórcio. Os resultados são devastadores. Muitas crianças já foram emocionalmente destruídas não porque os pais se divorciaram, mas porque esses mesmos pais utilizaram as crianças como reféns mentais. Nessa situação, o pai (ou a mãe) diz coisas negativas sobre a mãe (ou o pai), colocando a criança no meio da briga e forçando-a a tomar o partido de um dos lados. Fazer isso é cruel e injustificável. Você não pode destruir a vida de uma pessoa inocente utilizando-a para lidar com a raiva que você sente de um indivíduo tóxico.

Não tente forçar ninguém a gostar de você. Não pode convencer ninguém a gostar de você, portanto pare de infernizar a vida das pessoas tentando conquistar a afeição delas. Se um relacionamento acabou, permita que a outra pessoa se afaste. Não se deixe levar pela obsessão e não force ninguém a continuar num relacionamento, como fez a personagem de Glenn Close no filme *Atração Fatal.* Se você sentir dificuldade para terminar um relacionamento, procure ajuda profissional imediatamente; existem ótimos psicólogos que podem ajudá-lo a lidar com os problemas emocionais.

7

Técnicas para lidar com terrores venenosos específicos

- Os Tratores
- Os Tagarelas
- Os Autodestrutivos
- Os Fugitivos
- Os Vulcões Silenciosos mas Letais
- Os Fofoqueiros
- Os Pugilistas Irados
- As Vítimas do Destino
- Os Duas-Caras que Apunhalam pelas Costas
- Os Insípidos Indecisos
- Os Aproveitadores Oportunistas
- Os Tiranos Mandões
- Os Brincalhões
- Os Inconvenientes
- Os Loucos
- Os Mentirosos
- Os Intrometidos
- Os Pães-Duros

- Os Fanáticos
- Os Narcisistas Egoístas
- Os Bajuladores
- Os Moralistas Afetados
- Os Esnobes Pretensiosos
- Os Competidores
- Os Controladores
- Os Críticos Acusadores
- Os Sabe-Tudo Arrogantes
- Os *Icebergs* Emocionais
- Os Céticos Paranóicos
- Os Instigadores
- Escolhendo técnicas específicas

A característica comum a todos os trinta tipos de Terrores Venenosos é a insegurança e a baixa auto-estima. Pesquisas indicam que pessoas que têm pouca auto-estima costumam ou sabotar os relacionamentos ou fazer o que for necessário para se sentir mais importantes. Além disso, cada um desses Terrores Venenosos tem uma péssima capacidade de comunicação, o que reflete uma verdadeira fraqueza.

Neste capítulo você aprenderá modos de comunicar-se melhor com cada um desses indivíduos tóxicos. Aprenderá também qual das dez técnicas ensinadas no capítulo anterior é capaz de produzir mudanças mais significativas no comportamento de tais indivíduos. Ao escolher as melhores técnicas para se comunicar e lidar com uma pessoa venenosa, duas coisas devem ser levadas em consideração. Primeira: identifique em qual categoria de Terror Venenoso a pessoa se encaixa, pois certas técnicas são mais eficazes com certos Terrores que outras. Segunda: identifique o papel que o Terror Venenoso desempenha na sua vida.

No próximo capítulo você aprenderá as melhores técnicas para lidar com um indivíduo tóxico de acordo com a posição que ele ocupa em sua vida. No presente capítulo, porém, só abordaremos as técnicas específicas que são mais eficientes para tipos particulares de terroristas venenosos.

Os tratores

Os Tratores estão entre os mais inseguros de todos os Terrores Venenosos. Por essa razão, o melhor jeito para lidar com eles é a técnica do Questionamento Tranqüilo ou a do Dê-Amor-e-Seja-Gentil.

Ao utilizar a técnica do Questionamento Tranqüilo, tome cuidado para não usar um tom de voz lamuriento ou agressivo, caso contrário a pessoa vai adotar um posição defensiva e mostrar-se ainda mais arrogante. Aqui está um exemplo do uso do Questionamento Tranqüilo com um Trator.

Trator: Veja o modo como aquele sujeito está comendo. Ele parece um porco!

Você: Por que você acha que o modo como o sujeito está comendo o faz parecer um porco?

Trator: Porque ele está comendo rápido demais, derrubando pedacinhos de comida na mesa.

Você: E por que isso incomoda você?

Trator: Porque não gosto de ver ninguém comendo sem um mínimo de boas maneiras.

Você: Será que você não está irritado porque o garçom ainda não trouxe seu pedido, e enquanto isso você não tem nada para fazer além de observar um sujeito faminto comendo?

Trator: Sim, é possível.

Você: Será que você não ficou com raiva porque está com fome e não quer ser obrigado a observar outra pessoa deliciando-se com um bom prato, ainda mais quando essa outra pessoa não tem bons modos à mesa?

Trator: Sim, acho que é isso (ele sorri).

Com a técnica do Questionamento Tranqüilo você ajuda o indivíduo a perceber qual a verdadeira causa da irritação dele. Enquanto faz perguntas lógicas, num tom ameno, você vai perceber que o comportamento tóxico do Trator muda para melhor; ele se torna mais calmo e menos hostil, podendo até sorrir quando a verdade é alcançada.

Uma outra opção é fazer apenas uma única pergunta, do tipo: "Por que você fez tal comentário?", ou "Por que disse algo tão rude?". Depois de uma pergunta dessas o Trator é obrigado a justificar o próprio comportamento venenoso, uma vez que você não deixará que a atitude agressiva dele passe em branco.

Quando uma pessoa tenta passar por cima de você feito um trator, é porque você tem algo que ela deseja ou representa algo que ela não consegue enfrentar. Na maioria dos casos, os Tratores não se sentem à vontade perto de você. Por essa razão, uma técnica alternativa para lidar com eles é a do Dê-Amor-e-Seja-Gentil, que os deixa mais descontraídos.

Os tagarelas

A primeira técnica a ser usada com um Tagarela é a do Escape-de-Tensão. Essa técnica permite que você mantenha a calma e não acabe cobrindo os ouvidos com as mãos enquanto berra: "Cale a boca!". Talvez você acabe mesmo fazendo isso, mais cedo ou mais tarde, por meio da técnica da Fantasia.

Os Tagarelas precisam que alguém lhes diga que o falatório incessante deles é cansativo; sendo assim, a técnica do Confronto Direto também pode ser eficaz. Utilize essa técnica, porém, quando não houver mais ninguém por perto, para dar aos Tagarelas uma chance de preservar a própria auto-estima e a dignidade. Afinal, a razão pela qual eles falam tanto é o desejo de ser aceitos e amados, de se sentir importantes. Procure transmitir-lhes segurança; toque-os gentilmente enquanto fala, para que eles percebam suas boas intenções. Incorpore a técnica do Dê-Amor-e-Seja-Gentil na do Confronto Direto.

Você pode começar dizendo a um Tagarela que gosta dele (se for este o caso), mas que às vezes ele fala demais sobre assuntos que talvez não interessem a muita gente. Encoraje-o a aprender a ler a linguagem corporal e as expressões faciais das pessoas, a fim de que ele tenha elementos para perceber se a conversa está agradando ou não. A princípio o Tagarela pode sentir-se melindrado e colocar-se na defensiva. Se isso ocorrer, você terá de ser mais direto, dando exemplos específicos de como ele pode ter aborrecido alguém com um falatório interminável. Ao mesmo tempo, assegure-lhe que você está do lado dele.

Sugira oferecer-lhe um sinal — um erguer de sobrancelhas ou um toque discreto no braço — para indicar que está falando demais. Com bastante freqüência, a atitude defensiva e o medo do Tagarela surgem porque ele não desenvolveu habilidades de comunicação boas o suficiente para entender a linguagem corporal e facial das outras pessoas.

Se, depois disso tudo, o Tagarela não mudar de atitude, ou se ele continuar a monopolizar seu tempo e energia, apele com firmeza para a técnica do Confronto Direto e estabeleça limites para não ser manipulado.

Os autodestrutivos

Essas pessoas, tão cheias de raiva e desprezo por si mesmas, respondem melhor à técnica do Dê-Amor-e-Seja-Gentil. Os Autodestrutivos precisam de amor e carinho porque, provavelmente, não tiveram muito disso quando eram crianças ou adolescentes. Caso contrário, não seriam como são hoje. Os Autodestrutivos não têm "fome" apenas de comida, álcool, cigarros ou sexo. Eles também têm "fome" de atenção e aceitação.

Às vezes é necessário usar um tipo de "amor severo" com o Autodestrutivo. Bata o pé e estabeleça limites via Confronto Direto, como Bernardette fez. Ela disse a Theodore que aceitaria casar-se com ele apenas se ele procurasse ajuda psicológica, parasse de fumar e de beber e perdesse peso. Caso contrário, ela sabia que passaria boa parte da vida imersa num pesadelo que acabaria por destruí-la também.

Existem ocasiões em que você não pode mais se limitar a ficar de lado e observar uma pessoa se autodestruir, pois isso é doloroso demais. Nesse caso, a técnica do Desligamento pode ser sua única chance de sobrevivência. Quando você ama uma pessoa e é brutalmente honesto com ela, dizendo-lhe que tem consciência do problema e oferecendo-lhe ajuda — tudo isso *em vão* — *não há* outra saída além de se desligar e deixar que a pessoa lide sozinha com o problema. Você nunca conseguirá ajudar um Autodestrutivo, a menos que ele esteja disposto a ajudar a si mesmo.

"Quem anda com cachorros acaba pegando pulgas", diz o velho ditado. Se você passar tempo demais em companhia de um Autodestrutivo, pode acabar se autodestruindo também. Desse modo, dê a ele amor e carinho; se não adiantar, desligue-se.

Os fugitivos

Para comunicar-se com um Fugitivo, primeiro é preciso apanhá-lo — de preferência, *antes* que ele fuja. A primeira coisa a fazer com um Fugitivo é utilizar a técnica do Confronto Direto. Não se preocupe com a possibilidade de deixá-lo constrangido; isso não é problema seu. Deixe bem claro que você já percebeu que ele tem o hábito de fugir dos problemas que aparecem, especifique que esse tipo de comportamento não agrada a você, e argumente que ele precisa aprender a lidar com os problemas.

Os Fugitivos não estão acostumados a ser confrontados; quando isso ocorre, geralmente eles prestam atenção no que lhes é dito e começam a agir. É claro que no final eles podem acabar fugindo de qualquer jeito, caso o problema que tenham de enfrentar pareça complicado demais.

Quando Bree confrontou Dick com a questão do casamento, ele não suportou a pressão e fugiu. Depois de algum tempo, ela ficou até feliz por ter descoberto que Dick era incapaz de lidar com situações problemáticas, pois com certeza não iria querer passar o resto da vida ao lado de um homem assim. Consciente da falta de habilidade de Dick para comunicar-se, Bree utilizou a técnica do Desligamento para esquecê-lo e seguir adiante, de cabeça erguida.

Se você confrontar um Fugitivo e ainda assim ele fugir, não se arrependa de tê-lo confrontado. Pelo menos agora você já sabe quem tem o comportamento errado nesse tipo de situação. E lembre-se sempre de que, quando a pessoa foge, a fuga tem muito pouco a ver com você.

Os vulcões silenciosos mas letais

O único jeito de lidar com esse tipo assustador de Terror Venenoso é usando a técnica do Questionamento Tranqüilo. Você precisa questionar os Vulcões porque eles nunca revelam de modo espontâneo o que estão pensando. Mantenha-se calmo e faça-lhes perguntas de tempos em tempos. Indague se estão satisfeitos realizando uma tarefa que você lhes pediu para executar. Faça indagações que exijam mais que um simples "sim" ou "não" como resposta. Desse modo eles serão forçados a interagir com você, e poderá monitorar-lhes os sentimentos.

Cada vez que conseguir fazer um Vulcão falar, você estará desativando uma bomba-relógio.

Pergunte, por exemplo: "Esse trabalho está irritando você?", ou "Qual foi a sua reação depois de receber aquele telefonema?", ou "O que você achou do que o chefe nos contou hoje?", ou ainda "Qual sua opinião sobre os problemas que estamos enfrentando no trabalho?".

Os fofoqueiros

Os Fofoqueiros são perigosos porque podem transformar sua vida num pesadelo infernal. Os Fofoqueiros precisam ficar cientes desde o início de que você sabe quem eles são e o que estão tentando fazer. Use a técnica do Confronto Direto e diga-lhes que o seu comportamento é inaceitável — especialmente se eles andaram fazendo fofocas sobre *você*. Se a fofoca é sobre alguém que você conhece ou alguém de quem você gosta, corte logo o assunto dizendo: "Não estou interessado em ouvir isso", ou "Não acredito numa só palavra que estou ouvindo".

Assim como o Instigador, o Fofoqueiro é tão inseguro e tem uma auto-estima tão baixa que só espalha maldades sobre os outros para sentir-se importante, poderoso, no controle da situação. Sendo assim, ao dizer algo como: "Tenho certeza de que estar por dentro das novidades faz você se sentir importante, mas ficar fazendo fofocas não contribui para melhorar sua imagem", é bem provável que você magoe o Fofoqueiro. Se ele se sentir magoado a ponto de nunca mais querer falar com você, ótimo! Afinal, quem precisa de mexeriqueiros maldosos por perto?

Não deve haver o menor espaço para a existência de um Fofoqueiro na vida profissional, pois esse tipo de Terror Venenoso pode acabar para sempre com sua carreira. Um Fofoqueiro pode destruir seu negócio tão rápido quanto um incêndio destrói uma floresta seca no verão. Desligue-se dele!

Passei pela terrível experiência de trabalhar com um Fofoqueiro antes de ter a sorte de conseguir desligá-lo de minha vida. Mesmo depois de dizer a um de meus assistentes que ele não deveria tornar-se íntimo dos clientes, e que ele jamais deveria discutir os problemas pessoais de meus clientes mais famosos com quem quer que fosse, o rapaz continuou fazendo isso. Certo dia, um repórter de um jornal sensacionalista telefonou para o escritório querendo saber se eu estava tratando uma certa celebridade que começara a apresentar problemas de voz. Em vez de transferir a ligação para mim, o assistente admitiu que a tal celebridade estava tendo consultas comigo. Como resultado dessa indiscrição, a informação foi parar na primeira página dos jornais e eu perdi o cliente. Em outra ocasião, depois de um concerto, o assistente mexeriqueiro teve a audácia de aproximar-se de um artista que se havia consultado comigo e dizer a ele que eu estava mandando lembranças. Quando fui informada disso, usei a técnica do Confronto Direto e acabei despedindo o rapaz, antes que ele arruinasse minha carreira. Gastei anos e anos construindo uma reputação de profissional íntegra, e orgulho-me de minha discrição.

Os pugilistas irados

Não há nada de que os Pugilistas precisem mais que amor, carinho e atenção. É surpreendente como a técnica do Dê-Amor-e-Seja-Gentil os acalma e transforma. A mudança pode não ser imediata, mas mais cedo ou mais tarde uma pessoa mais gentil e dócil vai emergir.

Se o Pugilista tornar-se fisicamente violento, descarregando agressividade em cima de você, o único recurso é recorrer à técnica do Desligamento. Diga adeus, *goodbye, au revoir, sayonara,* e siga adiante sem olhar para trás.

A técnica do Desligamento também pode ser necessária quando começa a ficar impossível lidar com um Pugilista. Foi o que ocorreu com uma atriz de tevê que fez muito sucesso no passado. Além de seus problemas pessoais — que incluíam processos legais, despejos, faltas não justificadas ao trabalho —, ela era tão briguenta e exigente, tão prejudicial à reputação do programa do qual fazia parte que acabou sendo despedida.

Quando um Pugilista Irado não responde a nenhuma outra das técnicas ensinadas neste livro, a técnica do Desligamento é a única que funciona.

As vítimas do destino

A melhor técnica a ser utilizada na presença das Vítimas é a do Escape-de-Tensão. É necessário exalar repetidamente a energia negativa que elas nos transmitem, caso contrário você vai sentir-se enfraquecido, deprimido. O humor negativista das Vítimas é contagiante, por isso é preciso combatê-lo ao máximo.

Se você conhece uma Vítima, talvez seja aconselhável desligar-se dela, pois são raríssimas as ocasiões em que aceita ajuda ou ouve conselhos, sem depois murmurar em tom lamuriento frases que sempre começam com "Eu sei, mas...". Mesmo que você use a técnica do Dê-Amor-e-Seja-Gentil e diga a uma Vítima que a considera uma pessoa ótima, ela nunca acreditará em você porque é insegura demais. Desse modo, se você dá valor à sanidade mental e não deseja levar uma vida de constante frustração, a solução é uma só: desligue-se desse Terror Venenoso.

Os duas-caras que apunhalam pelas costas

Antes de mais nada, use a técnica do Confronto Direto com um Duas-Caras, para que ele perceba que você sabe qual é o jogo dele.

Depois de ser confrontados, os Duas-Caras costumam fingir-se de inocentes, mesmo quando apanhados com a boca no botija. Nesse caso, você pode empregar a técnica do Grite-e-Mande-Para-o-Inferno para descarregar a raiva. Mais uma vez, lembre-se de *jamais usar nenhuma forma de violência física*, por mais que tenha vontade de fazê-lo. Geralmente uma reação emocional permanecerá por mais tempo na mente de um Duas-Caras, perturbando-o pelo resto da vida.

Havia vinte anos Todd tentara seduzir Susan, namorada de seu melhor amigo, Bob. A reação de Bob ao ver Todd beijando Susan num restaurante deixou uma marca indelével na mente de Todd, um Duas-Caras de primeira. Todd começou a ter pesadelos nos quais o rosto de Bob, contorcido de mágoa e ódio diante da traição do "amigo", o assombrava constantemente. Pouco tempo atrás, como parte do décimo segundo passo do seu programa de desintoxicação nos Alcoólatras Anônimos, Todd telefonou para Bob a fim de pedir desculpas pelo que havia feito. Tarde demais. Bob mandou-o às favas e bateu o telefone na cara dele. Todd ficou com uma carga ainda maior de culpa para levar sobre os ombros por mais vinte anos.

Bob utilizara a técnica do Desligamento com Todd. Ele não sentia mais ódio do ex-amigo, nem tinha tempo a perder com um pedido de desculpas idiota, que chegara vinte anos atrasado. Assim como Bob, depois de um encontro com um Duas-Caras você deve desligar-se e nunca, nunca mais ter nenhum tipo de contato com ele. Não desperdice o tempo confiando em gente que possua esse tipo de índole.

Os insípidos indecisos

Os Indecisos são tão inseguros e frágeis que precisam ser tratados com o máximo de cuidado. A técnica do Dê-Amor-e-Seja-Gentil costuma ser útil, pois permite que eles saibam que você quer ajudá-los durante as terríveis crises de tomada de decisão pelas quais costumam passar.

Você pode empregar também a técnica do Questionamento Tranqüilo para auxiliá-los a tomar uma decisão. Faça perguntas que esclareçam a situação e ajudem os Indecisos a chegar a uma conclusão lógica.

Se um Indeciso acabar com a sua paciência e não responder às técnicas do Dê-Amor-e-Seja-Gentil e do Questionamento Tranqüilo, desligue-se dele e deixe-o sentado sozinho em cima do muro.

Os aproveitadores oportunistas

O médico de Beverly Hills e a *socialite* viúva eram farinha do mesmo saco — Aproveitadores Oportunistas que tentaram usar um ao outro e que se acabaram dando mal. Obviamente eles jamais poderiam ter utilizado a técnica do Confronto Direto, pois um estava procurando se aproveitar do outro. No entanto, na maioria dos casos existe apenas um Aproveitador Oportunista tentando tirar vantagem de uma vítima inocente; quando isso ocorre, a melhor saída é usar a técnica do Confronto Direto.

Essa técnica permite que o indivíduo tóxico saiba que você se sente usado e ferido pelas ações dele. Em alguns casos, confrontar o Aproveitador pode fazer com que ele se sinta culpado ou arrependido de seus atos. Se a amizade ou o relacionamento de vocês tiver um significado forte, o Aproveitador pode fazer um exame de consciência e admitir que agiu errado. Desde que utilizada corretamente, a técnica do Confronto Direto permite que duas pessoas estabeleçam um diálogo aberto que as ajude a entrar num acordo.

Às vezes, quando você emprega o Confronto Direto, o Aproveitador Oportunista nega que agiu errado ou se faz de desentendido. Se você sabe que o indivíduo está tentando usá-lo ou manipulá-lo numa determinada situação, mantenha-se firme e diga de modo direto: "Não farei o que você quer. Não deixarei que ninguém tire vantagem de mim, pois isso me incomodaria muito".

Uma outra opção é utilizar a técnica do Desligamento e nunca permitir que o Aproveitador use você outra vez.

Os tiranos

A técnica do Espelho é a melhor quando se trata de lidar com os Tiranos, que odeiam que alguém tente mandar neles. Experimentar uma dose do próprio remédio geralmente faz com que os Tiranos passem a se comportar de modo menos venenoso.

Uma de minhas clientes trabalhava como garçonete num restaurante de classe, e tinha uma chefe que vivia dando ordens ou broncas aos gritos, num tom de voz agudo e irritante. Certo dia, ao receber uma reprimenda injustificada, a minha cliente respondeu às acusações da chefe imitando o tom de voz usado por ela. A mulher levou um susto e perguntou, sem graça: "É assim que eu costumo falar?". "Sim, é", disse minha cliente, voltando a usar seu tom normal de voz.

É comum que esses pequenos Hitlers, ao verem o seu comportamento espelhado, fiquem chocados e desgostosos com o modo como agem. Como resultado disso, passam a ter uma atitude menos agressiva.

A técnica do Grite-e-Mande-Para-o-Inferno também pode ser eficaz para lidar com os Tiranos que fazem parte de sua vida. Você não pode permitir que eles se realizem à sua custa, berrando e fazendo com que se encolha de medo. Não demonstre medo e assuma o controle da situação. Se você gritar e mandá-los para o inferno, eles aprenderão a respeitá-lo. Nunca dê aos Tiranos a satisfação de saber que eles lhe provocam medo.

Um chefe Tirano pode começar a respeitá-lo ou mandá-lo para o olho da rua se você reagir. Qualquer que seja o resultado, você sairá ganhando; mesmo perdendo o emprego, a auto-estima permanecerá intacta.

Uma outra opção é usar a técnica do Desligamento e manter a maior distância possível de um Tirano.

A técnica do Humor também pode ser útil. Muitas vezes uma brincadeira bem-humorada ajuda a mudar o comportamento de um Tirano.

Durante uma viagem de avião de Los Angeles a Boston, conheci um comerciante que utilizava a técnica do Humor para lidar com clientes venenosos. Quando o cliente passava dos limites, o comerciante parava o que estava fazendo e se perguntava em voz alta: "Será que foi o John? Não, acho que não. Foi o Mike, talvez? Não, Mike jamais faria isso. Deve ter sido Susan. Sim, foi Susan, com certeza". Quando o cliente tóxico fazia uma cara de espanto, sem entender o que estava ocorrendo, o comerciante explicava: "Eu estava só tentando adivinhar quem mandou você vir até a minha loja para infernizar o meu dia". Ao terminar de falar, ele sorria; o cliente Tirano era forçado a sorrir em resposta e começar a agir de modo mais gentil. O comerciante me contou que havia anos empregava essa técnica, e ela nunca deixara de funcionar.

Os brincalhões

A técnica do Confronto Direto faz com que os Brincalhões percebam logo de início que você não os considera engraçados e não está disposto a servir de alvo de piadas estúpidas.

É preciso usar um tom de voz firme com os Brincalhões; se eles não entenderem a mensagem, dê-se o direito de ser grosseiro, se necessário. Quando um Brincalhão fizer um comentário sarcástico a seu respeito e depois afirmar que "só estava brincando", ou colocar-se na defensiva e perguntar: "Ei, você não tem senso de humor?", não hesite em colocá-lo no devido lugar. Diga que você tem senso de humor, sim, mas que não achou nem um pouco engraçado o comentário feito. Não se preocupe com a possibilidade de ferir os sentimentos do Brincalhão. Afinal, ele não se preocupou em ferir os *seus* sentimentos.

Os Brincalhões constroem uma barreira ao redor de si para esconder a própria insegurança, e não é fácil romper tal barreira. Eles podem ignorar seu desagrado e continuar com as brincadeiras. Nesse caso, use a técnica do Grite-e-Mande-Para-o-Inferno — assim como Catherine fez com Jerry, seu colega de trabalho, quando ele não percebeu que as piadinhas a estavam deixando ainda mais deprimida, em vez de animá-la.

Um último conselho: empregar a técnica do Confronto Direto para lembrar aos Brincalhões que, hoje em dia, uma pessoa pode ser processada por molestamento geralmente coloca um ponto final nas brincadeiras que eles gostam de fazer. Principalmente se eles forem do tipo que gostam de contar piadas machistas ou racistas.

Os inconvenientes

Você pode utilizar várias técnicas com um Inconveniente. A escolha depende do grau de estupidez ou insensibilidade do indivíduo com quem você está lidando.

Comece com a técnica do Escape-de-Tensão, pois geralmente esse tipo de Terror Venenoso é tão irritante que você precisa primeiro lidar com a própria raiva antes de lidar com a atitude que provocou essa raiva.

Depois de descarregar a tensão, use a técnica do Confronto Direto para fazer com que o Inconveniente perceba que suas atitudes são *totalmente* inaceitáveis.

Só para dar um exemplo, muitos Inconvenientes costumam aproximar-se de mim quando estou passeando com meu cachorro, da raça Lhasa Apso. Eles me abordam na rua e começam a falar dos cachorros que têm em casa; na maioria das vezes, os cães dessas pessoas já *morreram*. Eu nunca permito que a conversa se estenda por mais de um minuto. Utilizo de imediato a técnica do Confronto Direto, dizendo: "Se a sua história for sobre um cachorro que já morreu, não estou interessada em ouvi-la". Em seguida continuo o passeio, recusando-me a fazer o papel de vítima.

É bastante freqüente que os Inconvenientes digam coisas vulgares, rudes e socialmente inaceitáveis, deixando as pessoas chocadas. Se isso ocorrer com você, reproduza o comentário do Inconveniente por meio da técnica do Espelho. Se ele lhe disser: "Céus, como você engordou!", retruque algo como: "Talvez eu esteja gordo, mas posso fazer um regime e emagrecer. O seu caso, porém, é pior que o meu, pois ainda não inventaram um remédio contra a estupidez".

Às vezes, essa técnica não funciona, especialmente se o Inconveniente for obtuso demais. Nesse caso, empregue a técnica do Grite-e-Mande-Para-o-Inferno para tentar enfiar um pouco de bom senso na cabeça do Inconveniente.

Se nenhuma dessas técnicas der certo e se o indivíduo tóxico continuar repetindo os mesmos erros, recusando-se a ouvir qualquer coisa que você venha a dizer, só resta uma solução: use a técnica do Desligamento para preservar a sanidade mental.

Os loucos

São duas as melhores técnicas para lidar com um Louco: Escape-de-Tensão e Questionamento Tranqüilo. Quanto mais calmo você se mostrar, menos agitado ficará o Louco, e será mais fácil comunicar-se com ele.

Certo dia senti um cheiro estranho na sala de espera do meu escritório. Fui verificar o que era e deparei-me com um homem que parecia ter tomado banho pela última vez havia anos. Seus cabelos e unhas estavam sujos, as roupas mais pareciam trapos; uma barba emaranhada cobria-lhe parte do rosto, os olhos tinham um brilho selvagem, e faltavam-lhe vários dentes na boca.

Assim que me viu o sujeito começou a berrar: "Onde está o telefone lunar? Preciso ligar para alguém na Lua!". "Telefone lunar?", perguntei num tom apaziguador. "Sim, o telefone lunar! Onde está ele? Preciso fazer uma ligação urgente para a Lua!" Com a maior calma do mundo, respondi: "O telefone lunar esta lá fora. Venha comigo, vou mostrar onde pode encontrá-lo". Encaminhei o homem para fora da sala de espera, tranquei a porta assim que ele saiu, interfonei para o guarda de segurança e pedi-lhe que tirasse o maluco do prédio.

O mais recomendável em se tratando de lidar com um Louco é utilizar a técnica do Desligamento, pois, a menos que o indivíduo tenha ajuda profissional, ele *jamais* abandonará os padrões desequilibrados de comportamento. Faça o que for possível para encaminhar um Louco a um psicólogo ou psiquiatra; se ele se recusar a receber tratamento especializado, desligue-se dele assim que for possível.

Às vezes, uma pessoa não pode voltar a agir de modo normal mesmo recebendo ajuda profissional. Um homem que foi entrevistado num *talk show* na tevê havia abusado física e emocionalmente dos doze filhos desde que eles eram pequenos. Hoje em dia, já adultos, os filhos do homem não tiveram alternativa senão usar a técnica do Desligamento para nunca mais precisarem lidar com esse monstro perigoso.

Embora você possa ficar furioso e ter vontade de estrangular alguém que lhe fez algo de horrível, não ceda *jamais* aos impulsos de violência, nem faça algo que possa colocar seu futuro ou sua vida em perigo.

Tenho certeza de que os dez casais que foram enganados por Angela Andrews — uma moça de 20 anos que estava grávida e ofereceu seu bebê a cada um dos casais em troca de grandes somas de dinheiro — sentiram vontade de trucidá-la. Embora a perturbação mental de Angela seja óbvia, ainda assim ela conseguiu deixar vinte pessoas emocionalmente arrasadas. Hoje Angela está merecidamente na prisão, onde permanecerá por um bom tempo.

Ao lidar com Loucos, você *nunca* deve tentar fazer justiça com as próprias mãos. Procure os canais competentes para que eles recebam o tratamento ou a punição que merecem. Em seguida, por mais difícil ou doloroso que seja, utilize as técnicas do Desligamento e do Evite-o-Pensamento para livrar-se do sofrimento que o Louco lhe causou.

Os mentirosos

É mais fácil lidar com os Mentirosos empregando a técnica do Questionamento Tranqüilo. Se você desconfiar que eles estão mentindo, continue fazendo perguntas até os encurralar num beco sem saída e os obrigar a dizer a verdade.

A técnica do Confronto Direto também é útil, pois permite que os Mentirosos percebam que você está a par do jogo deles. Foi o que ocorreu com Sharlene. Quando por meio do Confronto Direto ela descobriu que Price, seu namorado, era casado, ele argumentou: "Bem, se você soubesse que eu era casado, não se teria envolvido comigo". Price estava absolutamente certo! Além de magoada, Sharlene ficou furiosa, ainda mais depois que Price sugeriu que os dois continuassem saindo juntos. Ela usou a técnica do Desligamento para livrar-se de Price e manter a dignidade e o amor-próprio intactos.

Alguns Mentirosos distorcem a verdade só para impressionar você. Mesmo ciente do que eles estão fazendo, talvez prefira não os desmascarar para não humilhá-los. Nesse caso, use a técnica do Escape-de-Tensão.

Se as falsidades ditas por um Mentiroso forem inofensivas e não prejudicarem ninguém, empregue a técnica do Humor. Uma boa risada fará com que o Mentiroso perceba que você sabe qual é o jogo dele, sem humilhá-lo muito.

Nunca acredite em nada que os Mentirosos lhe disserem, porque eles *não são* confiáveis. Se determinadas pessoas mentem ou exageram os fatos antes de você fazer negócios com elas, é bastante provável que elas mintam e exagerem os fatos quando vocês estiverem fazendo negócios. Já tive vários clientes que tiveram os negócios ou a vida particular prejudicados por Mentirosos. Quando perguntei a esses clientes se as pessoas que os prejudicaram costumavam mentir antes de ocorrer um envolvimento pessoal maior, a resposta foi "sim". Portanto, seja cauteloso. Fique alerta contra mentiras *antes* que seja tarde demais.

Os intrometidos

Os Intrometidos precisam que alguém lhes diga com toda a clareza que a sua intromissão não é apreciada e é totalmente inaceitável. A técnica do Grite-e-Mande-Para-o-Inferno, seguida pela técnica do Desligamento, funciona às mil maravilhas, indicando aos Intrometidos que você não está para brincadeiras.

Glória tornou-se vítima de Jerome, seu vizinho, porque era boazinha demais com ele. Ela reagia às intromissões do vizinho com gentileza, dizendo: "Oh, Jerome, você não deveria ter feito aquilo", ou então permanecendo calada. Ao mesmo tempo, lá no fundo, Glória sentia cada vez mais raiva e desprezo pelo vizinho — algo que ele obviamente percebia, pois interferia cada vez mais na vida de Glória. Certo dia ela perdeu a paciência e explodiu, berrando com Jerome a plenos pulmões. Ameaçou contratar um advogado para processar o vizinho por molestamento se ele não a deixasse em paz. A ameaça deu certo; Jerome nunca mais se intrometeu na vida de Glória.

Você jamais deve ser bonzinho ou polido com os Intrometidos, pois eles não têm "desconfiômetro". São manipuladores e perigosos, por isso, depois de dar um grito e mandá-los para o inferno, *desligue-se* deles! Livre-se para sempre dos Intrometidos que fazem parte da sua vida.

Os pães-duros

Os Pães-Duros constituem um tipo patético de Terror Venenoso porque possuem uma auto-estima baixíssima. A técnica do Questionamento Tranqüilo pode ajudar você a lidar com eles. Fazendo numerosas perguntas, você é capaz de auxiliar um Pão-Duro a compreender quanto o comportamento dele é desagradável. Com certeza ficará embaraçado ao se dar conta do modo como age. As respostas que o Pão-Duro lhe dará revelarão quais são os medos que ele sente, permitindo que você o compreenda melhor e tenha mais facilidade para tolerá-lo — mesmo que você não goste das atitudes dele.

Uma de minhas clientes utilizou a técnica do Questionamento Tranqüilo com o namorado e descobriu que ele tinha um trauma: por ter nascido na época da Grande Depressão[1], ele havia passado fome quando criança. Agora, mesmo já sendo adulto e milionário, não conseguia esquecer o tempo em que vivera na pobreza e comportava-se como se jamais tivesse dinheiro suficiente para sustentar-se. Tendo descoberto isso, minha cliente ajudou o namorado a lidar com o problema de modo lógico e sistemático.

---

1 Grave crise econômica que afetou os Estados Unidos na década de 30. (N. da T.)

Outra técnica útil para lidar com um Pão-Duro é a do Confronto Direto. Em vez de se recusarem a sair para almoçar com Jay para não serem obrigados a pagar a conta do restaurante sozinhos, os colegas deveriam tê-lo confrontado dizendo: "Ei, Jay, hoje é a *sua* vez de pagar".

É importante ser direto e aberto com os unhas-de-fome, caso contrário você vai acumular muita raiva dentro de si e acabará por odiá-los. É bastante difícil para os Pães-Duros mudarem de comportamento; quando se tornam conscientes de suas ações, porém, é freqüente que eles sejam mais receptivos à idéia de tentar mudar de atitude, procurando livrar-se do apego incomum que têm ao dinheiro.

Compaixão e compreensão são necessárias, por isso usar um tom de voz afetuoso é essencial na hora de lidar com um pão-duro. A técnica do Dê-Amor-e-Seja-Gentil facilita a comunicação com esse tipo de Terror Venenoso.

Os fanáticos

Certa vez, em Londres, eu tinha marcado um jantar com uma amiga que estava atuando numa peça. Depois da *performance*, fui encontrá-la nos bastidores. Vi um fã aproximar-se de minha amiga perto da entrada para os camarins. Ele pediu-lhe um autógrafo e começou a fazer-lhe uma série interminável de perguntas idiotas. A minha amiga gastou um tempo precioso atendendo o fã com a maior gentileza possível. Depois de dez minutos, não agüentei mais aquilo e interferi, dando um jeito de afastar o rapaz inconveniente. Essa amiga, que sempre tivera problemas para lidar com admiradores fanáticos, era obviamente boazinha demais com eles.

É claro que você quer ser agradável com as pessoas que gostam de você; é claro que você não tem a menor intenção de ofendê-las ou tratá-las mal — ainda mais se você é famoso e está no centro da atenção pública. No entanto, quando essas pessoas tentam manipulá-lo, é necessário estabelecer limites, usando a técnica do Confronto Direto aliada a um tom de voz firme para que a mensagem seja transmitida de forma inequívoca. Se isso não adiantar, resista e utilize a técnica do Grite-e-Mande-Para-o-Inferno.

Com muita freqüência, os Fanáticos não entendem a mensagem. Eles podem ter recebido sinais encorajadores antes, e por essa razão continuam a infiltrar-se na vida do objeto do seu desejo.

Você não precisa ser uma celebridade para ter um Fanático pegando no seu pé. Os Fanáticos são obcecados quando se trata de conseguir algo que desejam ou de defender algo em que acreditam. Maggie vivia tentando convencer Edith de que ela não podia considerar-se uma verdadeira cristã, a menos que fosse regularmente à igreja, lesse a Bíblia duas vezes por dia e falasse no Espírito Santo. Essas discussões duraram meses, até que Edith usou a técnica do Grite-e-Mande-Para-o-Inferno para dizer a Maggie que o modo como ela rezava era problema *dela,* que ninguém tinha o direito de julgar se era uma verdadeira cristã ou não. Maggie finalmente entendeu a mensagem e parou de bancar a pregadora religiosa.

Às vezes, quando você não consegue fazer um Fanático enxergar a luz da razão, só existe uma saída: utilizar a técnica do Desligamento.

Se o Fanático também for um Louco — uma combinação bastante comum —, talvez você seja obrigado a proteger-se recorrendo a meios legais. Certifique-se de que sua residência e o local de trabalho estão bem protegidos, para que esse tipo de Terror Venenoso não possa chegar perto de você com facilidade.

Os narcisistas egoístas

Os Narcisistas Egoístas não sabem falar de mais nada além de si mesmos. Sendo assim, a melhor técnica para lidar com eles é a do Dê-Amor-e-Seja-Gentil, uma vez que a razão pela qual são tão narcisistas e egoístas é uma profunda insegurança. Entender isso pode ajudar você a tornar-se mais sensível às necessidades dos Narcisistas Egoístas, de modo a poder lidar melhor com eles.

Um Narcisista Egoísta não está *tentando* ser egocêntrico; ele *é* assim, devido à baixa auto-estima. Não consegue dar nada de si aos outros porque é um ser humano vazio, sem nada para dar.

Se o egocentrismo de um Narcisista Egoísta acaba com a sua paciência, a técnica do Escape-de-Tensão permite que você libere a frustração e, ao mesmo tempo, continue a lidar com o indivíduo.

Quando o egocentrismo e a insensibilidade de um Narcisista Egoísta começarem a ferir você, utilize sem hesitar a técnica do Confronto Direto. Empregue, porém, um tom de voz calmo e controlado, caso contrário a pessoa não vai ouvi-lo. Se você soar acusador ou reclamão, o Narcisista Egoísta ficará na defensiva e poderá atacá-lo verbalmente, ou então negar que está sendo egoísta. O ego de um Narcisista Egoísta costuma ser tão frágil quanto uma casca de ovo.

Se perceber que o Narcisista Egoísta só arranja tempo para você quando isso é conveniente para ele, se perceber que ele sempre ignora o que diz e só quer falar de si mesmo, pergunte-se por que está perdendo tempo com um indivíduo desse tipo. Talvez seja melhor desligar-se de tal indivíduo de uma vez por todas. A maioria das pessoas acaba, mais cedo ou mais tarde, perdendo a paciência e utilizando a técnica do Desligamento com os Narcisistas Egoístas. Depois de se desligar, você pode empregar a técnica do Evite-o-Pensamento sempre que se lembrar do indivíduo, que não faz mais parte da sua vida. Empregue também a técnica do Humor, concentrando-se no comportamento geralmente absurdo de um Narcisista Egoísta.

Os bajuladores

Embora os Bajuladores sejam embusteiros manipuladores, é difícil detestá-los totalmente porque, bem lá no fundo, gostaríamos de que pelo menos parte do que eles dizem a nosso respeito fosse verdade.

Quando as adulações de um Bajulador tornam-se excessivas, você pode usar a técnica do Escape-de-Tensão para lidar com os sentimentos negativos que a situação lhe desperta. Se isso não bastar para liberar a sua negatividade, utilize a técnica do Humor para lidar com os comentários bajulatórios feitos pelo indivíduo.

Sorria e retruque em tom leve: "Ora, deixe disso, eu não posso ser assim tão legal quanto você diz. Você deve estar tentando me agradar para conseguir algo de mim". Essa combinação de Humor com Confronto Direto pode provocar uma resposta indignada. Nesse caso, acrescente outros comentários bem-humorados do tipo: "Se você continuar falando essas coisas doces a meu respeito, posso acabar ficando diabético", ou "Pare de me lambuzar de mel. Por acaso, quer me ver coberto de formigas?". Deixe que o "Eddie Haskell" perceba que você sabe qual é o jogo dele.

Se o indivíduo tiver um mínimo de "desconfiômetro", recuará com uma risadinha e argumentará que não está querendo puxar o seu saco, embora continue afirmando que você *é mesmo* uma pessoa maravilhosa.

Se você não suportar mais tanta bajulação, utilize a técnica do Espelho. Repita o que o indivíduo lhe disser no mesmo tom açucarado e enjoativo que ele usou. Quando isso ocorre, o sujeito costuma entender a mensagem e desiste de afogar você em adulações.

Os moralistas afetados

Com os Moralistas Afetados, primeiro deve-se utilizar a técnica do Questionamento Tranqüilo para que eles percebam quanto são imperfeitos e rígidos.

Certo dia, num programa *Donahue* do qual participavam algumas prostitutas, uma Moralista Afetada que estava na platéia levantou-se e gritou para as mulheres no palco que elas "iriam todas para o inferno". Ao ouvir isso, uma outra pessoa também se levantou e perguntou-lhe: "Em que tipo de Deus a senhora acredita?". "O meu Deus é o Deus que está no céu", respondeu a Moralista. A outra pessoa retrucou: "E quem lhe deu o direito de se colocar no lugar de Deus e julgar as mulheres que estão no palco?". A Moralista não soube o que dizer. O resto da platéia, indignado com o comportamento hipócrita e mesquinho da Moralista, aplaudiu a pessoa que a havia interpelado.

Quando um Moralista Afetado o ataca, você precisa atacá-lo em resposta, empregando a técnica do Espelho ou a do Grite-e-Mande-Para-o-Inferno.

Uma de minhas clientes deu uma boa lição numa Moralista. Depois de imitar o jeito enjoado da mulher, que ficou chocada a ponto de quase ter um ataque do coração, minha cliente aconselhou-a a deixar de ser "ultraconvencional, inflexível, hipócrita e metida a besta", antes de se sentir no direito de julgar as outras pessoas.

A Moralista Afetada, mestra na arte de fazer comentários críticos e julgar o comportamento alheio, ficou arrasada ao ser vítima do mesmo tipo de veneno que costumava usar com os outros. Abalada, ela foi obrigada a fazer um exame de consciência e aprender a ser mais tolerante com o próximo. Pela primeira vez na vida a Moralista se deu conta de quanto era venenosa. Talvez as lágrimas que ela derramou como resultado do confronto com a minha cliente tenham servido para levar embora parte da sua hipocrisia.

Se, por outro lado, o Moralista Afetado ocupar uma posição de autoridade, e você achar que é um risco muito grande usar a técnica do Espelho ou a do Grite-e-Mande-Para-o-Inferno, utilize a técnica da Fantasia para livrar-se dos sentimentos negativos que a pessoa lhe desperta.

Os esnobes pretensiosos

Quando os Esnobes Pretensiosos assumem aquele típico ar "sou melhor que você", a técnica do Questionamento Tranqüilo costuma dar bons resultados. Faça-lhes um número de perguntas suficiente para que eles percebam quanto é absurda essa mania de tratar os outros com a maior falta de respeito. Questões do tipo: "O que o faz se sentir tão superior em relação às outras pessoas?", ou "Por que você trata mal pessoas de determinado tipo?", geralmente os perturbam, pois eles não sabem o que responder.

A técnica do Confronto Direto também tende a deixar os Esnobes de queixo caído. No filme *Uma Linda Mulher*, depois de estar vestida como uma princesa milionária, a personagem de Julia Roberts volta à loja de Beverly Hills onde havia sido esnobada pelas vendedoras e as confronta, dizendo: "Lembram-se de como me trataram quando estive aqui pela primeira vez?". Ela mostra as sacolas de compras e acrescenta: "Pois é, vocês não deveriam ter feito aquilo". Em seguida, sorrindo, Julia Roberts sai da loja. As vendedoras, que vivem de comissões, ficam furiosas consigo mesmas por ter bancado as Esnobes Pretensiosas.

Confrontar diretamente um Esnobe é bastante prazeroso; ele nunca espera que a pessoa desrespeitada reaja, e fica espantado quando isso acontece.

Se você acha que já aturou em excesso o comportamento de um Esnobe Pretensioso, desligue-se dele para conservar os seus nervos intactos. Alguém que imagina ser melhor que você e que só se associa a quem é capaz de aumentar-lhe a auto-estima não merece a sua amizade.

Os competidores

Nos dias atuais, muitas mulheres costumam ser mais bem-sucedidas que os homens, e muitos homens inseguros são incapazes de lidar com o sucesso alcançado pelas mulheres. Embora vários desses homens considerem-se seres humanos liberais, evoluídos e progressistas, na verdade são dinossauros que ainda não superaram o conceito pré-adolescente de que os meninos têm de ser maiores, melhores, mais fortes e mais inteligentes que as meninas.

Uma cliente minha, advogada, conheceu um cirurgião ortopédico moderadamente bem-sucedido. Os dois saíram juntos algumas vezes e depois começaram a namorar. Certa noite, o cirurgião telefonou para a advogada e perguntou como tinha sido o dia dela. A advogada contou que havia atendido um cliente importante e a seguir indagou: "E o seu dia, como foi? As suas cirurgias correram bem, sem nenhum problema?". "Problema?", riu o cirurgião, exultante; "Ah, ah, te peguei! Você disse *poblema* em vez de *problema*!". No mesmo instante, a atração e o carinho que a advogada sentia pelo namorado sumiram como que por encanto. Era óbvio que ele estava querendo competir com ela. De repente a advogada se deu conta da freqüência com que o cirurgião tentava surpreendê-la em erro.

Usando a técnica do Questionamento Tranqüilo, ela indagou: "Por acaso, você está se sentindo melhor agora que sabe que tenho dificuldade para articular uma determinada palavra?". A pergunta serviu para colocar o cirurgião no devido lugar e para colocar a advogada no lugar dela: bem distante do namorado Competidor.

A técnica do Confronto Direto também é muito eficaz para mostrar a um Competidor que você não está disposto a competir com ele. Se o Competidor tentar passar você para trás, respire fundo e diga: "Fico feliz em ver que você se sente bem consigo mesmo, mas não é necessário ficar se exibindo só para mostrar que é melhor que eu". Confrontar o Competidor de modo direto geralmente o deixa sem ação, sem ter o que dizer.

Aliando a técnica do Confronto Direto à do Espelho, você pode utilizar uma resposta ultrajante para refletir o comportamento tolo do Competidor. Se você disser "Ontem fui à academia e me exercitei com pesos de 90 quilos, e hoje acordei com todos os músculos doloridos", é bem provável que o Competidor responda: "Eu me exercitei com pesos de 135 quilos e não fiquei nem um pouco dolorido". Se isso ocorrer, você pode retrucar: "Humm, talvez meus músculos tenham ficado doloridos porque me exercitei com pesos muito leves. Da próxima vez, usarei pesos de 180 quilos". Ao terminar de falar, sorria e torça para que o Competidor entenda a mensagem. No exemplo que acabo de dar, a técnica do Espelho foi aliada à do Humor.

A competitividade é um sinal de ciúme, de inveja. Como todos nós sabemos, o objetivo do ciúme e da inveja é destruir a tudo e a todos. Não há como ter um relacionamento saudável com alguém ciumento e invejoso. Para seu próprio bem, quando você encontrar alguém que insiste em bancar o Competidor, desligue-se dele.

Os controladores

O Controlador — um Hitler mal disfarçado — não consegue agir a menos que sinta estar no controle da situação. As crianças têm uma certa necessidade de ser controladas; mas as pessoas adultas, que têm seus próprios valores estabelecidos, sentem-se humilhadas e ofendidas quando alguém tenta controlá-las.

Você *deve* estabelecer limites ao lidar com Controladores. Diga-lhes que é problema deles tentar controlar tudo que os cerca, mas que o problema passa a ser seu quando eles tentam controlar você. Ao primeiro sinal de comportamento controlador, reaja empregando a técnica do Confronto Direto. A técnica do Espelho também pode funcionar, fazendo com que os Controladores "entrem em parafuso" ao se rebelar contra sua tentativa de exercer controle sobre eles.

Aparentemente, os Controladores não suportam experimentar o gosto do próprio remédio. Tome cuidado: se você persistir no uso da técnica do Espelho, eles podem atacá-lo verbalmente com extrema veemência. Por outro lado, sentir na própria pele quanto é desagradável ser controlado o tempo todo pode ajudar um Controlador a mudar de comportamento.

Joshua estava sempre tentando controlar a vida de Wendy: escolhia as roupas que ela devia vestir, o penteado e a maquiagem que devia usar, o prato que devia pedir no restaurante. Certa manhã, Wendy decidiu inverter a situação. Separou as roupas que achava que Joshua devia vestir naquele dia e colocou-as em cima da cama. Ao ver o que a esposa havia feito, Joshua ficou furioso e começou a gritar: "Você não é minha mãe, não tem o direito de escolher as roupas que devo vestir! Pare de querer me controlar!". Wendy encarou-o e argumentou, em tom calmo: "Eu me sinto exatamente como está se sentindo agora, quando *você* escolhe as roupas que *eu* devo vestir".

Joshua nunca mais tentou controlar a aparência da esposa. Agora Wendy está planejando utilizar a técnica do Espelho na próxima vez que o marido levá-la a um restaurante e tentar escolher o que ela deve comer.

Um Controlador de fato inveterado exige o uso da técnica Grite-e-Mande-Para-o-Inferno. Faça pé firme e grite que não quer ser controlado, que você é um adulto responsável capaz de tomar decisões sem a interferência de ninguém. Alguns palavrões leves incorporados ao "discurso" servirão para convencer o Controlador de que você está mesmo zangado.

Se nenhuma das técnicas mencionadas funcionar e o Controlador continuar infernizando sua vida, desligue-se dele. Caso contrário, acabará perdendo a individualidade, a capacidade de tomar decisões próprias.

Os críticos acusadores

Por serem inseguros e fazerem questão de estar sempre certos, os Críticos Acusadores respondem melhor à técnica do Dê-Amor-e-Seja-Gentil. Ao falar com eles, use um tom de voz suave e palavras amáveis.

A técnica do Questionamento Tranqüilo também pode funcionar:

Ele: É por sua causa que estamos atrasados!
Ela: Por que acha que a culpa pelo atraso é minha, querido?
Ele: Porque você demorou horas para se maquiar.
Ela: E aqueles três telefonemas que você deu antes de sairmos de casa, amor? Não acha que eles também contribuíram para o nosso atraso?
Ele: Tem razão, acho que nós dois somos responsáveis pelo atraso.

Termos como "querido", "amor" ou outros do gênero, incorporados à técnica do Questionamento Tranqüilo, diluem a impressão de que as perguntas feitas são um desafio em potencial.

A técnica do Espelho, por sua vez, pode ser útil para alertar o Crítico Acusador sobre o seu comportamento desagradável. Por exemplo, no restaurante, você pede um filé com fritas ao garçom. O Crítico argumenta que você não deveria comer nem carne vermelha nem frituras, pois ambas fazem mal à saúde. Sem perder a calma, critique o prato que o Crítico pediu, usando as mesmas palavras e o mesmo tom acusador que ele usou com você.

A técnica do Confronto Direto também pode ser empregada com sucesso. Diga que achou o comentário agressivo e que gostaria de comer o seu filé com fritas em paz. Faça com que o Crítico Acusador se responsabilize pelas conseqüências das próprias ações.

Se ele insistir em continuar agindo de modo crítico e acusador, desligue-se. No caso do exemplo acima, jogue o guardanapo na mesa, levante-se e faça uma saída dramática, demonstrando de modo óbvio que não gostou do que ocorreu.

A técnica do Desligamento, na qual você se afasta e deixa o Crítico Acusador sem ninguém para criticar e acusar além dele mesmo, pode ser utilizada sempre que o indivíduo tóxico persistir em atacar você verbalmente.

Os sabe-tudo arrogantes

O Sabe-Tudo Arrogante usa seus conhecimentos como um mecanismo de defesa para superar a insegurança e sentir-se inteligente, admirado e aceito pelas outras pessoas. Sendo assim, você precisa demonstrar que aceita e aprecia a erudição dele. Use as técnicas Evite-o-Pensamento e Dê-Amor-e-Seja-Gentil para abrandar os próprios sentimentos negativos.

Quando perceber que esse tipo de Terror Venenoso está irritando você além da conta, libere parte da sua frustração por meio da técnica do Escape-de-Tensão. Lembre-se de que os Sabe-Tudo Arrogantes só fazem questão de exibir um conhecimento enciclopédico para tentar conquistar atenção e admiração. Desse modo, quanto mais amor e gentileza você lhe der, menos ele sentirá necessidade de exibir-se.

Se o Sabe-Tudo não for receptivo às suas opiniões, uma vez que imagina ser o maior sabichão do mundo, apele para a técnica do Confronto Direto. Diga-lhe que aprecia os conhecimentos dele, mas que mesmo assim você gostaria de expressar os próprios pontos de vista e contribuir com algumas informações. Insinue que pessoas inteligentes sabem ouvir o que os outros têm a dizer. Ao fazer isso, você massageará o ego do Sabe-Tudo Arrogante, cumprimentando-o por ser erudito e inteligente, ao mesmo tempo em que diminui a insegurança dele e abre um canal de comunicação de duas vias.

Uma de minhas clientes tinha um irmão do tipo Sabe-Tudo Arrogante, e os dois viviam brigando. A razão do problema, na verdade, era simples: o rapaz, superinseguro, estava convencido de que a mãe gostava mais da irmã do que dele. Mas as tentativas do rapaz de impressionar a todos com sua sabedoria serviam apenas para provocar discussões e afastá-lo ainda mais do amor e da aceitação da família.

Quando minha cliente reclamou do comportamento do irmão, expliquei a ela os motivos que levavam o rapaz a bancar o Sabe-Tudo Arrogante e recomendei-lhe a técnica do Dê-Amor-e-Seja-Gentil, aliada à técnica do Escape-de-Tensão — esta última para os momentos em que o irmão a deixasse muito irritada. Depois de utilizar as técnicas recomendadas, minha cliente passou a sentir-se mais descontraída na companhia do irmão e notou uma perceptível melhora no relacionamento dos dois. Aos poucos o rapaz foi percebendo que *não precisava* saber tudo, que *não precisava* sujeitar a irmã a verdadeiras palestras sobre os mais variados assuntos, e começou a fazer perguntas a ela. No momento em que se sentiu aceito pela irmã, o rapaz parou de bancar o Sabe-Tudo Arrogante o tempo todo. No momento em que minha cliente parou de considerar o irmão "chato" e começou a aceitar e respeitar os conhecimentos dele, o relacionamento de ambos melhorou muito. Atualmente, além de irmãos, os dois são grandes amigos.

Os *icebergs* emocionais

Na maioria das vezes os *Icebergs* Emocionais são casos perdidos. Você pode tentar forçá-los a *sentir* algo, mas gritar e espernear não adiantará nada. Ao contrário, uma atitude agressiva vai apenas torná-los mais frios e distantes.

As técnicas que funcionam melhor com esse tipo de Terror Venenoso são a do Escape-de-Tensão e a do Dê-Amor-e-Seja-Gentil. Diante delas, os *Icebergs* Emocionais sentem-se mais seguros e aceitos, e parte do "gelo" derrete. É bastante comum que, lá no fundo, os *Icebergs* não queiram ser do jeito que são. O problema é que eles nunca aprenderam a comunicar-se bem, a expressar seus sentimentos. Eles têm medo de bancar os ridículos caso se mostrem sensíveis, emotivos.

A técnica do Humor também pode ser eficaz para "descongelar" um *Iceberg*. É difícil conseguir que esse tipo de indivíduo partilhe seus sentimentos; mas, se você for capaz de fazê-lo rir, é possível que um canal de comunicação seja aberto.

Existem *Icebergs* que, na realidade, não são desprovidos de emoções; eles apenas têm habilidades vocais pouco desenvolvidas e tendem a falar num tom monótono, inexpressivo. Nesse caso, utilizar a técnica do Questionamento Tranqüilo pode ajudar você a descobrir o que eles pensam e o que sentem a respeito de determinadas situações ou pessoas.

Os céticos paranóicos

Já encontrei muitos Céticos Paranóicos na comunidade hollywoodiana. São pessoas que passaram por muitos desapontamentos na vida, que acreditam que já ouviram e viram de tudo. Muitas dessas pessoas temem por seus empregos. Se tomarem uma decisão errada, se os projetos fracassarem, elas podem ser descartadas de imediato do jogo do poder e do sucesso. É isso que provoca o ceticismo e a paranóia desse tipo de Terror Venenoso.

Descobri que as técnicas do Confronto Direto e do Questionamento Tranqüilo podem ajudar a aliviar os medos dos Céticos Paranóicos, permitindo-lhes ver de modo lógico que as decisões que tomaram foram corretas. Quando você lhes transmite segurança por meio dessas duas técnicas, eles adquirem mais confiança em você e em si mesmos.

A principal causa do comportamento de um Cético Paranóico é o medo. Sendo assim, se você fizer o que for possível para mostrar que é digno de confiança, ele se sentirá mais seguro em sua presença e não ficará imaginando que você quer feri-lo ou passá-lo para trás.

É preciso ter muita paciência com os Céticos Paranóicos. A técnica do Escape-de-Tensão ajudará você a livrar-se de suas frustrações. Mantenha-se firme e calmo, ofereça apoio usando a técnica do Dê-Amor-e-Seja-Gentil e veja como um Cético Paranóico pode ir mudando aos poucos de atitude. Talvez vocês dois cheguem até a tornar-se grandes amigos e aliados.

Se, por outro lado, o Cético abalar seus nervos de modo insuportável, desligue-se dele, assim como você deve se desligar de outros Terrores Venenosos que consomem demais sua energia. Recomende-lhes um bom psicólogo e afaste-se, sem olhar para trás.

Os instigadores

Existem duas maneiras básicas de lidar com Instigadores. O Questionamento Tranqüilo geralmente os coloca no devido lugar, fazendo com que percebam que você já sabe qual é o jogo deles. Quando questionado, um Instigador ficará constrangido ou usará argumentos do gênero: "Eu só estava brincando", ou "Não era minha intenção prejudicar ninguém".

Quando o cabeleireiro Sirvone tentou causar problemas dizendo a uma de suas clientes que a filha dela provavelmente estava tomando drogas e tendo relações sexuais com os colegas de escola, a mãe da garota deveria tê-lo questionado a fundo.

Mãe: O que o faz pensar que a minha filha esteja tomando drogas e tendo relações sexuais com os colegas de escola?

Sirvone: Oh, eu sei como são os adolescentes. Ouço cada história que você é capaz de nem acreditar!

Mãe: Você conhece pessoalmente a minha filha?

Sirvone: Não.

Mãe: Você conhece algum amigo dela?

Sirvone: Não.

Mãe: Por acaso você segue a minha filha e os amigos dela por aí, para saber o que eles estão fazendo?

Sirvone: Não.

Mãe: Você tem filhos?

Sirvone: Não.

Mãe: Você sabe o que se passa dentro da minha casa? Sabe como o meu marido e eu educamos nossa filha?

Sirvone: Não. Eu quis apenas deixá-la prevenida, para o caso de algum dia a sua filha meter-se em alguma encrenca.

Mãe: Obrigada, Sirvone, mas tudo o que diz respeito à minha filha está sob controle.

Diante da técnica do Questionamento Tranqüilo, Sirvone teria percebido que o jogo de provocar a discórdia não funcionara com essa mãe.

A técnica do Confronto Direto também pode ser empregada para acabar com a alegria de um Instigador. Basta deixar claro que você sabe quais são as intenções dele. Por exemplo:

Sirvone: É melhor você ficar de olho em sua filha. Tenho certeza de que ela anda tomando drogas e tendo relações sexuais com os colegas de escola.

Mãe: Sirvone, se você parasse de infernizar as clientes tentando deixá-las preocupadas sem um motivo justo, aposto que o seu salão seria bem mais movimentado.

A técnica do Humor também é útil para lidar com um Instigador. Quando ele tentar aborrecê-lo, diga algo engraçado, do tipo: "Continue falando, assim poderei saber que você não está pensando".

Fale qualquer coisa cômica que lhe passar pela cabeça, desde que fique bem claro para o Instigador que você não está levando a sério nada do que ele diz. Ignore qualquer provocação feita pelo indivíduo venenoso, e mais cedo ou mais tarde ele vai parar de tentar irritá-lo.

Escolhendo técnicas específicas

Baseadas em pesquisas próprias e no *feedback* de meus clientes, as técnicas arroladas para lidar com cada tipo de Terror Venenoso provaram ser as mais eficientes. Isso não significa, porém, que você é *obrigado* a usar a técnica ou as técnicas específicas mencionadas para cada um dos trinta tipos de terrores.

Para lidar com um Terror Venenoso, você pode empregar qualquer uma das técnicas, ou diversas combinações delas. Tudo depende de sua preferência, daquilo com que você se sente mais à vontade para fazer. Não interessa a técnica escolhida; o importante é que você libere a raiva e a frustração de modo efetivo, para não acabar tendo câncer, problemas cardíacos ou quaisquer outras doenças induzidas pelo estresse.

8

Escolhendo uma técnica tendo por base o papel que uma pessoa venenosa exerce em sua vida

- Pais e mães venenosos
- Irmãos venenosos
- Maridos e mulheres venenosos
- Filhos venenosos
- Amigos venenosos
- Namorados e namoradas venenosos
- Vizinhos venenosos
- Pessoas venenosas no ambiente profissional
- Chefes venenosos
- Colegas de trabalho venenosos
- Subordinados venenosos
- Autoridades venenosas
- Profissionais liberais venenosos
- Prestadores de serviço venenosos
- Nós temos opções

O papel que uma pessoa venenosa desempenha em sua vida afeta a escolha da técnica a ser utilizada. Certas técnicas podem ser mais eficientes no ambiente familiar, ao passo que outras podem funcionar melhor no ambiente de trabalho. Outras, ainda, são mais eficazes para quem vai lidar com indivíduos que ocupam posições de poder ou com subordinados.

Agimos de maneiras diferentes com pessoas diferentes, dependendo do efeito que tais pessoas podem causar na vida pessoal ou profissional.

Pense em sua família, por exemplo. Sabemos que as famílias que costumam ser mostradas em filmes ou seriados de tevê são fictícias. Elas não existem na vida real. Nenhuma família é tão perfeita e se dá tão bem o tempo todo quanto as que vemos na tevê.

Aprendemos que temos de amar os parentes porque eles *são* nossos parentes. Infelizmente, existem indivíduos venenosos em todas as famílias. Alguns de nossos parentes não são dignos de amor, e *não somos* obrigados a gostar de um parente que nos trata mal ou nos desrespeita.

Pais e mães venenosos

Muita gente deveria ser proibida de ter filhos — refiro-me às pessoas que torturam, negligenciam ou abusam física ou mentalmente dos filhos pequenos, causando-lhes traumas graves, insuperáveis. Com bastante freqüência o abuso físico ou psicológico prossegue durante a fase adolescente e adulta dos filhos dessas pessoas. Concordo totalmente com os psicólogos que acreditam que utilizar a técnica do Desligamento é a única solução nesses casos. Muitas vezes é imprescindível que a vítima nunca mais tenha de relacionar-se com os pais para poder ter uma vida mais feliz, mais produtiva.

É claro que a maioria dos pais não é deliberadamente cruel, abusiva. Talvez sejam apenas indivíduos infelizes, com uma auto-estima muito baixa, que tentaram fazer o melhor que podiam pelos filhos. Por causa da ignorância ou da baixa auto-estima desses pais e da própria história familiar, eles tornam-se venenosos em relação aos filhos. Com esses pais, outras técnicas fora a do Desligamento deveriam ser usadas.

Alguns pais que são venenosos sem o saber descobrem as conseqüências de seu comportamento quando já é tarde demais. Com certeza a mãe do ator Herve Villechaize vasculhou a própria alma depois que o filho se matou. Apesar da dor e da agonia de ser anão, segundo o ator, os pais não facilitaram as coisas para ele. O pai de Herve, um médico importante, jamais aceitou a pequena estatura do filho, e percorreu o mundo todo em busca de uma cura para o problema dele As buscas foram em vão e envolveram muito sofrimento físico. Por fim, quando já estava na adolescência, Herve recusou-se a continuar viajando e implorou ao pai para que o aceitasse como era. Aparentemente, o seu pedido não foi atendido.

A mãe do ator também não o ajudou muito. Herve me contou, assim como contou a várias outras pessoas que o entrevistaram, que nunca teve certeza de ser amado pela mãe; nada do que ele fazia parecia ser suficiente para agradá-la. No dia em que se casou, Herve apresentou-me à mãe dele, dizendo: "Mãe, esta é a doutora que está me ensinando a melhorar o jeito de falar". Sem sorrir, a mãe do ator fitou-me e comentou com frieza: "Verdade? Pois eu ainda não consigo entender direito o que meu filho fala". Lembro-me de ter pensado, na hora: "Não é à toa que Herve tem uma vida tão problemática. Afinal, nem a mãe dele parece apoiar os esforços que ele faz para tornar-se melhor". Depois que Herve se suicidou, a revista *People* relatou um incidente que serviu para reforçar a evidência de quanto o ator era mal aceito pela mãe. Herve, um artista talentoso, havia pintado um belo retrato dela. Ao ver o retrato, ela comentou: "Essa mulher não se parece nem um pouco comigo".

Infelizmente, mães do tipo Crítico Acusador ou Trator existem aos montes e precisam ser tratadas com a técnica do Confronto Direto ou com a técnica do Questionamento Tranqüilo. Alguém deve dizer-lhes do modo mais direto possível que seu comportamento provoca muita mágoa.

O comportamento de certos pais — em especial os que são do tipo Louco, Pugilista Irado, Controlador, Competidor ou Tirano — pode não apenas magoar, mas também embaraçar um filho. O que um filho mais deseja é amar os pais e "consertá-los", mas isso é impossível de conseguir — a menos que os próprios pais estejam dispostos a mudar. Nesses casos, a técnica do Desligamento é a mais apropriada.

A tenista Mary Pierce tinha um pai do tipo Controlador. Depois de um jogo, Jim Pierce xingava e repreendia a filha na frente dos outros tenistas e dos juízes, isso quando não batia nela. Os organizadores dos campeonatos de tênis proibiram Jim Pierce de assistir aos jogos. Mary continuou participando dos campeonatos e tratou de desligar o pai de sua vida pessoal e profissional. Seguiu jogando e chegou a ganhar vários torneios internacionais.

Em circunstâncias como essa, uma pessoa não tem outra opção além de usar a técnica do Desligamento para preservar a própria vida. Nos últimos anos, tornaram-se famosos casos de filhos que se divorciaram legalmente de mães e/ou pais venenosos que os maltratavam ou negligenciavam.

Muitos pais causam problemas aos filhos por ser do tipo Fofoqueiro, Brincalhão, Inconveniente ou Tagarela. Embora não sejam maus, podem criar sérios embaraços para os filhos. O ator Sylvester Stallone já mencionou a mãe em diversas entrevistas. Aparentemente Jackie Stallone está sempre tentando aparecer e vive falando coisas embaraçosas sobre as ex-mulheres ou sobre as namoradas do filho. Sem dúvida alguma Sylvester Stallone estremece nas bases cada vez que a sua mãe abre a boca. Ele parece amar a mãe e aceita o comportamento dela como algo "inevitável", fazendo piadinhas a respeito.

Para lidar com pais assim, as técnicas do Humor e do Escape-de-Tensão, aliadas às técnicas do Confronto Direto, do Questionamento Tranqüilo e do Dê-Amor-e-Seja-Gentil, são a melhor opção. Para lidar com pais que têm dificuldade para ouvir o que os filhos dizem, a técnica do Grite-e-Mande-Para-o-Inferno pode ser empregada.

Pais do tipo Fugitivo, Insípido Indeciso, Duas-Caras, Mentiroso ou Vulcão Silencioso mas Letal são assustadores, porque nunca se pode confiar totalmente neles. Você gostaria de que eles tivessem lhe dado muito, mas eles lhe deram pouco e lhe causaram muita mágoa, raiva e desapontamento. A principal preocupação, agora, deve ser com a autopreservação.

Ao lidar com pais que abandonaram você, a técnica do Evite-o-Pensamento e a da Fantasia podem restaurar sua sanidade mental e reparar os sentimentos que nutre em relação a eles.

Ao tornar-se *miss* Estados Unidos, Kenya Moore parecia ter tudo o que uma jovem poderia desejar na vida. Na verdade, porém, a vida de Kenya não era nenhum mar de rosas. Ela havia sido abandonada pela mãe quando era bem pequena. Mais tarde, quando as duas restabeleceram contato, a mãe tratava a filha como se ela fosse invisível. Finalmente, aos 12 anos de idade, Kenya jurou a si mesma que nunca mais permitiria que a mãe a magoasse outra vez — um juramento bastante comum entre os filhos de crianças abandonadas pelos pais. As técnicas do Evite-o-Pensamento e da Fantasia podem ajudar Kenya a lidar melhor ainda com a raiva que sente da mãe.

Por fim, existem pais que, no íntimo, não passam de crianças infelizes, o que os levou a criar relacionamentos em que os papéis foram invertidos. Os tipos Autodestrutivos, Loucos, Insípidos Indecisos, Vítimas do Destino e Mentirosos pertencem todos a essa categoria. O filho acaba tentando "salvar" essas pessoas patéticas porque as considera frágeis. Nesse caso, eu prescreveria a técnica do Dê-Amor-e-Seja-

Gentil; muitas vezes é necessário incluir aqui o "amor durão". Como última opção, para evitar tornar-se co-dependente desse tipo de relacionamento, você deve desligar-se — não porque odeie seu pai ou sua mãe, mas justamente porque os ama. Estabeleça limites e não permita que seus pais arrastem você para um poço de dor e sofrimento que é só deles. Obrigue-os a crescer e enfrentar os próprios problemas de modo direto, sem intermediários.

Precisamos romper o ciclo tóxico de passar para os filhos comportamentos que aprendemos com nossos pais. Aplicando essas técnicas, podemos finalmente acabar com o círculo vicioso.

Irmãos venenosos

Irmãos e irmãs podem causar uns aos outros mais sofrimento que qualquer outra pessoa no mundo.

No popular seriado *Smothers Brothers*, que passava na tevê americana nos anos 60, Tommy fazia os telespectadores rir quando dizia ao irmão Dickie: "A mamãe gosta mais de você". O ciúme e a rivalidade existentes entre irmãos, no entanto, não deveriam ser motivo de riso. A auto-estima de muitas crianças já foi destruída pela possibilidade de um pai ou de uma mãe — ou ambos — gostar mais de um filho que de outro.

Às vezes um irmão é mais bem-sucedido que o outro, e aquele que não fez sucesso acaba por assumir o papel de "ovelha negra". Como resultado, o irmão bem-sucedido e o resto da família sentem-se embaraçados, culpados; ou então o "ovelha negra" transforma-se numa eterna criança e fica à espera de que o irmão bem-sucedido assuma o papel de pai ou mãe e passe o resto da vida a tirá-lo das enrascadas em que se mete.

Marty, um de meus clientes, foi obrigado a usar a técnica do Desligamento com o irmão, que era viciado em heroína.

Quando ainda estava na faculdade, Marty — que hoje é um médico importante — teve sérios problemas por causa do irmão, que lhe telefonava nos horários mais impróprios pedindo ajuda para sair da cadeia ou para resolver outros problemas, todos relacionados à droga. Marty sentia-se culpado em relação ao irmão, e por isso achava que tinha o dever de ajudá-lo. Assim que se formou e começou a trabalhar, Marty passou a gastar metade do dinheiro que ganhava para sustentar o irmão e tirá-lo de uma série de enrascadas. Nenhuma técnica funcionou com o irmão de Marty; a do Espelho, a do Grite-e-Mande-Para-o-Inferno, a do Humor, a do Dê-Amor-e-Seja-Gentil foram todas inúteis. Para preservar a própria vida — mental, física e emocionalmente —, Marty teve de recorrer à técnica do Desligamento. Infelizmente, o irmão dele morreu de uma *overdose* de heroína. Mas nem por isso Marty se sente culpado, pois sabe que fez tudo o que era possível para ajudá-lo. Às vezes, quando uma pontinha de culpa ameaça assaltá-lo, Marty usa a técnica do Evite-o-Pensamento e a da Fantasia. Ele fica imaginando que o irmão poderia ter aceitado a ajuda que lhe foi oferecida, ficado livre do vício e levado uma vida produtiva e feliz.

Devido à dinâmica complexa de uma família, a maioria das pessoas sente culpa e vergonha, ou raiva e desapontamento por um irmão ou irmã num grau ainda mais elevado que os sentimentos relacionados aos próprios pais ou aos filhos. Afinal, já que têm os mesmos pais, muitos irmãos acreditam que devem pensar, sentir e agir da mesma forma. Quando isso não ocorre, esses irmãos sentem-se traídos e ficam furiosos.

Ao lidar com um irmão ou uma irmã venenosos, é preciso ter em mente que, apesar de vocês partilharem genes similares, são completamente diferentes um do outro. Não adianta esperar que seu irmão seja do jeito que você quer que ele seja. E então uma boa comunicação torna-se essencial. As técnicas do Humor, do Confronto Direto, do Espelho e do Questionamento Tranqüilo — e até mesmo a técnica do Grite-e-Mande-Para-o-Inferno (muito popular entre irmãos) — podem melhorar o relacionamento que você tem com os irmãos.

Na minha profissão, já vi irmão processando irmã, irmã odiando irmã, irmão querendo matar irmão — e por quê? Porque no decorrer da vida eles nunca aprenderam a se comunicar um com o outro.

As técnicas sugeridas neste livro oferecem a você a oportunidade de criar novos e melhores canais de comunicação com os seus irmãos e irmãs.

Maridos e mulheres venenosos

Tendo escrito um livro intitulado *He Says, She Says: Closing the Communication Gap Between the Sexes*[1], tendo viajado ao redor do mundo para falar sobre o assunto e lido inúmeras cartas de pessoas que foram auxiliadas por meus livros e palestras, estou convencida de que a razão do alto índice de divórcios no mundo é a falta de diálogo. Não sabemos nos comunicar com nossos parceiros e estamos dispostos a descartá-los depois de alguns poucos anos simplesmente porque eles nos aborrecem.

Em vez de usar o Humor, o Questionamento Tranqüilo, o Confronto Direto ou até mesmo a técnica do Grite-e-Mande-Para-o-Inferno (necessária em qualquer casamento ou relacionamento amoroso), preferimos fugir o mais rápido possível.

Agora você tem opções. Mesmo que você esteja apaixonadíssimo, surgirão ocasiões em que a pessoa amada o dei-

1 "Ele Diz, Ela Diz: Extinguindo o Abismo de Comunicação Entre os Sexos." (N. da T.)

xará louco de raiva ou terrivelmente triste. Quando isso ocorre, você não pode fugir; também não pode engolir a raiva ou a tristeza até que elas cresçam a ponto de envenenar de vez o relacionamento. Em lugar disso, resolva a situação que está incomodando você. Comunique-se! Esse é o único modo de o seu relacionamento com a pessoa amada não ir por água abaixo.

Às vezes, porém, as pessoas se distanciam tanto e criam estilos de vida tão diferentes que não lhes resta mais nada em comum. Também há muita gente incapaz de perdoar uma traição por parte da pessoa amada, sentindo que nunca mais conseguirá confiar nela de novo. Quando esse tipo de situação ocorre, é necessário utilizar a técnica do Desligamento, por mais doloroso que este seja. As técnicas do Evite-o-Pensamento e da Fantasia podem ajudar a lidar com a raiva dirigida contra um marido ou uma esposa venenosos. Utilize a raiva como um instrumento para afastar-se do relacionamento tóxico, mantendo a dignidade e o auto-respeito intactos.

Você *não precisa* tentar destruir o seu "ex" procurando vingar-se dele pelo resto da vida, como fez uma mulher que vivia no Meio-Oeste dos Estados Unidos. Depois de dez anos de casamento, de um divórcio milionário e de um novo casamento alguns anos depois, a mulher continuou a infernizar a vida do ex-marido — impedindo-o de ver os filhos, intimidando as namoradas dele, furando-lhe os pneus do carro.

Filhos venenosos

Anos atrás, quando a severidade voltou "à moda", vários pais fizeram seus incorrigíveis filhos passar por um programa disciplinar especial para ensiná-los a ser responsáveis por seus atos. Foram muitas as crianças que se recuperaram e perderam hábitos venenosos.

Hoje em dia, é fácil culpar os pais pela natureza ou pelo comportamento tóxico de uma criança. Os críticos podem argumentar que ela recebeu amor de mais ou de menos. Eu, pessoalmente, acredito que amar "a mais" uma criança não é um problema, ao contrário. Além disso, o fato de uma criança vir a ser venenosa, ou não, pode ter pouco a ver com o modo como os pais a criaram. Atualmente, são muitas as influências sobre as quais os pais têm pouco controle: os meios de comunicação, a pressão consumista, as drogas, as gangues de rua, a violência nas escolas e a violência em geral. Conheço pais excelentes cujos filhos tornaram-se viciados, entraram para alguma gangue ou pegaram doenças sexualmente transmissíveis.

Embora muitos pais se desesperem quando vêem os filhos fora de controle, eles nunca devem perder a esperança de colocá-los de volta no bom caminho. Existem diversas opções disponíveis para lidar com a situação. Você pode começar com a técnica do Confronto Direto — converse com seu filho (ou filha) como se estivesse conversando com um adulto, sem ser condescendente. Devido à influência dos meios de comunicação, crianças e adolescentes sabem muito bem o que ocorre à volta deles, portanto não tenha medo de conversar com eles de modo aberto, adulto. Traga-os para um nível mais elevado, não desça ao nível deles.

Use as técnicas do Dê-Amor-e-Seja-Gentil, do Questionamento Tranqüilo e do Espelho. Não tenha medo da técnica Grite-e-Mande-Para-o-Inferno — mas não a empregue em excesso, caso contrário ela perderá a eficácia. Nunca bata numa criança, por mais que ela mereça. Estudos mostram que a violência não é uma ferramenta eficaz para evitar comportamentos negativos. A violência apenas gera ódio contra a pessoa agressora, além de deixar cicatrizes emocionais que não desaparecerão jamais.

Quando uma criança ou um adolescente se recusam a cooperar, a ouvir a voz da razão, deixe-os sofrer as conseqüências dos próprios atos. Desligue-se e consiga ajuda apropriada para eles, mesmo que isso signifique interná-los numa clínica ou num instituto para recuperação de delinqüentes juvenis.

Embora você não possa ser totalmente e o tempo todo responsável pelos atos de seus filhos enquanto eles crescem, pode responsabilizar-se por ensinar-lhes princípios morais. Estabeleça desde cedo linhas abertas de comunicação com os filhos, para que eles saibam que, por mais difícil que seja uma situação, você estará sempre disponível para uma conversa. Seja um exemplo de boa comunicação para seus filhos.

Ensinar desde cedo aos filhos as técnicas do Questionamento Tranqüilo e do Confronto Direto será não apenas o melhor presente que você pode dar-lhes, mas também um ótimo meio de garantir um bom relacionamento com eles. Se crianças e adolescentes virem seus pais conversar aberta e francamente um com o outro, sem dúvida alguma irão querer aprender a fazer a mesma coisa.

Amigos venenosos

Todos nós conhecemos a expressão: "Com amigos como estes, quem precisa de inimigos?". Não existe nada tão desagradável ou emocionalmente arrasador quanto ser traído por alguém que amamos e em quem confiamos. Às vezes toleramos certas pessoas e as consideramos amigas mesmo quando elas não o são. Talvez tenhamos pena delas por não se terem dado tão bem na vida quanto nós; talvez tenhamos crescido em companhia dessas pessoas e as conservemos perto de nós por comodismo ou numa espécie de "homenagem ao passado". Não importa como racionalizamos a questão, o fato é que essas pessoas nos causam mágoa, dor e desapontamento; elas nos desrespeitam, traem-nos e deixam de nos dar apoio quando precisamos; portanto, não podem ser consideradas nossas "amigas".

Um amigo não é apenas alguém que você conhece há bastante tempo. Um amigo é alguém que o ajuda a superar crises, que gosta de vê-lo feliz e não tem inveja de seu sucesso. Um amigo é alguém que não trai a confiança e o defende em situações adversas. Amigos não tentam competir com você; eles são respeitosos, generosos, sensíveis, compreensivos.

Qualquer pessoa que não apresente tais características não é sua amiga. É claro que ninguém é perfeito, e os amigos podem cometer erros de vez em quando. É nessa hora que uma boa comunicação torna-se imprescindível. Comunicar-se por meio das técnicas do Confronto Direto, do Questionamento Tranqüilo e do Dê-Amor-e-Seja-Gentil permite que você conserve o laço de intimidade com os amigos, mantendo uma relação de respeito e compreensão.

Namorados e namoradas venenosos

Os mais íntimos dos amigos são, é óbvio, namorados. Se podemos ficar nus com alguém num quarto, fazendo amor, por que às vezes é tão difícil nos comunicarmos com esse mesmo alguém? Talvez essa dificuldade tenha a ver com o senso de auto-estima. É comum não sabermos como conversar com um namorado ou namorada. Uma vez que essa pessoa especial é capaz de nos fazer sentir tão bem, o que fazemos ou dizemos quando ela nos desaponta ou nos magoa pode parecer embaraçoso. Sentimo-nos vulneráveis, desprotegidos. Como resultado, reagimos de modo exagerado, sem colocar as ações da pessoa na perspectiva adequada. Relacionamentos íntimos podem tornar-se venenosos rapidamente quando não existe uma boa comunicação.

Alguém de quem você já foi muito íntimo deveria ser tratado com o maior respeito. Use um tom de voz calmo, carinhoso, e resolva as divergências por meio da técnica do Dê-Amor-e-Seja-Gentil, para evitar que a relação se torne tóxica. As técnicas do Humor e do Questionam qüilo também são essenciais para serenar sentim dos e estabelecer linhas mais abertas de comunica

Tônia e David, em lua-de-mel em Barbados, não conseguiam expressar seus medos e incertezas em relação ao casamento recente. David retraiu-se e transformou-se num Fugitivo, tanto figurativa quanto literalmente — ele passava horas sozinho, fazendo caminhadas. Tônia, por sua vez, transformou-se numa mistura de Vítima do Destino com Tirana. Ao final da primeira semana de viagem os dois mal se estavam falando. Finalmente a situação explodiu, e eles empregaram a técnica do Grite-e-Mande-Para-o-Inferno. A discussão serviu para que ambos liberassem a tensão; quando isso ocorreu, Tônia e David foram capazes de voltar a conversar e resolver suas diferenças. Embora as palavras duras que os dois trocaram não tenham contribuído para fazer da lua-de-mel uma experiência romanticamente perfeita, pelo menos eles conseguiram abrir um canal de comunicação.

Vizinhos venenosos

Podemos escolher amigos, cônjuges, namorados, mas vizinhos são um caso bem diferente. Já tendo escutado centenas de histórias escabrosas sobre vizinhos infernais, aprendi a apreciar a boa sorte de quem reside próximo de pessoas que *não são* intrometidas, fofoqueiras, fanáticas, oportunistas, competitivas, críticas, mal-humoradas. Quem mora em apartamento, em especial, sabe do que estou falando.

As suas melhores defesas para lidar com vizinhos tóxicos são as técnicas do Grite-e-Mande-Para-o-Inferno, do Escape-de-Tensão, do Evite-o-Pensamento e da Fantasia.

As técnicas do Humor, do Confronto Direto, do Questionamento Tranqüilo e do Dê-Amor-e-Seja-Gentil não funcionam bem nesse caso.

Quando você emprega a técnica do Grite-e-Mande-Para-o-Inferno logo de início, os vizinhos não costumam aborrecê-lo de novo. Como o latido de um cachorro bravo, essa técnica determina a sua força e mantém os indesejáveis a distância.

Se porventura os vizinhos venenosos continuarem a incomodá-lo, respire fundo, prenda o ar e depois esvazie bem devagar os pulmões, como foi ensinado na seção da técnica Escape-de-Tensão. Se isso não for suficiente para acalmá-lo, utilize a técnica do Evite-o-Pensamento para não ganhar uma úlcera. Para aliviar ainda mais a ansiedade e a raiva, use a técnica da Fantasia e imagine o apartamento ou a casa do seu vizinho pegando fogo ou sendo inundada. Melhor ainda, imagine que o vizinho venenoso está de mudança para um bairro bem distante do seu.

Nunca transforme a sua fantasia em realidade. Se você tiver problemas sérios com algum vizinho, em vez de usar a força bruta prefira levar o caso à Justiça. Atos de violência só vão causar-lhe ainda mais problemas.

Se as coisas chegarem a um nível insuportável, empregue a técnica do Desligamento e mude de casa ou de apartamento. Essa medida pode parecer drástica, mas vai ajudar você a salvar a sua vida. E, antes de se mudar, faça uma discreta pesquisa sobre os futuros novos vizinhos!

Pessoas venenosa no ambiente profissional

Assim como ocorre com vizinhos, você não tem o menor controle sobre as pessoas que encontra no ambiente profissional — a menos, é claro, que seja o dono da empresa. As condições financeiras atuais muitas vezes não permitem nem mesmo que um diretor executivo ou um chefe de departamento sejam muito exigentes na hora de escolher os clientes.

Nos dias de hoje, funcionários devem aprender a conviver em harmonia com todos os tipos de pessoas venenosas para conservar seus empregos. No ambiente profissional, saber como lidar com indivíduos tóxicos é, literalmente, uma questão de sobrevivência. As técnicas do Escape-de-Tensão, do Evite-o-Pensamento e da Fantasia são as melhores para esse tipo de situação.

Chefes venenosos

Chefes são chefes, e eles ocupam uma posição superior à sua. Sendo assim, se você não gosta do chefe procure ao menos respeitá-lo, caso queira conservar o emprego e continuar ganhando dinheiro. Aprenda a lidar da melhor maneira possível com a raiva e o ressentimento que possa sentir em relação ao chefe.

Pessoas venenosas que ocupam posições de poder tendem a ser do tipo Tirano, Crítico Acusador, Controlador, Aproveitador Oportunista, Competidor, Duas-Caras que Apunhala pelas Costas, Sabe-Tudo Arrogante ou Pão-Duro — ou então uma mistura de vários tipos.

Já ouvi de muitos clientes inúmeras histórias sobre chefes venenosos que se encaixam numa ou em diversas dessas categorias. Depois de aplicarem as técnicas que lhes recomendei, esses meus clientes pararam de sofrer abusos no ambiente de trabalho e viram a vida deles mudar para melhor.

Para quem deseja conservar o emprego e ainda pensa em ganhar uma promoção, os passos a seguir são quatro. Primeiro, liberte-se dos sentimentos negativos com a técnica do Escape-de-Tensão, repetida a cada vinte minutos. Segundo, empregue a técnica do Evite-o-Pensamento para não ficar remoendo coisas desagradáveis que o seu chefe pode ter-lhe dito. Terceiro, utilize a técnica do Dê-Amor-e-Seja-

Gentil, dizendo coisas agradáveis e tratando seu chefe com respeito — mas sem puxa-saquismos. Quarto e último passo: use a técnica da Fantasia e imagine tudo de ruim que gostaria de que ocorresse com o chefe venenoso.

Se você valoriza seu emprego, empregar outras técnicas pode ser arriscado. Chefes nunca devem ser colocados na defensiva ou forçados a reconhecer um erro, pois eles ocupam uma posição de poder e não há nada que você possa fazer a respeito — exceto liberar a raiva de modo adequado.

Se você não liga a mínima para o emprego, arrisque-se a usar as técnicas do Confronto Direto, do Questionamento Tranqüilo, do Espelho ou do Grite-e-Mande-Para-o-Inferno. Se o chefe for venenoso demais e deixá-lo sempre irritado e estressado, ameaçando a sua saúde, desligue-se.

Não devemos assumir papel de vítima. Temos opção de reclamar, pedir demissão ou procurar meios legais para nos ajudar a lidar com chefes injustos ou tóxicos. Se chefes venenosos insistirem em se comportar de modo venenoso, podem acabar sendo processados por sua conduta tóxica.

Colegas de trabalho venenosos

Já escutei incontáveis histórias sobre pessoas venenosas que tentam prejudicar seus colegas de trabalho. As ações desses indivíduos causam sofrimento e desespero. Quando um colega de trabalho tóxico é bem-sucedido em suas sabotagens, o alvo da sua maldade pode até perder o emprego.

Um colega de trabalho venenoso pode assumir a forma de um Competidor, de um Trator, de um Duas-Caras que Apunhala pelas Costas, de um Fofoqueiro, de um Intrometido ou de um Instigador.

Embora o ambiente doméstico seja bem diferente do ambiente profissional, algumas pessoas encaram o chefe como uma figura paterna (ou materna) e vêem os colegas de trabalho como irmãos. Como resultado disso, a dinâmica comportamental do ambiente familiar é transferida para o ambiente profissional.

As técnicas mais eficazes para lidar com colegas de trabalho venenosos são: Escape-de-Tensão, Confronto Direto e Questionamento Tranqüilo. Você não deve perder a calma jamais, muito menos utilizar a técnica do Grite-e-Mande-Para-o-Inferno. Qualquer tipo de violência verbal no ambiente de trabalho é inaceitável! Qualquer que seja seu emprego, você tem de agir de maneira civilizada e profissional. Se perceber que está sendo sabotado, use a técnica do Confronto Direto com o colega responsável pela sabotagem e depois diga abertamente a seu chefe o que está ocorrendo. Faça com que o colega tóxico saiba que você está a par do jogo dele, um jogo do qual você não quer participar. Deixe bem claro, também, que vai procurar uma autoridade maior — o chefe — para resolver a questão de modo justo e honesto.

Subordinados venenosos

Alguns subordinados têm tanta inveja de seus superiores que assumem o papel de Fofoqueiros, Vulcões Silenciosos mas Letais, Instigadores, Bajuladores, Moralistas Afetados ou Céticos Paranóicos.

Os subordinados devem sempre tratar os chefes com respeito devido à posição que ocupam, assim como chefes precisam respeitar os subordinados e, ao mesmo tempo, manter uma postura de autoridade.

Um chefe que se aborrece com um subordinado deve manter uma atitude calma e profissional, jamais demonstrando raiva ou usando a técnica do Grite-e-Mande-Para-o-Inferno.

As técnicas do Confronto Direto e do Questionamento Tranqüilo são as melhores na hora de lidar com um subordinado venenoso. Quando um subordinado não liga o próprio desconfiômetro depois que a mesma coisa já lhe foi dita várias vezes, em diversas ocasiões diferentes, o chefe precisa começar a documentar os incidentes por escrito, anotando datas e outros detalhes. Se os problemas estiverem documentados, as chances de que o subordinado abra um processo legal são menores.

Em última instância, o subordinado tóxico deve ser desligado. Foi o que fiz com aquele meu assistente venenoso. Depois de dizer a ele várias vezes que não toleraria mais fofocas, acabei por mandá-lo embora — o comportamento do rapaz estava ameaçando meu negócio e minha reputação. Se um funcionário venenoso estiver a ponto de arruinar o seu negócio, despeça-o logo, dispensando-o do aviso prévio.

Quando você for repreender ou despedir um subordinado, no entanto, permita que ele preserve a dignidade. Afinal, nunca se sabe, o *office-boy* de hoje pode ser o diretor do banco amanhã.

Autoridades venenosas

Assim como seu chefe tem controle sobre seu *status* financeiro, existem indivíduos que têm controle sobre a sua vida — a ponto de poder destruí-la. O fato de eles ocuparem uma posição de autoridade não é garantia de que não podem ser venenosos. Pare e pense em todos os políticos tóxicos que foram acusados de meter a mão no dinheiro público ou que se envolveram em escândalos sexuais com pessoas de ambos os sexos.

Esses indivíduos venenosos — sejam eles agentes da lei, sejam professores ou até mesmo membros do clero — podem ser "fracos" fora de suas posições, e com freqüência usam a autoridade que lhes cabe como um meio para se sentir mais poderosos. Costumam manifestar-se como Controladores, Sabe-Tudo Arrogantes, Críticos Acusadores, Moralistas Afetados, *Icebergs* Emocionais, Tratores, Pugilistas Irados ou Tiranos.

Se esses indivíduos têm poder sobre sua vida, não tente aborrecê-los. Por mais furioso que você se sinta, não grite, pois eles não o ouvirão. Apenas ficarão zangados, e é você quem vai sofrer as conseqüências negativas. Em vez de se irritar e protestar, use primeiro as técnicas Escape-de-Tensão e Evite-o-Pensamento, depois use a técnica da Fantasia. Imagine-se torturando esses indivíduos tóxicos até se livrar de toda a raiva. Não fale — apenas respire!

Assim que a poeira baixar, você pode infernizar a vida das autoridades venenosas expressando a irritação por meio de recursos legais. Não se sinta obrigado a ser vítima dos atos dessas pessoas nem acumule raiva dentro de si, caso contrário vai sofrer muito.

Profissionais liberais venenosos

Assim como existem autoridades tóxicas, há profissionais liberais venenosos: médicos, advogados, contadores e até mesmo terapeutas.

Só porque essas pessoas são intelectualmente capazes e conseguiram tirar boas notas na residência médica, passar no exame da ordem dos advogados ou em algum outro exame profissional, isso não significa que elas sejam superiores a você ou que sejam isentas de veneno.

Muitos profissionais liberais possuem uma auto-estima baixíssima e escondem-se atrás de diplomas para poderem se sentir poderosos e importantes. Costumam manifestar sua "venenosidade" comportando-se como Tiranos, Pugilistas Irados, Competidores, Duas-Caras que Apunhalam pelas Costas, Tratores, Narcisistas Egoístas, Esnobes Pretensiosos,

Sabe-Tudo Arrogantes, Controladores, Críticos Acusadores ou Céticos Paranóicos.

Podem tratar você com condescendência, agindo como se lhe estivessem prestando um grande favor ao lhe dirigir a palavra.

Esses profissionais tóxicos precisam de alguém que os coloque no devido lugar. A função deles é ajudar você quando são procurados — não importa que sejam médicos ou advogados famosos, se já escreveram artigos para jornais ou revistas importantes. E você quem paga os honorários deles, ou seja, você os sustenta.

Não permita que tais profissionais o intimidem. Você não recebe os serviços deles de graça, portanto não tenha vergonha de fazer perguntas para esclarecer as dúvidas e exija ser tratado com respeito. A técnica do Questionamento Tranqüilo geralmente funciona bem com profissionais liberais. A palavra-chave é "calma". Afinal, esses profissionais são seres humanos sensíveis que podem ofender-se caso você os questione em tom agressivo. Podem ficar na defensiva ou tentar tratar você com superioridade. É imperativo, portanto, que controle o tom de voz ao conversar com esse tipo de indivíduo. Mantenha a calma e empregue um tom respeitoso, mas não se deixe rebaixar ou intimidar.

Se, depois de ser questionado dessa maneira, o profissional insistir em tratar você sem um mínimo de respeito, use a técnica do Confronto Direto para demonstrar que não está gostando do tratamento.

Uma cliente minha utilizou essa técnica com um dermatologista que ignorou as perguntas dela e conversou com os outros médicos presentes na sala de exame como se ela fosse um objeto exposto numa vitrine. Em tom calmo, minha cliente argumentou: "Doutor, não sou uma criança e também não sou ignorante, portanto trate de falar diretamente comigo se quiser que eu continue sendo sua paciente". O dermatologista desculpou-se e passou a tratá-la com o respeito merecido.

Numa situação em que o médico ignore o paciente e continue a tratá-lo de modo insensível, o paciente deve usar a técnica do Desligamento e procurar outro profissional. O mesmo conselho é válido para quem tiver de lidar com advogados, contadores ou quaisquer outros profissionais liberais cujos serviços sejam necessários.

Prestadores de serviços venenosos

Ao contrário dos profissionais liberais, que são venenosos porque se acham superiores a você, muitos prestadores de serviço são tóxicos porque têm inveja de você ou sentem-se inseguros em sua presença. Talvez eles detestem ser vendedores, encanadores, mecânicos, garçons ou eletricistas. Mas isso não significa que tenham o direito de descarregar a própria frustração em cima de você.

Prestadores de serviço venenosos costumam ser do tipo Esnobe Pretensioso, Moralista Pretensioso, Aproveitador Oportunista, Tirano, Tagarela, Competidor, Duas-Caras que Apunhala pelas Costas ou Bajulador.

A razão pela qual tantos vendedores são mal-educados pode ser a inveja que eles sentem por você poder comprar coisas que eles não têm condições de adquirir. Esses vendedores prefeririam estar em seu lugar — comprando, em vez de vendendo.

Muitos mecânicos tratam suas clientes mulheres como se elas fossem estúpidas, ignorando as perguntas ou pedidos feitos por elas. Talvez quisessem estar dirigindo o Mercedes ou o Jaguar que a cliente levou à oficina, em lugar de estar consertando o motor do carro. Talvez ainda acreditem na noção infantil de que "meninas" não entendem nada de automóveis nem são tão inteligentes quanto os "meninos".

De um modo ou de outro, você não precisa ser vítima das razões que levam um prestador de serviços a ser venenoso.

Agora você tem opções para lidar com esse tipo de pessoa negativista.

A melhor maneira de controlar um prestador de serviços é por meio da técnica do Confronto Direto. Se isso não funcionar, experimente a técnica do Espelho. Se isso também falhar, use as técnicas do Grite-e-Mande-Para-o-Inferno e do Desligamento — vire as costas, vá embora e não pague por serviços não prestados. Por exemplo, se um garçom foi rude com você, não lhe dê gorjeta. Não se sinta na obrigação de recompensar alguém que o tratou mal.

Uma de minhas clientes, uma mulher gentilíssima e excelente profissional, precisou viajar de avião e decidiu levar consigo o seu gato de estimação — pagando uma tarifa adicional no momento da compra da passagem. Enquanto minha cliente colocava o gato — acomodado dentro de uma sacola de viagem Sherpa, apropriada para animais de pequeno porte e aprovada por todas as companhias aéreas norte-americanas — sob a poltrona à sua frente, uma aeromoça aproximou-se e perguntou, em tom alto e desagradável: "A senhora trouxe um animal? Deixe-me ver a sua passagem!". Minha cliente mostrou a passagem, que lhe foi arrancada da mão pela aeromoça. Depois de olhar a passagem, a aeromoça comentou em voz excessivamente alta que minha cliente confundira a data e embarcara no dia errado; em seguida se afastou, avisando que ia chamar um supervisor.

Minha cliente sentiu-se humilhada. Todo mundo estava olhando para ela como se fosse uma criminosa. A aeromoça retornou minutos depois — acompanhada por um vendedor de passagens, um supervisor e um guarda de segurança — e foi logo argumentando em tom antipático: "O seu animal de estimação não está dentro de uma sacola de viagem apropriada". Minha cliente, usando a técnica do Confronto Direto, explicou com toda a calma do mundo que a sacola era apropriada, sim, ao que a aeromoça retrucou: "Esta não é uma sacola Sherpa". Perdendo por fim a paciência, minha cliente apelou para a técnica do Grite-e-Mande-Para-o-Inferno. Mostrando a sacola do gato, respondeu berrando: "Esta é uma sacola Sherpa, sim! E eu comprei uma passagem para o dia 9, que é hoje!".

A aeromoça sorriu, sem graça, e murmurou: "Oh, sinto muito. Pensei que hoje fosse dia 8. Aqui está sua passagem".

Antes que a aeromoça e seus acompanhantes se afastassem, minha cliente, ainda usando a técnica do Grite-e-Mande-Para-o-Inferno, reclamou: "Escute aqui, isso não é jeito de se tratar uma passageira! Você me humilhou na frente de todos os outros passageiros ao me acusar de fazer algo errado. Isso não é justo!".

A essa altura da discussão o piloto do avião já se havia aproximado para saber qual era o problema. Temendo que minha cliente decidisse processar a companhia aérea, ele lhe ofereceu uma poltrona na primeira classe — oferta que foi prontamente aceita. Durante o vôo, minha cliente utilizou a técnica do Escape-de-Tensão e do Evite-o-Pensamento para recuperar o bom humor. Usou também a técnica da Fantasia, imaginando cenas nas quais a aeromoça venenosa era sugada para fora do avião ao apertar a descarga do vaso sanitário do banheiro da classe executiva.

Ao desembarcar do avião, minha cliente tornou a usar a técnica do Confronto Direto e escreveu uma carta aos administradores da companhia aérea, reclamando do modo como havia sido tratada. Os administradores enviaram-lhe pedidos de desculpas junto com várias passagens de primeira classe e uma autorização para que dali em diante o gato pudesse viajar sempre com ela, sem que fosse necessário pagar nenhuma taxa adicional. Só então — quando foi feita justiça — minha cliente usou a técnica do Desligamento para esquecer o desagradável incidente.

Nós temos opções

Somos regularmente agredidos por pessoas venenosas, que se infiltram em todos os planos de nossa vida cotidiana. Não podemos viver fugindo e nos escondendo por causa dessas pessoas. Devemos, isso sim, ter acesso a técnicas específicas para lidar com elas. Não precisamos mais ser vítimas de indivíduos tóxicos.

9

Lidando com a raiva e a mágoa em um relacionamento venenoso

- Sendo brutalmente honesto consigo mesmo
- Reconhecendo com quem você realmente está zangado
- Aceitando a montanha-russa das emoções
- Terminando o relacionamento por carta
- Terminando o relacionamento por telefone
- Terminando o relacionamento pessoalmente
- Usando uma terceira pessoa
- Lidando com os efeitos residuais da raiva
- Nunca faça uso da violência
- Superando fisicamente o problema
- Desabafando verbalmente
- Mantendo um registro escrito ou gravado
- A cerimônia do rasgamento de fotografias
- Purificação à luz de velas
- Devolvendo presentes
- O consolo de saber que não há nada como um dia após o outro
- O sucesso é a melhor vingança
- Perdoar significa esquecer e seguir em frente com a própria vida

Sendo brutalmente honesto consigo mesmo

Mesmo acreditando que as pessoas geralmente são boas e podem mudar se quiserem, sei que existem indivíduos que nunca serão capazes de mudar.

Tais indivíduos acham que faz parte de sua natureza agir de determinada maneira. Uma parábola que reflete isso foi popularizada no filme *Traídos pelo Desejo*. Um escorpião queria atravessar um rio, e o único jeito de realizar a travessia era pegar carona nas costas de uma tartaruga. A tartaruga disse ao escorpião: "Não posso levar você nas costas. Você vai me picar e eu morrerei afogada".

"Por que eu picaria você?", perguntou o escorpião; "afinal, se você morresse afogada, eu morreria junto."

A tartaruga concluiu que aquilo que o escorpião havia dito fazia sentido, e aceitou levá-lo nas costas. No meio do rio, o escorpião picou a tartaruga no pescoço. Enquanto se afogava, a tartaruga indagou: "Por que você me picou? Agora nós dois morreremos".

O escorpião ergueu as pinças e respondeu: "Faz parte de minha natureza".

Às vezes, as pessoas fazem coisas porque acham que não conseguem evitar fazê-las. Você pode dar-lhes chance após chance, até se cansar de ser magoado por elas.

Patsy, uma de minhas clientes, brigou e reconciliou-se com o namorado durante dois anos. Cada vez que Patsy reatava o namoro, eu perguntava: "Tem certeza do que está fazendo?". E ela respondia: "Decidi dar mais uma chance a ele". Semanas ou meses mais tarde, o rapaz voltava a desapontá-la; Patsy lhe dava o fora e, semanas ou meses depois, aceitava namorá-lo de novo.

O namorado de Patsy era como o escorpião da parábola; não conseguia mudar de comportamento, vivia traindo a namorada com outras moças. As repetidas chances que Patsy deu a ele serviram apenas para confirmar isso. Relacionamentos como esse são irreparáveis. Quando não há mais nada a ser feito, você precisa ser brutalmente honesto, não só com a outra pessoa, mas consigo mesmo.

Alguns relacionamentos nunca darão certo. Existem pessoas com características de personalidade tão venenosa que é literalmente impossível conviver com elas. Nesses casos, rompa o relacionamento para salvar a si mesmo. Não insista. Largue tudo para trás — exceto a dignidade — e parta para outra.

Reconhecendo com quem você realmente está zangado

Muitas pessoas passam a vida inteira com raiva, sentindo-se deprimidas, mal-amadas ou vazias. Elas não sabem dizer com exatidão o que as incomoda, sabem apenas que algo não vai bem.

Se isso ocorre com você, saiba que é apenas refletindo sobre a sua vida, vasculhando o seu coração e examinando com honestidade o passado e o presente que você pode ver com clareza o modo como vem acumulando dentro de si reações hostis a certas pessoas venenosas. Talvez você esteja zangado com a sua mãe por ela não ter feito coisas que você desejava. Talvez esteja revoltada com os homens em geral porque ainda não encontrou o parceiro ideal e está cansada de ser desapontada.

Você não deve descarregar a sua zanga ou a sua revolta em cima de qualquer pessoa — principalmente de você mesmo — que não seja a causadora dessas emoções negativas. Se fizer isso, você mesmo acabará por se transformar num indivíduo tóxico.

Da próxima vez que sentir vontade de se entupir de bolo de chocolate, cheirar cocaína, fumar crack, tomar uma garrafa inteira de uísque ou fumar um maço de cigarros atrás do outro, pergunte a si mesmo com quem você está realmente aborrecido. Muitas vezes você vai descobrir que não está aborrecido consigo mesmo, e será capaz de parar de fazer coisas que o prejudicam.

Marianne descobriu que era com o seu marido Controlador que ela estava verdadeiramente zangada. Confrontou-o de modo direto e depois se desligou dele — conseguindo assim perder os 36 quilos extras que havia adquirido nos últimos dez anos.

Margie não sentiu mais necessidade de se submeter a uma cirurgia plástica quando se deu conta de que só estava tentando mudar de aparência para agradar aos pais, que lhe viviam dizendo que ela "não era lá muito bonita". Margie havia voltado contra si mesma a raiva por não ser perfeita. Ao desligar-se dos pais, pela primeira vez na vida ela se sentiu uma mulher feliz.

Chegar à raiz do problema, descobrir com quem você realmente está magoado ou irritado, pode mudar de modo positivo o rumo da sua vida. Você nunca mais precisará descarregar sentimentos negativos em cima de si mesmo, e começará a querer-se bem. Como escreveu Oscar Wilde: "Amar a si mesmo é o início de um romance que vai durar o resto da vida".

Aceitando a montanha-russa das emoções

Depois de identificar a pessoa que lhe está causando problemas, tomar a decisão de terminar esse relacionamento tóxico é a melhor coisa para a sua auto-estima. Caso sinta remorso ou culpa, lembre-se do modo horrível como essa pessoa o tratava. Permanecer perto dela iria apenas reestimular a raiva e acabar com a auto-estima.

Apesar da raiva que você pode sentir de um determinado indivíduo — e apesar do alívio e da alegria por estar finalmente livre dele —, talvez você fique triste por se ter desligado de um membro da família, de um amigo de longa data, de um marido ou de uma esposa, enfim, de alguém que fez parte da sua vida por um bom tempo. Essas emoções são perfeitamente naturais; afinal, você está de luto por um relacionamento que terminou. É normal sentir remorso ou culpa, mesmo que você tenha tomado a atitude mais correta.

Ao acabar com um relacionamento, não se surpreenda ao ser assaltado por emoções conflitantes. Você pode chorar, gritar, ficar em silêncio, cantar, sair para dançar. As suas reações serão imprevisíveis. Não se preocupe com isso; deixe os sentimentos fluírem soltos. Sinta o que tiver de sentir, pois agindo assim você vai contribuir com o processo de cura relacionado ao desligamento de uma pessoa venenosa.

Terminando o relacionamento por carta

Uma das melhores estratégias para terminar um relacionamento tóxico com alguém é escrever uma carta, pois você tem à disposição todo o tempo necessário para analisar exatamente o que dizer. Você pode escrever, reescrever e editar as frases como achar melhor.

Relacione os efeitos do comportamento tóxico do indivíduo em questão na sua vida. Mencione com detalhes incidentes específicos ao explicar por que deseja romper o relacionamento.

Dê vazão total aos seus sentimentos, não esconda nada. Essa é uma ótima maneira de compreender por que uma pessoa provoca tanta raiva em você. Muitos psicólogos sugerem aos pacientes que escrevam cartas expressando todos os sentimentos negativos que trazem guardados dentro de si, mas sem enviá-las. Se você quer terminar um relacionamento venenoso, no entanto, acredito que o indivíduo que o incomoda precisa saber o que você sente por ele, por mais doloroso que seja. Sendo assim, sugiro que você escreva e *envie* a carta. Às vezes, ao ler algo a respeito de quanto são tóxicas, as pessoas aprendem que os seus atos têm conseqüências e que os outros não são obrigados a aturar o veneno de ninguém. Tais pessoas são forçadas a aceitar o fato de que, se quiserem ter outros relacionamentos significativos, primeiro precisarão mudar o comportamento venenoso.

Se você decidir terminar um relacionamento tóxico por meio de uma carta, leve em consideração que, quando algo é escrito, se transforma numa evidência concreta. Além disso, outras pessoas podem ler a carta. Esteja preparado, portanto, para enfrentar as possíveis conseqüências negativas do envio da sua carta. Ela pode ser lida por outras pessoas além do destinatário e ser ridicularizada ou ignorada.

Aqui estão duas cartas escritas por clientes meus. A primeira é de uma filha que terminou um relacionamento tóxico com o pai:

> Pai,
>
> Estou escrevendo esta carta para que você saiba que não é mais bem-vindo na minha vida Quando eu era adolescente, você me abandonou. Agora que sou adulta, eu estou abandonando você!
>
> Nunca mais entre em contato comigo por carta ou telefone, nunca mais me procure pessoalmente Você nunca fez parte da minha vida, nem nunca fará.
>
> Eu poderia escrever páginas e páginas sobre quanto você me magoou, quanto prejudicou a minha vida, mas prefiro economizar papel e tinta. Você sabe muito bem o que fez comigo. Que Deus o perdoe, pois eu não consigo perdoá-lo. Só para refrescar a sua memória, vou mencionar as oitos razões principais pelas quais considero você um homem desprezível:
>
> 1. Você nunca me telefonou ou escreveu no meu aniversário e no Natal.
>
> 2. Você nunca me contou que se havia casado de novo; acabei descobrindo o fato sozinha.

3. Você é um pão-duro miserável que ficava controlando o que havia na geladeira quando eu ia visitá-lo, e depois me fazia pagar pelo que eu havia comido.

4. Quando eu era pequena, você me acordava de madrugada e batia em mim sem nenhum motivo.

5. Você roubava dinheiro da minha carteira para comprar drogas.

6. Você gritava e batia em mim, em vez de conversar comigo.

7. Você não me colocou como beneficiária da sua apólice de seguro de vida. Você é teimoso, vulgar.

8. Você sempre me tratou como se eu não valesse nada, sem jamais prestar atenção ao que eu dizia.

Eu odeio você. Para mim, você morreu. Nunca tente entrar em contato comigo outra vez. Você é um perdedor, um filho da mãe egoísta. Faz parte da escória da sociedade. Viva o inferno que é a sua vida e pára de contaminar a minha vida com palavras e atitudes nojentas. Se você me ligar, vou bater o telefone na sua cara. Se você me escrever, rasgarei a sua carta em pedacinhos.

Adeus para sempre.

A carta acima mostra com clareza quanto o pai de minha cliente havia envenenado a vida dela. Nenhum canal de comunicação foi deixado aberto, pois a moça queria um desligamento completo do pai. A carta que vem a seguir foi enviada por um rapaz à sua atual ex-namorada:

Donna,

Estou escrevendo para dizer que não quero mais que você faça parte da minha vida. Nos últimos anos você me magoou muito, e eu não quero mais que isso ocorra. Você é venenosa, e infernizou minha vida. A última decepção que sofri por sua causa mostra claramente quanto você tem sido irresponsável e indigna de confiança.

Eu poderia continuar escrevendo sobre os seus defeitos durante horas, mas não vou perder tempo fazendo isso. Perdi o respeito por você e não a quero mais perto de mim. Nunca mais quero ser alvo de suas palavras e atitudes insensíveis, de seu desrespeito. Quero você fora da minha vida.

Gosto muito de mim mesmo para continuar aturando o seu comportamento maldoso e egoísta.

Não me telefone, não escreva para mim, não volte mais a minha casa. Devolverei as suas cartas sem abri-las, baterei o telefone na sua cara e não permitirei que você se aproxime fisicamente de mim. Deixe-me em paz. Siga com a sua vida enquanto eu sigo com a minha sem ter você por perto.

Gary.

A carta de Gary é honesta e vai direto ao ponto, deixando bem claro que Donna não é mais bem-vinda na vida dele.

Essas duas cartas são excelentes exemplos a seguir, caso você queira desligar-se de alguém de uma vez por todas.

Terminando o relacionamento por telefone

Alguns preferem terminar um relacionamento tóxico por telefone, para não precisar nem chegar perto da outra pessoa. Essa também é uma boa idéia, pois, sem estar olhando diretamente para a outra pessoa, você pode se expressar melhor. Lembre-se de manter um tom de voz baixo, porque o telefone é um microfone que amplia e transmite a voz. Fale devagar, sem atropelar as palavras. Esteja preparado para a possibilidade de a pessoa do outro lado da linha começar a gritar com você ou bater o telefone na sua cara. Ao mesmo tempo, esteja preparado para a possibilidade de a outra pessoa ficar telefonando de volta para você, argumentando que é incapaz de acreditar em tudo o que você lhe disse. Faça uma lista das coisas que você acha mais importantes para não esquecer de falar nada durante o telefonema.

Terminando o relacionamento pessoalmente

Muita gente acha que, por mais doloroso e difícil que seja confrontar pessoalmente um indivíduo, esta é a melhor maneira de terminar um relacionamento tóxico.

Se você decidir usar esse método, prepare-se para aturar lágrimas, gritos ou palavrões.

Talvez você queira que o confronto se realize na casa da outra pessoa ou num restaurante tranqüilo, onde possam ter privacidade.

Lembre-se de falar num tom de voz baixo, calmo, e jamais perca a compostura.

Usando uma terceira pessoa

Pode parecer covardia mas, atualmente, com essa onda de processos legais, talvez seja melhor você contratar um advogado para terminar um relacionamento tóxico por você — especialmente quando se trata de um relacionamento de negócios.

Se o relacionamento for pessoal ou familiar, pode pedir o auxílio de um amigo comum a ambas as partes. Se fizer isso, porém, não esqueça de explicar ao amigo que a pessoa da qual você quer se desligar poderá ofendê-lo e maltratá-lo por ser o portador de "notícias ruins".

Por outro lado, um intermediário pode ajudar a aplacar a raiva da pessoa venenosa fornecendo-lhe uma visão objetiva e imparcial da questão.

Lidando com os efeitos residuais da raiva

Nunca faça uso da violência

Mesmo depois de usar todos os métodos apropriados para lidar com o inferno que é ter uma pessoa venenosa em sua vida, você ainda pode continuar sentindo raiva e querer vingança.

O que quer que você faça, jamais lance mão da violência. *Nunca* utilize a violência para acertar contas com alguém.

Caso você se sinta furioso a ponto de desejar fazer justiça com as próprias mãos, utilize a técnica da Fantasia — mas não transforme sua fantasia em realidade.

Jamais permita que a raiva o cegue a ponto de cometer atos pelos quais terá de pagar depois.

Superando fisicamente o problema

Ao confrontar os sentimentos em relação a uma pessoa venenosa, você pode ficar tão zangado que a técnica da Fantasia não basta para acalmá-lo. Se isso ocorrer, use a técnica do travesseiro para descarregar a raiva: cubra a boca com um travesseiro e grite a plenos pulmões. Ou então, soque o travesseiro enquanto imagina que está socando a pessoa que o enfureceu. Também pode recorrer a um saco de areia, do tipo que os pugilistas usam para treinar, ou matricular-se numa academia de ginástica e trabalhar com pesos. O importante é que você encontre uma maneira adequada de descarregar fisicamente os seus sentimentos negativos.

Desabafando verbalmente

Falar é um bom jeito de livrar-se da raiva. O ideal é procurar um terapeuta para tratar do assunto, pois, se você falar indiscriminadamente, sua hostilidade e seus sentimentos negativos podem ser reativados. Escolha com cuidado as pessoas com quem você vai discutir a questão. Gente sem muito bom senso ou indivíduos sem treinamento profissional podem lhe dar maus conselhos.

Partilhe os seus pensamentos mais íntimos apenas com amigos de confiança ou com membros da família que sejam capazes de compreendê-lo, ou então procure um profissional que lhe dê o apoio necessário.

Mantendo um registro escrito ou gravado

Caso você não tenha com quem conversar sobre os seus problemas, experimente escrever um diário. Se preferir, use um gravador ou uma câmera de vídeo para registrar os seus sentimentos.

Qualquer uma dessas técnicas é capaz de ajudá-lo a liberar a raiva ou a mágoa. Mais tarde você pode consultar os seus escritos ou as suas gravações para acrescentar coisas ou simplesmente verificar se os seus sentimentos mudaram com o passar do tempo.

É importante lembrar que os diários e/ou as fitas cassete ou de vídeo com os seus mais íntimos pensamentos devem ser guardados a sete chaves. Ninguém deve ter acesso a eles sem o seu conhecimento. Se quiser que seu marido, sua esposa ou alguma outra pessoa de absoluta confiança fiquem a par de seus problemas ou saibam que você passou por uma situação difícil, então mostre-lhe o diário e/ou as fitas. Caso contrário, mantenha-os escondidos.

A cerimônia do rasgamento de fotografias

Às vezes uma pessoa o magoou ou enfureceu tanto que você não quer vê-la nunca mais — nem mesmo em fotografias. Nesse caso, pode ser bastante gratificante rasgar todas as fotos que você tem da pessoa e jogá-las no lixo. Se preferir, queime as fotos, ou fure-as com alfinetes antes de jogá-las fora. Faça o que achar melhor para livrar-se dos sentimentos ruins que a pessoa lhe despertou.

Uma de minhas clientes desligou-se de um namorado venenoso rasgando as fotos dele ao meio e depois queimando-as. O rapaz havia lhe causado tanto sofrimento que ela sentiu prazer em imaginá-lo sendo reduzido a cinzas, com o auxilio da técnica da Fantasia.

Purificação à luz de velas

Quando um relacionamento tóxico acaba, tomar um relaxante banho de imersão à luz de velas pode ajudar a melhorar o seu astral, além de servir como um ritual simbólico de purificação. Quando a água da banheira estiver descendo pelo ralo, imagine os sentimentos negativos sendo levados embora por ela.

Devolvendo presentes

Assim como você não tem a menor vontade de ver novamente a pessoa que o entristeceu ou irritou, é bem provável que não queira ter por perto nenhum objeto que o faça lembrar-se dessa pessoa. Devolva os presentes que ela lhe deu — roupas, discos, livros, o que for. Se preferir, doe-os para alguma instituição de caridade ou jogue-os no lixo.

O consolo de saber que não há nada como um dia após o outro

Você pode encontrar consolo no princípio expresso de diferentes formas em diferentes círculos. "Quem semeia vento colhe tempestade"; "Quem má cama faz nela jaz"; "Quem com ferro fere com ferro será ferido"; "Não faça aos outros o que você não quer que lhe façam"; "Não há nada como um dia após o outro" — qualquer que seja o ditado, qualquer que seja sua cultura de origem, a verdade é que no final sempre é feita justiça, mais cedo ou mais tarde. No mundo todo existe uma crença universal de que quem produz o bem recebe o bem, quem produz o mal recebe o mal.

Se você trata bem as pessoas, será bem tratado por elas em dobro; se as maltratar, será maltratado por elas em dobro. Em resumo, ninguém fica impune depois de cometer maldades ou injustiças.

Uma de minhas clientes experimentou os resultados do seu mau "carma" ao tentar seduzir um homem aparentemente rico pelo qual ela não se sentia atraída. A moça entrava toda elegante em meu escritório e ficava se gabando de ter conquistado o amor de um homem mais idoso que ela, que lhe vivia dando presentes caríssimos. A jovem dizia rindo que nem precisava ir para a cama com o homem — ela o considerava repugnante — e zombava dele por fazer todas as suas vontades como um perfeito tolo.

Um dia a moça percebeu que o homem não era um tolo e sabia ser tão manipulador quanto ela. Durante uma viagem que os dois fizeram a Nova York, o homem pediu para usar o cartão de crédito da jovem, prometendo reembolsá-la mais tarde com um cheque. A moça atendeu ao pedido. Quando ambos voltaram para a cidade onde moravam, o homem realmente a reembolsou — com um cheque de uma conta bancária fechada anteriormente. A jovem teve de arcar sozinha com a conta do cartão de crédito, usado para pagar refeições em restaurantes caros, entradas de teatro e presentes luxuosos que, em essência, ela havia comprado para si mesma.

Essa moça aprendeu que nada é de graça, que não se deve tirar vantagem de ninguém e imaginar que não se vai receber o troco.

O sucesso é a melhor vingança

A história de *Coup de Tête*[1], um excelente filme francês, serve como um ótimo exemplo de como o sucesso é a melhor vingança. Os habitantes de uma pequena cidade celebram o sucesso do time local de futebol, ao mesmo tempo em que zombam de um jogador do time — um rapaz que vive no banco de reservas por ser considerado de "segunda classe". Por causa de um mal-entendido, o rapaz é acusado de um crime que não cometeu e vai parar na cadeia.

Enquanto isso, o time de futebol, a caminho de um jogo numa cidade vizinha, sofre um acidente de ônibus. Alguns dos melhores jogadores se machucam, e o técnico precisa de um substituto para jogar numa posição importante. Os dirigentes do time conseguem liberar o rapaz da cadeia para participar do jogo. Ele faz vários gols e transforma-se num herói. Embora o rapaz esteja ansioso para voltar para a cadeia, onde os guardas e os presos o respeitam por ser um jogador de futebol, os dirigentes do time insistem em obter a liberação permanente para ele. O rapaz é levado para um hotel de luxo. Todos querem sua amizade. Ele começa a receber presentes e a ser assediado por belas moças.

Tanta adulação irrita o rapaz, que resolve oferecer um jantar para, supostamente, agradecer a atenção das pessoas importantes que o estão tratando tão bem. Na verdade, porém, o rapaz quer mostrar quanto essas pessoas são hipócritas, e dá um jeito de embaraçá-las, uma a uma, na frente das outras. Usando vários métodos de confronto, o rapaz faz com que cada um dos indivíduos presentes ao jantar se autodestrua. Ao trazer a verdade à tona, ele acaba provando que é a única pessoa decente da cidade e depois vai embora com a auto-estima intacta.

---

1 No Brasil, o filme foi apresentado sob o mesmo título em francês. (N. do E.)

Uma de minhas clientes experimentou o doce sabor da "vingança por meio do sucesso" ao ser coroada "A Mais Bela" durante a festa de vigésimo primeiro aniversário de formatura da sua turma de colégio. Na época em que estava cursando o segundo grau, minha cliente havia sido atormentada pelos colegas por ser gorda, ter acne e usar óculos de lentes grossas. Vinte e um anos mais tarde ela experimentou um momento de grande orgulho e prazer quando o homem que fora o rapaz mais bonito da turma — e o que mais zombara dela quando ainda eram estudantes — tirou-a para dançar e ela respondeu com um sonoro "não".

Lembre-se sempre de que o sucesso é a melhor vingança contra aqueles que envenenaram a sua vida.

Perdoar significa esquecer e seguir em frente com a própria vida

Caso você tenha sido venenoso com alguém, ou caso alguém tenha sido venenoso com você, é necessário perdoar. Perdoar significa esquecer e seguir em frente. Isso não quer dizer que você deve bloquear as lembranças de todas as coisas ruins que fez ou que fizeram com você. Antes de mais nada é importante resolver a situação que lhe provocou sentimentos negativos e livrar-se da mágoa e do ódio, *pois a mágoa e o ódio consomem quem os alimenta.*

Ao sentir ódio, você perpetua a negatividade não apenas na vida dos outros, mas também na sua própria vida. O ódio causa rugas no seu rosto, e você fica com uma expressão irada no rosto e no coração.

Se achar que precisa de ajuda profissional para lidar com a pessoa que envenenou sua vida, aconselho-o a procurar essa ajuda o mais rapidamente possível. Existem excelentes profissionais que podem auxiliá-lo a melhorar a vida, para que você se livre do ódio, da culpa, da autopiedade. *Perdoar e esquecer* são os primeiros passos rumo a uma vida livre de venenos.

10

A importância do eu externo: um inventário de imagens venenosas

- Seu próprio humor e o efeito tóxico que ele pode ter sobre os outros
- Primeiras impressões venenosas
- Inventário de imagens tóxicas
- Aplicando o inventário de imagens tóxicas

Seu próprio humor e o efeito tóxico que ele pode ter sobre os outros

Assim como o humor das outras pessoas pode afetar você, seu humor pode afetar o dos outros.

É fácil apontar um dedo para os outros e culpá-los por seu mau humor, mas você não deve hesitar em olhar para si mesmo também. Lembre, quando aponta um dedo para alguém, três dedos apontam para você.

Se você anda por aí numa atitude hostil, combativa, as pessoas vão reagir à hostilidade e ao mau humor. Se vive de cara amarrada, exibindo os tormentos interiores para o mundo, esteja certo de que as pessoas sentirão vontade de manter-se afastadas de você.

O velho ditado "Ria e o mundo rirá com você; chore e chorará sozinho" é verdadeiro. Isso não significa que você não possa nunca ficar de mau humor ou deprimido. Mas, quando se sentir assim perto de outras pessoas, esteja preparado para a reação hostil ou negativa delas.

A sorte, definitivamente, não estava ao lado de Marlene. Ela foi despedida da firma onde trabalhava havia sete anos, seu marido pediu o divórcio e um exame médico revelou que seu filho caçula tinha problemas de aprendizado.

Marlene entrou em depressão, e com toda a razão. O problema era que ela não conseguia livrar-se desse sentimento negativo. Meses e anos se passaram, e a infelicidade continuava estampada no rosto dela. Em três anos, nada havia mudado na vida de Marlene. Ela ainda não arrumara outro emprego, sua vida amorosa era nula. Como precisara colocar o filho caçula numa escola especial, Marlene voltara a morar com os pais para economizar o dinheiro do aluguel.

Certo dia o irmão de Marlene, que era estudante e estava passando férias na casa dos pais, decidiu ter uma conversa franca com ela. Ele disse: "Sempre que venho para cá vejo você andando meio perdida pela casa, como se fosse uma morta-viva, e confesso que já estou cansado do seu mau humor. Escute aqui, Marlene, já está na hora de você mudar de atitude. Martin tem problemas de aprendizado, mas pelo menos está numa escola especial capaz de ajudá-lo. Nossos pais são compreensivos e aceitaram recebê-la de volta em casa, portanto você não está abandonada no meio da rua. E você só não conseguiu um novo emprego até agora por duas razões. Primeira, você não se empenhou a fundo na questão; segunda, anda passando vibrações tão negativas que ninguém tem vontade de empregá-la. Por que você não pára de se lamentar por causa do divórcio? Saia dessa! Use um pouco de maquiagem, vista roupas mais bonitas. Saia com as suas amigas, conheça homens novos e, acima de tudo, *sorria*. Ninguém vai querer chegar perto de você se estiver o tempo todo de cara feia, dando a impressão de que está de mal com o mundo".

Marlene ficou chocada. Ninguém jamais havia falado com ela desse jeito. Ao contrário, todos a tratavam com piedade e a mimavam. O irmão caçula foi a primeira pessoa a ser honesta com Marlene. Ele teve coragem de dizer a verdade — que o humor negativo de Marlene estava impedindo que coisas boas ocorressem com ela. Marlene sabia que o irmão estava certo. Depois de pensar durante uma semana no que o irmão lhe havia dito, Marlene decidiu seguir os conselhos dele e foi a um clube noturno com uma amiga. Forçou-se a sorrir, mesmo sentindo-se triste por dentro. Embora não tenha conhecido nenhum homem atraente, foi apresentada a uma mulher que estava à procura de alguém para trabalhar em sua empresa, no departamento de atendimento de clientes. A mulher gostou do senso de humor de Marlene e sugeriu que ela passasse por uma entrevista no departamento pessoal da empresa. Marlene acabou sendo contratada pela mulher.

Dia após dia Marlene se obrigava a melhorar de humor. Enquanto ia de carro para o trabalho, lembrava a si mesma que precisava demonstrar mais entusiasmo pela vida e deixar de lado os sentimentos negativos. Sua nova atitude começou a refletir-se no modo como ela atendia aos telefonemas dos clientes. Marlene desenvolveu um bom relacionamento com um cliente em particular: Robert. Sempre que Robert ligava, os dois tratavam de negócios e depois conversavam sobre outros assuntos, rindo e fazendo brincadeiras. Certo dia, Robert convidou Marlene para almoçar. Eles se deram tão bem pessoalmente quanto por telefone. Tão bem, na verdade, que ficaram noivos e estão prestes a se casar — tudo porque Marlene mudou conscientemente de atitude e forçou-se a deixar o mau humor de lado.

A mesma coisa já ocorreu comigo, várias vezes. Se as coisas começam a dar errado para mim, tento com todas as forças não descarregar a raiva ou o sofrimento em cima dos outros. Procuro permanecer bem-humorada e positiva, e de repente coisas boas começam a me acontecer — porque as pessoas, em troca, passam a me tratar mais positivamente.

Embora você possa não perceber, seu mau humor afeta os outros e os deixa mal-humorados também, o que acaba por reforçar os seus sentimentos negativos. O resultado é conhecido como "contágio circular".

Meu amigo, o rabino Joseph Telushkin, autor de um novo livro chamado *Words That Hurt and Words That Heal*[1], pergunta aos ouvintes de suas palestras: "Quantos de vocês se consideram boas pessoas?". Praticamente todos levantam a mão. O rabino diz então que a maioria das pessoas se considera boa. Mas pergunte aos seus inimigos se você é uma boa pessoa e prepare-se para ouvir coisas desagradáveis a seu respeito.

O que o rabino Telushkin está ilustrando é que, assim como os outros podem ser venenosos para você, você pode ser venenoso para os outros. Talvez possua características que incomodem certos indivíduos. Não há nada de errado nisso, porque ninguém é perfeito. Você, como todo mundo, pode estar infernizando a vida dos outros sem o saber, apenas por ser do jeito que é.

As máximas "Ninguém pode agradar a todos o tempo todo", e "Nem todo mundo é obrigado a gostar de você" são verdadeiras. Conhecer essas máximas, e lembrar-se delas de vez em quando, pode facilitar a vida.

Primeiras impressões venenosas

Primeiras impressões afetam o modo como os outros se relacionam com você. As pessoas podem não gostar de

1 "Palavras Que Ferem e Palavras Que Curam." (N. da T.)

você por razões injustificáveis. Talvez por causa de quem é, ou porque lhe têm inveja. Talvez você as faça lembrar de alguém que elas não suportam Nesses casos, não há nada que possa ser feito para mudar a situação. Há coisas, porém, que estão a seu alcance, elementos que você pode mudar caso deseje que os outros o vejam de maneira mais positiva.

Esses elementos relacionam-se ao modo como se veste e cuida do seu corpo, ao jeito de falar, à maneira de trocar um aperto de mãos, à voz, às expressões faciais e à postura, ao tipo de vocabulário que você utiliza e até mesmo ao modo como você presta ou não atenção ao que os outros dizem durante uma conversa.

Cada um desses fatores pode fazer uma grande diferença na maneira como as pessoas vêem você, relacionam-se com você.

Lembra-se daqueles ou daquelas colegas de classe que todo mundo detestava na época em que estava na escola secundária? Geralmente a baixa popularidade desses colegas tinha pouquíssima coisa a ver com a personalidade deles, e tudo a ver com a aparência deles. Talvez os tais colegas se vestissem de modo estranho, com roupas velhas ou fora de moda. Talvez eles tivessem um odor corporal desagradável e fossem à escola com as unhas sujas e os cabelos malcuidados.

Não há nada que uma criança possa fazer a respeito dessas coisas, que são de responsabilidade dos pais. Infelizmente, alguns pais são mais responsáveis que outros.

Ivy Lynn, uma de minhas clientes, teve uma infância pobre. Ela morava num barraco e tinha apenas três vestidos e um par de sapatos. O pai abandonara a família, e a mãe alcoólatra vivia do dinheiro do seguro social. Ivy me contou que, em razão do modo como a mãe a mandava malarrumada para a escola de primeiro grau, as outras crianças a odiavam e a importunavam cruelmente.

Na época da escola secundária, Ivy arranjou um emprego cujo salário lhe permitia vestir-se melhor e cuidar melhor da própria aparência. Mas os colegas nunca esqueceram a má reputação anterior de Ivy. Ela nunca foi aceita, por mais que melhorasse de aparência e tivesse uma personalidade agradável. Assim que terminou o segundo grau, Ivy mudou de cidade para começar uma vida nova, longe da imagem venenosa que adquirira no passado.

Até quando somos crianças fazemos julgamentos superficiais sobre os outros. Decidimos se queremos ou não ser amigos de alguém nos baseando em sua aparência.

Quando nos tornamos adultos, continuamos a julgar as pessoas pela aparência, quer reconheçamos isso, quer não. Traços físicos e fatores externos podem fazer com que consideremos um indivíduo venenoso.

Pesquisas mostram que uma pessoa que tem boa aparência e fala bem é considerada mais atraente fisicamente, mais inteligente, mais bem-sucedida, mais energética, mais digna de receber atenção, mais sexualmente excitante e mais digna de confiança.

Os advogados sabem muito bem qual é o efeito causado por uma boa imagem num tribunal. É por isso que ensinam a seus clientes e testemunhas como devem vestir-se, como devem falar.

Uma pesquisa que eu mesma fiz mostrou que, mesmo que uma pessoa não seja fisicamente atraente, basta que ela fale bem para que os outros a considerem mais atraente e inteligente, para que os outros tenham vontade de estar perto dela.

O contrário também ocorre. Uma pessoa agradável pode apresentar-se de maneira tão ruim que os outros a consideram tóxica.

Com o auxílio do Inventário de Imagens Tóxicas você poderá identificar elementos potencialmente tóxicos.

Inventário de imagens tóxicas

O Inventário de Imagens Tóxicas foi preparado para ajudar você a identificar exatamente quais são as características que o fazem rotular uma pessoa como sendo venenosa. O Inventário também pode ser utilizado para uma autoanálise. Por exemplo, talvez nunca tenha pensado na mensagem que sua postura encurvada, de ombros caídos, passa para os outros. Talvez você nunca tenha prestado atenção em suas unhas — se estão roídas ou malcuidadas. Quer você goste disso ou não, tais elementos podem influenciar a opinião que as pessoas têm de você. O primeiro instinto pode ser perguntar: "E daí? Não ligo para a opinião que os outros têm de mim". E eu respondo: "É melhor você começar a se importar com a impressão que causa nas pessoas, caso queira ter alguma chance de sucesso no competitivo mercado de trabalho atual".

Ao utilizar o Inventário de Imagens Tóxicas, você poderá analisar cada um dos aspectos que formam a imagem pessoal de alguém. Você será capaz de determinar se você mesmo ou algum outro indivíduo está apresentando uma imagem tóxica em qualquer uma dessas dez áreas: vestuário, cabelo, unhas, pele, higiene, boca, linguagem corporal, expressões faciais, expressão vocal e habilidades comunicativas.

Para saber se você mesmo ou indivíduos que você conhece possuem algum desses elementos negativos, responda "sim" ou "não" às perguntas seguintes.

Vestuário tóxico

1. Eles vestem o tipo errado de traje social?
2. Eles vestem roupas inadequadas para trabalhar?
3. As roupas deles costumam estar sujas?

4. As roupas deles costumam estar amassadas ou malpassadas?
5. As roupas deles têm cheiro de suor ou de cigarro?
6. Eles costumam usar roupas de poliéster?
7. As roupas deles são velhas, fora de moda?
8. Eles usam roupas apertadas demais?
9. Eles usam roupas folgadas demais?
10. Eles usam roupas desconfortáveis?
11. Ela usa maquiagem demais?
12. O modo como ela se maquia está fora de moda?

Cabelos tóxicos

1. Eles usam penteado adequado para trabalhar?
2. Eles usam penteado adequado em ocasiões sociais?
3. Eles têm cabelos oleosos?
4. Os cabelos deles estão sempre sujos?
5. Eles têm cabelos muito secos, quebrados ou manchados?
6. Eles têm cabelos rebeldes, difíceis de arrumar?
7. Eles têm cabelos embaraçados, do tipo que raramente vê um pente ou uma escova?
8. Eles têm cabelos de outra cor que não seja loiro, castanho, preto, ruivo, grisalho ou branco?
9. Eles têm cabelos lisos ou crespos demais?
10. Eles usam perucas ou apliques que não se "encaixam" direito na cabeça?
11. Eles usam perucas ou apliques que não combinam com a cor ou com a textura dos cabelos naturais?
12. Eles usam perucas ou apliques facilmente notados pelas outras pessoas?

13. Eles têm bigode e/ou barba sujos, malcuidados?
14. Ele é do tipo que só faz a barba de três em três dias?
15. Ela tem buço escuro?
16. Ela tem pêlos no rosto ou no queixo?
17. Eles têm pêlos saindo do nariz?
18. Eles têm pêlos na parte superior do nariz?
19. Eles têm pêlos nas orelhas?
20. Eles têm sobrancelhas peludas, malcuidadas?

Unhas tóxicas

1. As unhas deles são sujas?
2. Eles têm unhas compridas demais?
3. Eles têm unhas roídas?
4. Ela deixa esmalte velho e lascado nas unhas?
5. Eles têm unhas descoradas?
6. Eles têm unhas malformadas?

Pele tóxica

1. Eles têm pústulas de aparência desagradável?
2. Eles têm marcas de varíola?
3. Eles têm pele escamosa, descascada ou seca demais?
4. Eles têm pele oleosa, brilhante?
5. Eles têm a pele avermelhada?
6. Eles têm a pele manchada?
7. Eles têm muitos cravos?
8. Eles têm muitas espinhas?
9. Eles têm pintas?

10. Eles têm um melanoma?
11. Eles têm verrugas?
12. Eles têm erupções cutâneas?
13. Eles têm a pele descorada?
14. Eles são pálidos demais?
15. Eles têm a pele muito enrugada?
16. Eles têm a pele amarelada?
17. Eles têm um tom de pele esverdeado?
18. Eles têm um tom de pele cinzento?

Higiene tóxica

1. Eles tomam banho com menos freqüência que uma vez por dia, no mínimo?
2. Eles cheiram mal?
3. Eles têm cheiro muito forte de suor nas axilas?
4. Eles têm cheiro ruim nas partes íntimas?
5. Eles têm mau hálito?
6. Eles usam perfume ou colônia em excesso?
7. Eles têm cera visível nos ouvidos?
8. Eles estão sempre com o rosto sujo?
9. Eles têm o pescoço sujo, com anéis escuros de sujeira nas dobras da pele?
10. Eles suam muito?

Boca tóxica

1. Eles têm feridas nos lábios?
2. Eles têm lábios secos, rachados, descascando?
3. Eles acumulam saliva nos cantos da boca enquanto falam?

4. Eles babam enquanto ouvem alguém falar, enquanto falam ou comem?
5. Eles têm os dentes sujos?
6. Eles têm dentes descorados ou manchados?
7. Eles têm dentes quebrados ou lascados?
8. Eles têm dentes tortos, malformados, encavalados?
9. Eles "cospem" enquanto falam?
10. Eles têm gengivas inchadas, vermelhas?
11. Eles têm os dentes da frente muito proeminentes?
12. Eles têm o maxilar inferior projetado para a frente?
13. Eles têm bochechas muito grandes?

Linguagem corporal tóxica

1. Eles ficam perto demais de você, a ponto de incomodá-lo?
2. Eles ficam longe demais?
3. Eles ficam olhando para os lados enquanto conversam?
4. Eles tocam com freqüência na pessoa com quem estão conversando?
5. Eles ficam tocando em si mesmos enquanto falam?
6. Eles têm postura relaxada?
7. Eles têm postura rígida, dura, como a de um robô?
8. Eles têm ombros curvos?
9. Eles ficam de cabeça baixa enquanto falam ou escutam alguém falar?
10. Eles agitam os braços enquanto falam?
11. Eles se retraem quando alguém os toca?
12. Eles têm as mãos suadas?
13. Eles apertam demais a mão das pessoas que cumprimentam?

14. Eles têm aperto de mão fraco, "mole"?
15. Eles têm aperto de mão muito demorado (mais de três segundos)?
16. Eles ficam balançando o corpo enquanto conversam de pé com alguém?
17. Eles ficam balançando o corpo enquanto conversam sentados com alguém?

Expressões faciais tóxicas

1. Eles ficam olhando para o lado enquanto conversam com alguém?
2. Eles ficam movendo os olhos enquanto conversam com alguém?
3. Eles estreitam os olhos, franzem a testa ou as sobrancelhas enquanto falam ou ouvem alguém falar?
4. Eles evitam olhar para a pessoa com quem estão conversando?
5. Eles medem uma pessoa de cima a baixo quando a encontram pela primeira vez?
6 Eles posicionam o queixo para a frente, assumindo uma expressão zangada?
7. A expressão usual deles é de tristeza?
8. Eles têm os lábios tensos?
9. Eles têm um sorriso tenso, forçado?
10. Eles têm um sorriso falso, tipo "máscara"?
11. Eles contraem o lábio superior ao sorrir, indicando que não estão verdadeiramente alegres ou satisfeitos?
12. Eles ficam com "olhar de peixe morto" quando estão ouvindo alguém falar?
13. Eles costumam ter uma expressão de tédio ou de aborrecimento no rosto?

14. Eles erguem as sobrancelhas e arregalam os olhos quando falam, dando a impressão de que estão na dúvida, ou com medo?
15. Eles encaram as pessoas?
16. Eles piscam demais?
17. Eles vivem com os olhos meio fechados?
18. A expressão facial normal deles é tensa?
19. Eles ficam de boca aberta quando estão ouvindo alguém falar?
20. A expressão facial normal deles é de irritação?
21. A expressão facial normal deles é de tristeza?
22. Eles ficam com os maxilares cerrados quando falam, ou falam por entre os dentes?

Expressão vocal venenosa

1. Eles têm voz excessivamente forte, trovejante?
2. Eles têm voz fraca, difícil de ouvir?
3. A voz deles diminui de volume no final das sentenças, tornando difícil entender o que eles falam?
4. Eles repetem com freqüência algo que já foi dito?
5. É comum eles responderem "não sei" quando alguém lhes pergunta algo?
6. Eles ficam quietos durante uma conversa, como se não soubessem o que dizer?
7. Eles parecem entediados e falam em tom monótono?
8. Eles provocam sono nas pessoas, ou aborrecem as pessoas quando contam alguma história?
9. Eles têm voz muito alta?
10. Eles têm voz estridente?

11. A voz deles soa trêmula, especialmente no final de uma frase?
12. Eles resmungam?
13. Eles riem alto demais?
14. Eles falam depressa demais?
15. A voz deles costuma ser rouca?
16. Eles usam palavras no contexto errado?
17. Eles cometem muitos erros gramaticais ao falar?
18. Eles falam aos trancos, intervaladamente?
19. Eles parecem sem fôlego quando conversam com alguém?
20. Eles respiram rápido demais quando falam com alguém?
21. Eles soltam todo o ar dos pulmões antes de começar a falar, fazendo com a que voz soe tensa?
22. Eles pigarreiam muito durante uma conversa?
23. Eles passam a língua sobre os lábios antes de começar a falar?
24. A voz deles soa áspera?
25. Eles falam "pelo nariz"?
26. Eles pronunciam errado as palavras?
27. Eles articulam errado alguns sons?
28. Eles falam rápido demais, a ponto de você precisar pedir que repitam o que disseram?
29. Eles falam devagar demais, a ponto de você esquecer qual era o assunto inicial da conversa?
30. Eles se repetem muito?
31. Eles costumam contar a mesma história diversas vezes?
32. Eles hesitam antes de pronunciar certas palavras?
33. Eles balbuciam ou gaguejam?
34. Eles falam sempre em tom de lamento?
35. Eles têm língua presa?

36. Eles usam muita gíria?
37. Eles abusam de expressões como "né", "entende", "então", "veja bem" e outras do tipo?
38. Eles têm algum sotaque que dificulta entender o que eles dizem?

Habilidades comunicativas venenosas

1. Eles gostam de fofocar sobre os outros?
2. Eles têm o costume de interromper ou fazer comentários negativos quando alguém está falando?
3. Eles têm mania de mandar nas pessoas?
4. Eles gritam com os outros?
5. Eles são cordiais com as pessoas, e depois falam mal delas pelas costas?
6. Eles gostam de discutir, de brigar?
7. Eles costumam bancar os "advogados do diabo", levantando objeções só para criar a discórdia?
8. Eles são do tipo que economiza elogios?
9. Eles têm o hábito de fazer falsos elogios?
10. Eles dizem coisas agradáveis às pessoas só para conseguir o que querem?
11. Quando zangados, eles se "seguram" até o limite e depois atacam verbalmente?
12. Eles contam piadas ou fazem brincadeiras, sem nunca levar nada a sério?
13. Eles gostam de zombar das pessoas?
14. Eles se gabam muito das coisas que têm ou fazem?
15. Eles costumam torcer a verdade?
16. Eles têm o hábito de inventar histórias?
17. Eles têm dificuldade para guardar segredos?

18. Eles são do tipo língua solta?
19. Eles têm dificuldade para ir direto ao assunto do qual desejam tratar?
20. Eles querem ser sempre o centro das atenções?
21. Eles são do tipo que vive pedindo informações aos outros, sem jamais revelar o que sabe?
22. Eles têm o hábito de querer dominar a conversa?
23. Eles mudam o rumo da conversa no meio do caminho?
24. Eles costumam ignorar uma pergunta e continuar falando sobre o que bem entendem?
25. Eles interrompem muito as pessoas?
26. Eles gostam de responder perguntas que não lhes foram dirigidas diretamente?
27. Eles acham que o que têm a dizer é sempre mais importante do que aquilo que os outros têm a dizer?
28. Eles têm dificuldade para aceitar opiniões diferentes das deles?
29. Quando alguém está triste ou sério, eles dão risada fora de hora?
30. Eles parecem ficar tensos ou nervosos quando são apresentados a alguém?
31. Eles parecem tolos ou estúpidos?
32. Eles costumam mencionar o nome de pessoas importantes para insinuar que são íntimos delas?
33. Eles costumam falar apenas de coisas negativas?
34. Eles reclamam muito de tudo?
35. Eles falam muitos palavrões, ou usam muitas expressões profanas?
36. Eles têm o hábito de falar de modo infantil, tentando parecer "engraçadinhos"?
37. Eles gostam de usar palavras difíceis só para impressionar os outros?

38. Eles têm problema em se concentrar no que querem dizer?
39. Eles falam demais?
40. Eles fazem perguntas demais?
41. Eles são do tipo xereta, que faz perguntas indiscretas?
42. Eles parecem ficar distraídos, pensando no que vão dizer, enquanto outra pessoa está falando?
43. Eles parecem desligar-se quando outras pessoas estão falando?
44. Eles usam muito a palavra "eu", falando demais sobre si mesmos?
45. Eles só gostam de conversar com gente que pode favorecê-los de algum modo?
46. Eles estão sempre fazendo propaganda de si mesmos e de suas atividades?
47. Eles gostam de bancar a "enciclopédia ambulante"?
48. Eles gostam de falar horas a fio sobre um assunto que só eles conhecem, preferindo monólogos a diálogos?
49. Eles têm o hábito de dizer coisas autodepreciativas?
50. Eles fazem muitos comentários sarcásticos sobre coisas e pessoas?
51. Eles parecem estar sempre zangados?
52. Conversar com eles é como tentar arrancar informações de alguém à força?
53. Eles gostam de contar histórias longas demais?
54. Eles têm dificuldade para dizer coisas agradáveis aos outros?
55. Eles parecem pouco à vontade ao cumprimentar alguém?
56. Eles dão risadinhas nervosas?
57. Eles são do tipo que freqüentemente perde a fala, fica sem saber o que dizer?

58. Eles gostam do som da própria voz?
59. Existem ocasiões nas quais o que eles dizem parece não fazer sentido?
60. Eles têm dificuldade para voltar atrás numa discussão, mesmo quando sabem que estão errados?
61. Eles têm dificuldade para pedir desculpas quando fazem algo de errado?
62. Eles costumam trocar os pés pelas mãos?
63. Eles erguem a voz ou começam a brigar à menor provocação?
64. Eles são bruscos com as pessoas e falta-lhes diplomacia quando têm de dizer algo negativo?
65. Eles ficam constrangidos quando recebem elogios?
66. Eles têm dificuldade em ouvir coisas agradáveis sobre si mesmos?
67. Eles costumam falar tudo o que lhes vem à cabeça, sem censura?
68. Eles gritam quando estão zangados?
69. A conversa deles costuma soar como uma provocação, ou como um flerte?
70. Eles acham difícil pedir ajuda?
71. Eles gostam de falar sobre assuntos que, conscientemente, afetam a sensibilidade de outros?
72. Eles têm dificuldade para comunicar-se com alguém que lhes pediu desculpas, como se ainda estivessem magoados ou zangados com esse alguém?
73. Eles costumam querer obrigar os outros a aceitar as suas opiniões?
74. Eles têm o hábito de se fechar feito ostras quando algo ou alguém os aborrece?
75. Eles esperam que os amigos mais íntimos adivinhem o que eles estão pensando ou sentindo?

76. Eles choram quando têm de enfrentar alguma situação difícil?
77. Quando alguém lhes faz uma pergunta, eles limitam-se a dizer "sim", "não" ou "tudo bem", em vez de elaborar uma resposta mais completa?
78. Eles tendem a monopolizar a conversa, sem permitir que os outros abram a boca?

Aplicando o inventário de imagens tóxicas

Conhecimento é poder. Caso você tenha respondido ao questionário pensando em si mesmo e não em outra(s) pessoa(s), saiba que é possível mudar os traços negativos de seu comportamento. Sendo assim, não caia em depressão! Cuidar com mais atenção de sua higiene pessoal ou de seu modo de se vestir, mudar a expressão vocal ou as habilidades comunicativas podem melhorar a imagem que você passa para os outros. Alguns desses fatores podem estar além de seu controle, mas conscientizar-se de problemas em potencial vai ajudá-lo a apresentar uma imagem mais positiva.

Para resumir, se você respondeu "sim" a qualquer das perguntas do Inventário, existem certos traços de comportamento que você deve mudar.

A consciência de estar fazendo algo de negativo pode ser o catalisador que vai estimulá-lo a mudar de atitude. Apenas prestando atenção no seu comportamento venenoso, você já terá mais facilidade para corrigi-lo. Se mesmo assim você tiver problemas para controlar tal comportamento, talvez seja aconselhável procurar o auxílio psicológico de um bom terapeuta. Peça a um parente, amigo ou médico de confiança que lhe indique um bom profissional.

Se você respondeu às perguntas do Inventário pensando em outras(s) pessoa(s) e conseguiu descobrir as razões pelas quais elas o incomodam, talvez o conhecimento do problema já seja suficiente para dissipar os sentimentos negativos, ajudando a evitar que você guarde sentimentos ruins.

Por outro lado, agora que é capaz de enxergar o problema com clareza, talvez você queira dizer à pessoa venenosa por que ela incomoda tanto você. No capítulo 11 você aprenderá técnicas específicas para fazer isso.

11

Revitalizando um relacionamento envenenado

- As pessoas podem mudar
- Conhecimento é poder
- Fazendo contato
  Por carta
  Por telefone
  Num confronto pessoal
  Aceitando qualquer reação
- Amar é saber pedir perdão por ser venenoso
- Compensando uma pessoa querida
- Reconstruindo um relacionamento venenoso
- Recomeçando
- Pedindo ajuda para a pessoa com a qual se foi venenoso
- Tomando cuidado com o que se diz
- Um tapinha nas costas está muito perto de um pontapé no traseiro
- Estabelecendo novas regras para um ex-relacionamento venenoso

Antes de decidir se quer ou não revitalizar um relacionamento envenenado, você deve fazer algumas perguntas a si mesmo:

1. Você está a fim de fazer mais uma tentativa?
2. Pode perdoar a pessoa que o magoou e/ou irritou, ou acha que a pessoa será capaz de perdoá-lo?
3. Sua vida ficará vazia ou será menos intensa sem essa pessoa por perto?
4. Você está disposto a dar o primeiro passo?
5. Quer mesmo esquecer os antigos rancores e recomeçar tudo?

Se você respondeu "sim" a todas estas perguntas, tem uma boa chance de renovar o relacionamento.

Este capítulo vai demonstrar como fazer isso de maneira eficiente, seja qual for a sua posição num relacionamento tóxico. Você pode sentir-se constrangido, mas aprenderá a sentir-se à vontade na hora de estender a mão.

As pessoas podem mudar

Já ouvimos inúmeras vezes a expressão "nunca diga nunca". Considerar uma pessoa venenosa hoje não significa que ela continuará sendo venenosa amanhã. Observe o que está ocorrendo ao seu redor: no mundo, inimigos estão se reconciliando e a paz tende a florescer. Atualmente, árabes e judeus sentam-se lado a lado, repartem o pão e negociam entre si na esperança da reconciliação. Líderes norte-americanos e russos encontram-se normalmente, caiu o muro que separava a Alemanha Oriental da Ocidental.

Qual de nós achou que iria ver essas coisas acontecerem? Se os muros políticos podem ser removidos, por que não as paredes que as pessoas venenosas constroem?

É verdade que as manchas dos leopardos jamais mudam. Mas os seres humanos não são leopardos.

Os seres humanos *podem e devem* mudar, principalmente se quiserem que isso ocorra e, mais importante, se atingirem um nível mais alto de consciência e de sabedoria. De fato, há certas pessoas que não querem mudar, mas muitas outras querem, e para melhor. O problema é que às vezes elas não sabem como mudar.

Há uma outra expressão: "A ignorância é uma bênção". Isso não é verdade. O *Conhecimento*, que podemos chamar também de sabedoria, de compreensão, é uma bênção, sim. Na verdade, conhecimento é poder, força. Só adquirindo conhecimento você consegue forças para mudar. Se quiserem, mesmo, até as pessoas mais tóxicas podem modificar o seu modo de viver — tornando-se menos venenosas para com os outros e para consigo mesmas.

Só quando você tem conhecimento adquire força para mudar. O principal motivo que leva alguém a odiar as pessoas "diferentes" é a ignorância. Isso fica bem evidente no preconceito que muita gente tem contra pessoas de nacionalidades diferentes da sua.

À medida que as pessoas se tornam mais instruídas e mais conscientes, compreendem que é ridículo e fútil detestar alguém por coisas que os seus ancestrais fizeram centenas de anos atrás. Talvez um dos exemplos mais contundentes de consciência despertada seja o modo como os luteranos renunciaram à perseguição aos judeus e ao judaísmo, apesar de continuarem honrando a maior parte dos princípios de Martinho Lutero, um dos reformadores da Igreja no século 16.

Foram necessários quatro séculos para chegar a esse ponto, mas de qualquer maneira o fato traz novas esperanças de preencher os abismos entre as religiões e os sistemas da fé.

O conhecimento a respeito de nossos companheiros humanos poderá, quem sabe, abolir os horríveis preconceitos que criamos contra pessoas que parecem diferentes de nós.

Conhecimento é poder

Saber como lidar com pessoas venenosas pode dissolver a animosidade que você sente em relação a elas e, o mais importante, mudar não só seu comportamento como também o procedimento delas em relação a você. As Dez Técnicas do capítulo 6 podem, definitivamente, ajudar você a sanear uma relação tóxica.

Uma de minhas clientes, Marissa, jamais se dera bem com o pai. Depois de aprender as técnicas, porém, ela o visitou num Dia de Ação de Graças e, pela primeira vez na vida, conseguiu manter uma conversa decente com ele. Utilizando as técnicas do Confronto Direto, do Escape-de-Tensão, do Questionamento Tranqüilo e do Dê-Amor-e-Seja-Gentil, Marissa ficou sabendo coisas a respeito do pai das quais jamais desconfiara e descobriu que, ao final das contas, ele era "um cara muito legal", como ela mesma disse. Tudo que Marissa lembrava dos tempos de infância e adolescência era que o pai era um "macho disciplinador"; agora, contudo, ela podia ver que ele se transformara em um homem compreensivo, liberal, aberto. Como Marissa aprendeu, comunicar-se com alguém utilizando algumas das técnicas pode fazer com que uma pessoa considerada venenosa seja vista sob nova luz.

O conhecimento — ou sabedoria, compreensão — é sem dúvida uma fonte de poder quando você tem novas opções e elementos para avaliar e modificar as situações com as quais se depara. Quando compreendemos os motivos ocultos das ações dos outros, ganhamos compaixão e adquirimos capacidade para perdoá-los.

Kelly era outra cliente minha que tinha um relacionamento tumultuado com o pai. Kelly sentia que a atitude agressiva do pai em relação a ela a havia prejudicado tremendamente. Quando estava para se casar, decidiu questionar o pai, pois queria resolver todos seus problemas em relação a ele antes de começar uma vida nova com o marido.

As conversas que Kelly conseguiu ter com o pai nessa ocasião revelaram que ele havia passado por muitos sofrimentos terríveis na época em que fora feito prisioneiro durante a guerra no Vietnã. Tais sofrimentos o haviam deixado psicologicamente perturbado. Incapaz de confiar em quem quer que fosse, o pai de Kelly tornara-se paranóico. Infelizmente, essa paranóia manifestava-se por meio de violentas explosões contra a filha.

Depois de ficar sabendo o que o pai sofrera, Kelly pôde finalmente entender as atitudes dele e dar uma nova chance ao relacionamento de ambos. Hoje os dois são muito ligados. Foi o pai quem conduziu e entregou Kelly ao noivo na igreja, numa emocionante cerimônia de casamento.

Você nunca vai saber por que uma pessoa é venenosa em relação a você, a não ser que faça perguntas a ela, que a confronte, que procure um canal de comunicação. Se fizer isso, vai se surpreender com o que pode descobrir. Você será capaz de ver um lado que jamais sonhou existir — e que o ajudará a livrar-se de anos de sofrimento íntimo, ao verificar que uma pessoa venenosa muitas vezes *pode e quer* mudar.

Vi exemplos incontáveis de pessoas cujo relacionamento estava estremecido e que voltaram a se unir porque quiseram *mesmo* se comunicar e tentar entender uma à outra. Procurar ver as coisas de um ponto de vista diferente do habitual torna as pessoas mais compassivas e tolerantes.

Quando conseguimos abrir a mente para entender uma pessoa que parece venenosa, acabaremos por abrir também as portas do nosso coração.

Quando crianças, Charles e Brad eram muito unidos. Charles era o irmão mais velho, o atleta machão, ao passo que Brad era sensível e frágil. Quando se tornaram adultos, Charles desconfiou que Brad talvez fosse *gay*, mas nada comentou. Embora Brad imitasse o irmão mais velho — servindo no exército, casando-se e tendo filhos —, não conseguia ignorar a própria homossexualidade. Quando, afinal, conseguiu assumir-se como era, a primeira pessoa com quem conversou a respeito foi Charles, que lhe deu um murro na boca, quebrando-lhe dois dentes da frente.

Os irmãos deixaram de ter contato. Charles passou a odiar Brad, recusando-se até a falar com ele. Certo dia, Charles viu na tevê um documentário sobre um casal *gay* que sofria de Aids e rompeu num choro descontrolado ao perceber, naquele momento, o quanto amava o irmão. Charles se deu conta de que, quando a vida de alguém se encontra em perigo, todos os preconceitos desaparecem. Telefonou na mesma hora para Brad. Os dois combinaram de se ver, e o reencontro foi comovente. Apesar das diferenças, os irmãos renovaram sua profunda e antiga amizade. Embora Charles não pudesse adotar o estilo de vida de Brad, reconheceu que o amava e passou a aceitá-lo como era.

Fazendo contato

Se você quer revigorar ou renovar uma relação que se tornou venenosa, pode tentar fazê-lo de várias maneiras. Entre em contato com a pessoa tóxica por meio de uma carta ou de um telefonema, ou procure-a pessoalmente. Seja qual for o meio escolhido, você não deve em absoluto *acusar* nem *ofender* a pessoa. A intenção não deve ser provar que ela está errada, mas sim expressar seus sentimentos com o propósito de compreender a atitude dela.

Por carta

Talvez o melhor meio para o primeiro contato seja uma carta. Também neste caso, tenha em mente que a sua intenção é abrir canais de comunicação, e não fechá-los — por isso, *não ataque*! Manobre de maneira a fazer com que o destinatário se sinta livre e seguro o bastante para fazer o movimento seguinte, que é responder à sua carta. Eis a carta que um cliente meu escreveu para o pai:

Querido pai,

Escrevo-lhe esta carta, que já deveria ter sido escrita há muito tempo, porque preciso resolver alguns assuntos que me perturbam desde que me conheço por gente. Tenho carregado comigo o peso de uma pesada bagagem emocional, e isso vem afetando seriamente a minha vida pessoal e profissional. Minha intenção, ao escrever-lhe, não é despertar uma sensação de culpa, nem determinar quem está certo ou quem está errado, mas sim compreender os motivos que existem por trás do seu modo de agir, para que eu possa continuar levando a vida em paz.

Você deve estar se perguntando por que ainda penso nessas coisas, apesar de já estar com 45 anos. Ocorre que descobri que muitos dos meus problemas estão ligados de modo direto ao meu relacionamento com você — inclusive o medo de falar em público, de gaguejar quando me encontro em situações tensas, de ser muito sensível ao que as pessoas podem pensar de mim, principalmente as mais velhas.

Toda criança quer e precisa do apoio e da admiração do pai.

Uma criança volta-se sempre para o pai e sente-se segura quando ele a ama e acredita nela. Quando eu era muito pequeno, achava você o melhor sujeito do mundo e temia que, por mais que me esforçasse, nunca fosse capaz de satisfazê-lo; jamais senti que tinha a sua aprovação, da qual tanto precisava, assim como não sentia que tinha seu amor. Eu sentia que você não se aproximava de mim emocionalmente. Não me encorajava, não dizia uma só palavra quando eu me saia bem nos esportes ou nos estudos. Jamais apareceu em uma festa da escola, o que me fez achar que não ligava para mim. Você sempre fez com que eu me sentisse nervoso, sobressaltado; quando me perguntava alguma coisa, seu tom de voz era tão agressivo que meu estômago se contraía. Uma vez você bateu em mim com um cinto porque eu não consegui responder a uma pergunta sua tão depressa quanto você queria. Sempre que eu tentava conversar com você, fazia pouco-caso de mim, xingando-me. Apesar de eu ter tentado escondê-las bem lá no fundo, essas lembranças ainda me atormentam. Não consigo esquecer o sofrimento e o medo que você me infligiu. Agora sei que naquela época o excesso de álcool foi o maior responsável por suas atitudes, mas preciso entender o que ocorreu na sua vida para levá-lo àquele tipo de comportamento. Às vezes percebo em mim um traço da pessoa que você era, e fico aterrorizado!

Você deve ter imaginado muitas vezes por que eu nunca o procurei. É porque jamais conseguimos chegar a uma *conclusão*. Apenas tentávamos esquecer. Mas agora não consigo mais fazer isso.

Portanto, arrisquei-me a escrever-lhe esta carta, mesmo que ela possa piorar a situação entre nós dois. Espero, *de verdade*, que isso não ocorra. *Preciso* compreendê-lo, do mesmo modo que preciso me compreender. Gostaria de que pudéssemos conversar logo a respeito disso e, com sorte, enterrar alguns dos nossos velhos demônios.

Eu preciso amá-lo e me dar bem com você.

Seu dedicado filho,
Terrance.

Como se pode perceber pela carta, Terrance não ataca o pai, nem demonstra desprezo por ele. Apenas fala sobre o sofrimento e a mágoa, e pergunta quais os motivos que levaram o pai a fazer o que fez, deixando uma porta aberta para um próximo contato.

A princípio, o pai de Terrance ficou tão chocado com a carta que nem sequer deu sinal de tê-la recebido. Só depois de alguns meses ele telefonou para o filho e disse, em tom humilde: "Recebi a sua carta".

Terrance permaneceu calmo e combinou um encontro com o pai. Durante o encontro, após revelações e lágrimas de ambos os lados, Terrance ficou sabendo por que o pai agira daquele modo. Os dois acabaram tornando-se bons companheiros, bons amigos.

Até o momento do reencontro, nenhum dos dois havia sonhado que isso poderia ocorrer.

Por telefone

Caso você pretenda entrar em contato com alguém por telefone, deve estar preparado para deparar-se com silêncio ou raiva do outro lado da linha. De qualquer modo, é imperativo que você não *reaja*, mas sim que aja, mantendo a calma. Use a técnica do Escape-de-Tensão para conseguir o maior controle possível sobre a sua voz. Com certeza sua calma vai tranqüilizar a pessoa venenosa, que vai ouvir então o que você tem a dizer.

Talvez você queira fazer uma lista dos pontos mais importantes que deseja discutir. Conserve as anotações diante dos olhos enquanto fala, assim poderá conduzir melhor os seus pensamentos e intenções.

É importante lembrar, mais uma vez: *não acuse, não agrida*. Em vez disso, permita que a outra pessoa fale também, expondo o que pensa. Deixe claro que você deu o primeiro passo para tentar alcançar um bom entendimento.

Num confronto pessoal

Às vezes, ver e ouvir uma pessoa pode ser um estímulo a seus sentimentos tóxicos. Talvez a expressão facial ou corporal da pessoa indique que ela não quer uma aproximação.

Não ligue para isso, pois tal reação pode ser apenas um sinal de autoproteção. Cabe a você dar o primeiro passo, portanto trate de agir. Se quiser modificar o clima e tornar a situação agradável, quebre o gelo com um sorriso, um aperto de mão e um caloroso abraço, nessa ordem.

O contato físico é muito poderoso, como os antropologistas descobriram. Um toque suave faz a outra pessoa compreender que você quer se aproximar e fazer as pazes.

Aceitando qualquer reação

Seja qual for o meio que você escolher para entrar em contato, prepare-se para enfrentar qualquer tipo reação. A pessoa contatada poderá ficar na defensiva, mostrando-se acusadora, hostil, incomunicável, mas também poderá mostrar-se aberta, arrependida, emocionada e também disposta a renovar o relacionamento.

Não importa qual seja o resultado, o fato de você ter dado o primeiro passo e tentado restabelecer um canal de comunicação é bastante significativo.

Você não pode responder pela reação dos outros, mas pode controlar as suas próprias ações. Se atuar de maneira franca e honesta, já terá dado o melhor de si — mais que isso é impossível. Mesmo que a sua tentativa de reconciliação não seja retribuída, sinta orgulho de si mesmo, pois é preciso ser uma grande pessoa, de mente e coração abertos, para dar o primeiro passo.

Amar é saber pedir perdão por ser venenoso

Assim como é preciso ser uma grande pessoa para dar o primeiro passo, é preciso ser uma grande pessoa — uma pessoa com poderosa força interior — para admitir que errou e realmente sentir-se arrependida.

A popular frase dos anos 70 que surgiu com o filme *Uma História de Amor* — "Amar é não ter jamais que pedir perdão" — está fora de moda. Hoje em dia amar é *decididamente* saber pedir desculpas.

Nem sei quantas vezes ouvi clientes meus declararem: "Se pelo menos ele (ou ela) pedisse desculpas, eu poderia prosseguir minha vida...".

Se você fez algo errado, deve reconhecer o erro, pedir desculpas e tentar emendar-se, não apenas pela outra pessoa, mas também por si mesmo, para lavar a alma.

Este é o único modo pelo qual poderá realmente mudar e perdoar-se por atitudes venenosas que teve no passado. Muitos programas de doze fases empregam a técnica de fazer correções para que a pessoa percorra o caminho da cura.

Um dos meus clientes, que teve um relacionamento tumultuado com a mãe alcoólatra, procurou-me em lágrimas para dividir comigo o dia mais feliz da sua vida, que havia sido o anterior. Ele entrara em confronto com a mãe, dizendo-lhe como havia sido horrível ser filho dela, vivendo em constante insegurança sem jamais saber que tipo de homem ela levaria para casa, sem saber se teria o que comer e até mesmo se teria casa, a cada dia que voltava da escola.

Com os olhos cheios de lágrimas a mãe o encarara diretamente e dissera: "John, eu estava muito confusa naquela época. Não tinha o direito de fazê-lo passar por aquele inferno, como fiz. Eu errei e me castiguei a cada dia de minha vida pelo modo como o tratei. Espero que você consiga encontrar em seu coração a força para me perdoar".

John perdoou a mãe, pois essas eram exatamente as palavras que sonhava ouvir dos lábios dela durante os últimos trinta anos. Ele foi capaz de restabelecer uma amizade profunda com a mãe, livrou o coração da angústia e encontrou a paz.

Compensando uma pessoa querida

Depois de dar o primeiro passo para informar alguém com quem você sabe que foi venenoso, trate de preparar-se para uma reação. A pessoa poderá perdoá-lo, recusar o pedido de desculpas, zangar-se ou ignorar você. A reação não é importante. O que importa é que você deu o primeiro passo, cresceu o bastante para tentar esclarecer a situação e corrigir-se.

Uma de minhas clientes, Connie, compreendeu que havia feito muito mal à filha com as grandes expectativas que depositara nela enquanto Sylvie crescia. Quando, aberta e emocionadamente, Connie pediu desculpas por sua atitude venenosa, a filha ficou tão feliz que a abraçou e desculpou-a. Durante toda a sua vida, Sylvie desejara ouvir da sua mãe a mesma coisa que John almejara ouvir da mãe dele: que ela sentia muito pelo que fizera e gostaria de ser perdoada. Só de ouvir Connie afirmar: "Admito que errei e estou muito orgulhosa do que você é hoje, filha", Sylvie sentiu que um grande peso era removido dos seus ombros. Hoje as duas são grandes amigas e têm um excelente relacionamento — porque conseguem comunicar-se. De vez em quando Connie "escorrega" e volta a adotar atitudes negativas, mas agora consegue perceber o que está fazendo e domina-se, pois não quer separar-se novamente da filha, de modo algum.

No entanto, tenho outra cliente, Gail, que era venenosa demais com um antigo namorado. Tinha ciúme e impulsos de vingança, e espalhava boatos maldosos a respeito dele na cidade inteira. Quando se tornou mais adulta e percebeu quanto agira mal, procurou-o e tentou desculpar-se. Não deu certo: ele a mandou para o inferno, acusando-a de ter arruinado a vida dele.

Foi doloroso, mas Gail teve de admitir que merecera ser maltratada. Ela estava disposta a pagar pelo peso que carregara no coração durante anos a fio.

Se você tenta corrigir os seus erros, isso revela muito sobre o tipo de pessoa que você é — uma pessoa corajosa, disposta a analisar-se com objetividade e a crescer com a experiência de eliminar atitudes venenosas.

Reconstruindo um relacionamento venenoso

Agora que vocês estão juntos de novo, o que você vai fazer? O que vai dizer?

É preciso compreender que reconstruir um relacionamento é coisa que não se faz da noite para o dia. Provavelmente, a relação levou muito tempo se deteriorando.

O processo de restauração vai exigir uma boa dose de paciência. As técnicas Escape-de-Tensão e Evite-o-Pensamento podem ser grandes salva-vidas nessa hora; elas vão manter você de pé e ajudá-lo a lidar com qualquer reação negativa da outra pessoa.

Vá devagar. No começo, dê telefonemas breves, de poucos minutos. Curtas conversas periódicas vão ajudar você a se reintroduzir na vida da outra pessoa. As conversas por telefone podem ir se prolongando gradualmente. O passo seguinte é almoçar juntos ou tomar um chá ou até mesmo um cafezinho. Tome cuidado para que o primeiro encontro não dure mais que uma hora.

Depois vocês poderão ter mais tempo, almoçando, jantando e quem sabe passando várias horas juntos numa noite.

É muito importante não ter pressa quando se quer reconstruir um relacionamento. Quanto mais tempo levar a reconstrução, maior a chance de cimentar direito a relação e torná-la duradoura.

Recomeçando

É impossível você recomeçar do ponto em que parou porque isso reativaria sua atitude negativa — o que afastaria de novo a outra pessoa. Em vez disso, é necessário estabelecer regras para uma nova maneira de se comunicar. Você precisa de um novo relacionamento no qual não agirá do modo como agiu antes, uma vez que é óbvio que alguma coisa deu errado. Sendo assim, *você* tem de mudar os padrões venenosos de sua atuação.

A primeira coisa a fazer é livrar-se da *culpa* ou de qualquer outro sentimento ruim que você abrigue no seu íntimo. Dizendo que sente muito pelo que fez, pedindo desculpas com sinceridade, você ficará com a alma leve. Pare de se punir! Isso é muito importante para que você comece uma vida nova, mental, física e emocionalmente limpa.

Caso se apanhe pensando de modo autodestrutivo nas coisas negativas que fez, use a técnica do Evite-o-Pensamento para evitar uma repetição do passado. Além do mais, procure sorrir bastante e ser mais animado.

Se sentir o impulso de criticar ou dizer algo negativo, respire fundo, prenda o ar e mentalize este grito mudo: *Evite o pensamento!* Enquanto faz isso, retraia um pouquinho a língua e mordisque-a de leve na ponta, para impedir-se de falar algo de que vai se arrepender mais tarde. Não é preciso morder a língua a ponto de fazê-la sangrar; basta aplicar força suficiente para impedi-la de mover-se e dizer qualquer coisa que possa romper um relacionamento ainda inseguro, frágil.

Pedindo ajuda para a pessoa com a qual se foi venenoso

Você pode ter tratado mal uma pessoa e não saber o que fazer, o que dizer ou como agir com ela.

Diga-lhe que está seguindo um programa de recuperação, que mudou de atitude e que descobriu como a vida é horrível sem a presença dela. Você pode até pedir ajuda a essa pessoa.

Para abrir um canal de comunicação, use argumentos do tipo: "Se eu disse ou fiz alguma coisa que a magoou, por favor fale tudo agora mesmo. Ajude-me a ter consciência das minhas próprias ações para que eu não aja mais desse jeito. E me prometa, *agora*, que não vamos continuar com raiva um do outro".

Se a pessoa concordar e explicar quando, como e quanto você a magoou, *não se defenda*. Deixe-a falar e desabafar toda a mágoa. Não abra a boca, não se mexa e *ouça!*

Em seguida, você deverá procurar o auxílio de um profissional. Mesmo que não exista nenhum problema mental ou emocional que contribua para as suas atitudes venenosas, um profissional poderá ensinar-lhe várias técnicas comportamentais ou psicológicas para modificar os padrões tóxicos de comportamento.

Tomando cuidado com o que se diz

Cuidado para não utilizar as venenosas palavras-gatilho sobre as quais falamos no capítulo 2. As ordens autoritárias, os "Você podia...", ou "Você devia..." precisam ser substituídos por sugestões tais como "Por que você não...", ou "Quem sabe daria certo se...", ou ainda "O que você acha de...".

Por exemplo, deve ser muito difícil para um pai que está reconstruindo seu relacionamento com um filho adulto não usar palavras-gatilho venenosas. Quando você perceber que essas palavras lhe estão subindo aos lábios, é do seu absoluto interesse usar a técnica do Evite-o-Pensamento e morder a língua.

Caso fique zangado, irritado ou impaciente diante da pessoa com quem foi venenoso, a técnica do Escape-de-Tensão vai ajudá-lo a ter controle sobre essas reações negativas. Também auxilia muito não levar para o lado pessoal, nem levar muito a sério, o que outra pessoa disser. Procure manter os pensamentos negativos afastados.

No decorrer da revitalização do relacionamento, você poderá descobrir por que foi tão venenoso com a outra pessoa e compreender que a relação entre vocês vai continuar sendo inevitavelmente tóxica. Nesse caso, afaste-se, para o bem de ambos.

Ser honesto consigo mesmo e aceitar o fato de que vocês são incompatíveis irá permitir-lhe usar a técnica do Desligamento para que haja uma separação com amor, em vez de ódio.

Um tapinha nas costas está muito perto de um pontapé no traseiro

Muitas vezes, quando uma pessoa venenosa irrita você, o problema não é apenas *dela*, é *seu* também. Talvez o seu baixo nível de tolerância para com essa pessoa o torne incapaz de lidar com ela. Então, por que não dá um jeitinho de lhe dizer algo positivo, em vez de dizer as coisas negativas que lhe sobem aos lábios?

Você pode não gostar do que a pessoa está fazendo, mas em vez de gritar ou inquirir, faça uma pergunta em tom calmo.

Procure lembrar-se das coisas boas que essa pessoa já fez, de fatos que o levem a gostar dela e a respeitá-la. Pratique, dizendo-lhe coisas agradáveis.

O tom da voz é muito importante no momento em que você procura se corrigir. Falar choramingando, falar compassadamente ou de modo impositivo jamais o levará ao resultado que quer alcançar. Em vez disso, trate de falar com fluência, num tom de voz natural, tranqüilo, que reflita uma imagem simpática, positiva. Caso precise de ajuda para conseguir falar dessa maneira, escreva-me (consulte a sessão de informações no final do livro) e eu lhe darei informações que ajudarão você a conseguir um melhor tom de voz.

Estabelecendo novas regras para um ex-relacionamento venenoso

Se você quer revitalizar um ex-relacionamento venenoso, tem de se submeter a novas regras. Não pode continuar agindo como antes. Há meios de comunicação que permitem a uma pessoa redimir-se e, ao mesmo tempo, preservar a dignidade e o respeito. As dez regras que se seguem são essenciais para estabelecer uma comunicação aberta em um ex-relacionamento venenoso.

Não culpe ninguém

Não importa quem foi culpado de quê. Deixe as acusações de lado e desculpe os erros cometidos, sejam eles quais forem. Afinal de contas, você está tentando revitalizar uma relação que se tornou venenosa. Não se culpe, nem culpe a outra pessoa.

Peça desculpas se o erro foi seu

Caso tenha havido alguma falta de comunicação ou um mal-entendido, é essencial que tudo fique esclarecido quanto antes. Para isso é preciso que seja feito — e também aceito — um pedido de desculpas o mais depressa possível. Esse é o único modo de estabelecer um meio de comunicação franco, aberto.

Não guarde nada — diga tudo

Um dos motivos que levam um relacionamento pessoal a tornar-se tóxico é nenhum dos dois parceiros revelar ao outro o que pensa e sente. As pessoas escondem o que pensam ou sentem porque não querem magoar o outro ou não querem "fazer onda". Se você pretende revitalizar um relacionamento envenenado, porém, jamais "engula" nem oculte nada. Diga tudo. Revele o que o perturba. Não se queixe nem acuse, mas esclareça como e quanto as atitudes da outra pessoa o afetam. Você pode dizer, por exemplo: "Quando você fala comigo desse jeito, magoa-me muito". Assim, sem ofender a pessoa, você demonstrará o que está sentindo. Colocar todas as cartas na mesa é indispensável para conseguir um relacionamento franco e aberto.

Não ataque

Você não deve atacar a outra pessoa verbalmente. Ponto final.

Não ameace

Jamais diga: "Se você não fizer isso, vou embora", ou "Se você me disser isso de novo, vou embora".

Quando você encosta uma pessoa na parede e a coloca na defensiva, o canal de comunicação jamais será estabelecido.

Não use golpes baixos

Atingir o ponto fraco de uma pessoa pode ser devastador. Revitalizar uma relação é procurar reconstruir, não castigar. Muitas pessoas cometem o erro de citar coisas que sabem que vão ferir o outro. Isso jamais deve ser incluído no processo de cura. Colocada na defensiva, qualquer pessoa resistirá a um esforço de reconciliação.

Não use sarcasmo, nem menosprezo

Nunca se deve usar de sarcasmo, nem humilhar a pessoa com quem se quer a reconciliação. É fácil perceber o sarcasmo no tom de voz. Se alguma coisa perturba você, declare-o abertamente. Não use subterfúgios. Não diga palavras ácidas para depois tentar suavizá-las com um desagradável "Eu só estava brincando!".

Fale com clareza, com honestidade.

Não relembre acontecimentos passados

Ao tentar revitalizar um relacionamento, muita gente desenterra acontecimentos do passado e insiste neles. Isso não resolve nada e estimula a animosidade. Não diga algo do tipo: "Foi exatamente isso que você fez há quatro anos. Foi por isso que não consegui continuar ao seu lado!". Diga, de preferência: "Sabe, esta situação me perturba muito. Eu preferiria que você não fizesse mais isso".

Não mencione que essa mesma situação já ocorreu no passado.

Cuidado com seu tom de voz

Não fale alto, não grite, não berre. Procure falar de maneira tranqüila e controlada. Se você demonstrar irritação, poderá encorajar a outra pessoa a se irritar também e com certeza o resultado será uma briga feia.

Seja compreensivo

Procure ver as coisas do ponto de vista da outra pessoa. Mesmo que seja difícil entender até onde ela quer chegar, ver o outro lado poderá abrir-lhe o coração e a mente. Lembre-se de que só se conhece bem uma pessoa depois que se comeu um quilo de sal junto com ela. Portanto, não se apresse a julgar.

12

Seguindo adiante com a vida

- Cuidando bem de você mesmo
- A fase da solidão
- Mimando o corpo
- Mimando a mente
- Mimando a alma
- Fazendo um inventário
- Saindo do casulo
- Renovando-se
- Tenha uma missão de vida
- Conheça novos e diferentes tipos de pessoas
- Comece a dizer coisas agradáveis a si mesmo
- Seja sincero consigo mesmo

Cuidando bem de você mesmo

Se todas as tentativas de reconciliação falharam ou se você chegou à conclusão de que renovar um ex-relacionamento venenoso seria uma espécie de autodestruição, é preciso entrar num processo de cura. Uma vez que se encontra emocionalmente vulnerável, faça tudo o que acha ser bom para você e trate-se com o respeito e com a dignidade que tanto merece.

Não ter sido bem tratado no passado não significa que você não pode ser bem tratado agora. Comece o processo de cura tratando-se bem — fazendo coisas boas, dizendo coisas boas para si mesmo e falando bem de si mesmo para os outros.

Se *você* não se tratar com respeito, ninguém mais o fará.

Caso eu fosse à sua casa e visse que você mora num chiqueiro, que há desordem e sujeira em sua sala de estar, o que me impediria de amarrotar papéis e jogá-los no chão, aumentando a imundície? Afinal, se você não respeita a própria casa, arrumando-a e mantendo-a limpa, por que outra pessoa o faria?

Ao contrário, se a casa for bem-arrumada e limpa, ninguém sonhará sequer em jogar lixo no chão. Esse conceito aplica-se também à alma e à aparência. Caso você se trate com falta de respeito e não se importe consigo, o que impedirá os outros de agirem do mesmo modo?

Se você tem sido venenoso para consigo mesmo, a primeira coisa que deve fazer é parar com isso. Pare de se autoflagelar! É muito fácil fazer isso quando se está zangado. Você só pensa em comer ou beber em excesso, tem uma enorme pena de si mesmo e o máximo que faz é ficar olhando para o próprio umbigo numa atitude do tipo: "Coitadinho de mim, não sou bom, ninguém gosta de mim, todo mundo me odeia, o azar me persegue". A autopiedade não leva a nada, serve apenas para reduzir a auto-estima a zero.

Sempre que se sentir arrasado, você tem de expulsar os pensamentos negativos. Para conseguir isso, use a técnica do Evite-o-Pensamento. Se quiser se empanturrar de bolo de chocolate, primeiro pergunte-se por que vai fazer isso. Se for por estar triste, sofrendo com a solidão, afogado em frustrações ou depressão, seja seu próprio melhor amigo e faça a si mesmo perguntas honestas como: "Estou comendo este bolo porque ele irá fazer com que eu me sinta imediatamente bem, livrando-me da profunda dor que sinto?", "Vou me sentir pior uma hora depois de tê-lo comido?" e "De que outro modo posso aliviar a minha mágoa?".

Há muitos livros que falam sobre sermos os melhores amigos de nós mesmos, e isso faz muito sentido. Se você não gosta de si mesmo, ninguém mais vai gostar.

A fase da solidão

Às vezes sentimos necessidade de ficar a sós. Desde que isso não ocorra o tempo todo, como se dava com Norma Desmond no filme *Crepúsculo dos Deuses*, essa necessidade é perfeitamente normal. Ficar de vez em quando fora do alcance de qualquer estímulo, de qualquer pessoa, é bom para a gente se recuperar.

Depois que o marido de uma de minhas clientes faleceu, ela quis ficar sozinha. Muitas de suas amigas e conhecidas se sentiram descartadas, mas ela precisava ficar sozinha para curar a dor da perda do marido. A mulher passou meses em isolamento, chorando. Quando, por fim, emergiu do casulo que tecera a seu redor, tornara-se uma pessoa mais forte, vibrante. Sentindo-se mal por ter repelido todas as pessoas que haviam tentado ajudá-la, escreveu-lhes adoráveis bilhetes explicando por que agira daquele modo, argumentando que ficar sozinha a ajudara a suportar a morte do marido.

Quando você está se recuperando do rompimento com uma pessoa venenosa ou do término de uma situação tóxica, procurar a solidão é uma das medidas mais eficientes para alcançar a cura, permitindo que você se refaça ao ficar longe de tudo e de todos.

Há momentos em que bastam algumas horas fechado no quarto para que você comece a se sentir melhor. Às vezes, você pode querer curtir os seus momentos de solidão na banheira, à luz de velas, renovando-se por meio da água, longe do mundo e de seus estímulos — telefonemas, o som alto do televisor, pessoas.

Mas também há fases em que você precisa de alguns *meses* de regeneração. Você pode até precisar de alguns *anos*. Às vezes viajar por alguns dias resolve a questão. Não precisa ser uma viagem cara. Há casos em que um passeio pelo parque ou uma ida à biblioteca produz o efeito desejado. O segredo é ficar a sós para dedicar-se aos seus próprios pensamentos e avaliar os próprios sentimentos de maneira a emergir dessa fase como uma pessoa mais forte e mais feliz.

Mimando o corpo

Muitos livros ensinam como mimar o corpo, porém o mais importante é tratar direito de si mesmo em todos os sentidos. Você *precisa* de exercícios. Pesquisas demonstraram que os níveis de endorfina no organismo elevam-se quando fazemos exercícios, proporcionando-nos maior disposição, e isso faz com que nos sintamos melhor fisicamente. Exercite-se, nem que seja apenas por dez ou vinte minutos por dia. Você vai se sentir mais bem-disposto e terá melhor aparência. Faça coisas que nunca fez até então: vá à manicura ou à pedicura, procure mimar-se um pouco e trilhe o caminho da recuperação.

Mimando a mente

Estimule a sua mente com coisas novas. Leia livros, revistas; procure se interessar por coisas às quais não deu atenção até o momento. Por exemplo, mesmo que você nunca se tenha interessado por esportes, ligue a tevê num jogo e obrigue-se a assistir a ele. Você pode se surpreender ao descobrir que gosta dele. Matricule-se num curso e aprenda algo novo. Converse com todo mundo e instrua-se com as pessoas. Fique aberto a novas idéias. Procure ver as coisas de um ponto de vista diferente.

Mimando a alma

Não vou, absolutamente, dizer-lhe qual religião adotar ou como aproximar-se de Deus. Mas vou dizer-lhe que, quando você tiver um senso de espiritualidade, de fazer parte do universo, com certeza irá sentir-se muito mais seguro.

O modo de conseguir isso, claro, só depende de você, mas é importante que você procure conforto na sua fé, seja ela qual for. A fé o conduzirá rumo ao melhor caminho no processo de cura. Se não souber como agir, ou se quiser encontrar uma outra dimensão, explore as várias opções à sua disposição em uma livraria espiritual ou religiosa.

Fazendo um inventário

Agora que você arranjou um pouco de tempo para dedicar a si mesmo, é importante fazer um inventário de sua situação mental, emocional, física e espiritual.

Talvez o melhor caminho para a compreensão do ponto em que você se encontra na vida seja fazer um Auto-Inventário. Numa folha grande de papel, do lado esquerdo, faça uma lista de cinco aspectos da sua vida: Vida social, Vida no trabalho, Vida profissional, Vida familiar, Aparência física. Ao longo da largura da página, no alto, abra três colunas intituladas: Situação atual, Situação ideal e Como chegar à situação ideal.

Na primeira coluna, diante de Vida social e sob Situação atual, escreva, com franqueza e honestidade, quem e quantos são os seus amigos, com que freqüência os vê. Analise os dados anotados.

Diante de Vida no trabalho, sempre na primeira coluna, anote o que ocorre no seu emprego. Você gosta do que faz? Está satisfeito com o seu salário? Você se dá bem com os colegas de trabalho? Diante de Vida profissional, faça uma avaliação do *status* atual da sua carreira. Você está conseguindo atingir os seus objetivos profissionais?

Em frente da quarta categoria, Vida familiar, escreva a respeito do relacionamento atual com as pessoas da sua intimidade: filhos, pais, marido ou esposa, namorado ou namorada.

Na última categoria, Aparência física, descreva-se da cabeça aos pés: registre seu peso e altura, conte como são as suas roupas, seu modo de andar, seu jeito de falar. É muito importante que você se analise abertamente, com objetividade.

Na segunda coluna, sob o título Situação ideal, solte a fantasia e imagine como gostaria de que fosse a sua vida social, a sua vida no trabalho, a sua vida profissional, a sua vida familiar, a sua aparência física. Faça de conta que existe uma fada-madrinha capaz de realizar todos os seus desejos, e coloque todos os seus desejos no papel.

Na terceira coluna, anote todos os passos que você precisaria dar para que os desejos da segunda coluna se tornassem realidade.

Por exemplo, suponhamos que você seja mulher e que na sua vida social atual tenha poucos amigos. Você se sente só, rejeitada e completamente vazia. Na idealização de uma vida social melhor, gostaria de encontrar o homem de seus sonhos, alguém que falasse amorosamente com você, que a tratasse com respeito, que a levasse a lugares interessantes, que lhe desse presentes e a fitasse com olhos transbordantes de amor.

Os passos para que esse sonho possa se tornar realidade são: fazer os amigos ficarem sabendo que você está disponível para um relacionamento amoroso; recorrer a uma agência matrimonial ou começar a freqüentar barzinhos para gente solteira; dar festas e pedir para as amigas convidar homens que elas conhecem; sair com mais freqüência, fazer algum curso, praticar esportes; pedir conselhos ao orientador espiritual; ser mais simpática e amigável para com as pessoas que venha a conhecer; ser mais acessível, tendo sempre um sorriso nos lábios, cumprimentando as pessoas com ar alegre.

Este Auto-Inventário provou ser uma técnica muito eficiente, e eu a partilhei com os leitores de um dos meus livros: *Say It Right: How to Talk in Any Social or Business Situation*[1]. Meus clientes mudaram literalmente a vida deles para melhor ao usar esta técnica.

Saindo do casulo

Agora que você já se recuperou, já se renovou, é hora de sair do casulo. Mas não o faça de repente. Na verdade, é melhor que saia dele aos poucos. Só o simples fato de abrir a porta já é muito importante no processo de cura. Às vezes é bastante difícil dar o primeiro passo. Quando sentir uma espécie de paralisia, de tolhimento, pense no comercial do tênis Nike que diz *"Just do it!"*[2].

Digo-lhe a mesma coisa: *"Just do it!"*. Mesmo que você sinta medo, faça coisas que jamais fez. Viajar sozinho, ir ao cinema sozinho e até mesmo sair à noite para jantar sozinho poderá dar-lhe um bocado de autoconfiança. Criar aventuras e fazer coisas completamente diferentes não apenas tornará a vida muito mais intensa como também impedirá que você mergulhe num lamentável poço de autopiedade.

Quando se arriscar, não tenha medo de ser ridicularizado, de parecer idiota ou desajeitado. Aceite o risco. O adágio "Quem não arrisca não petisca" é verdadeiro.

---

1 "Fale do Jeito Certo: Como Conversar em Situações Sociais ou Profissionais." (N. da T.)

2 "Apenas faça!" (N. da T.)

Conheço uma mulher que tinha uma boa posição profissional e que foi despedida por um chefe do tipo Tirano. Ao mandá-la embora, o Tirano disse que não lhe daria uma carta de recomendação e que iria providenciar para que ela não conseguisse outro emprego em seu campo de trabalho. Disse também que ela nunca conseguiria subir na vida sem ajuda, que precisaria dele e que voltaria rastejando para pedir o antigo emprego de volta. Infelizmente, o Tirano cumpriu a ameaça e a mulher não conseguiu arranjar outro trabalho em sua área. Mas, recusando-se a considerar-se vencida, ela voltou-se para outras possibilidades e aprendeu grafologia. Tornou-se muito boa no assunto e começou a surpreender os amigos, falando a respeito da personalidade deles com base na análise dos traços da escrita de cada um. Pouco depois, a mulher passou a ser chamada para uma infinidade de festas, com o objetivo de entreter os convidados. Em seguida, abriu um estande de análise grafológica em uma feira de artesanato ao ar livre nos fins de semana. O *hobby* da mulher acabou se transformando em profissão, e atualmente ela trabalha para várias empresas importantes; tem como cliente até o Departamento de Polícia, para o qual faz análises que ajudam no desenrolar de determinadas investigações. Colabora também com agências particulares de investigação e tem falado sobre grafologia na televisão.

Enfim, a mulher provou que se pode escapar de uma situação venenosa. Transformando completamente sua vida e recusando-se a submeter-se ao domínio de um chefe tóxico, acabou conseguindo uma posição importante e ganhando mais dinheiro do que esperava. Arriscou-se para não se deixar destruir, e foi bem-sucedida.

Renovando-se

Chegou a hora de você fazer tudo o que sempre sonhou para mudar sua imagem. Corte o cabelo ou deixe a barba ou o bigode crescer, caso seja homem... Você deve e pode fazer coisas completamente diferentes. Fazer algo diferente indica que emergiu do período em que se relacionava com pessoas venenosas. Além disso, uma mudança no aspecto físico pode elevar o ânimo.

Bonnie, uma de minhas clientes, rompeu com Mark apesar de amá-lo, pois o namorado era muito venenoso e lhe fazia mal. Mark vivia remoendo tudo o que Bonnie dizia, tinha ou fazia de errado, baixando o "astral" dela e impedindo-a de sentir-se completamente feliz ao lado dele. No fim, Bonnie teve o bom senso de romper o relacionamento venenoso que a prejudicava. Encerrou, também, a fase de desleixo. Pegou todo o dinheiro que havia economizado até então e gastou-o com cirurgias plásticas: tirou as ruguinhas do rosto, fez lipoaspiração, mudou o nariz, aumentou os seios, afinou os quadris e diminuiu a barriga. Descoloriu os cabelos, colocou lentes de contato azuis, matriculou-se numa academia de ginástica e perdeu nove quilos, ficando com o corpo ótimo. Procurou um ortodontista para acertar os dentes e colocou longas unhas de acrílico nos dedos das mãos. Gastou 240 dólares numa roupa assinada por Thierry Mugler, e quando vestia a tal roupa ficava com jeito de quem tinha um milhão de dólares depositado na conta bancária. Desde então, Bonnie jamais se sentiu tão bem consigo mesma e com o mundo.

Tenha uma missão de vida

O primeiro passo para tornar-se uma pessoa melhor é encontrar algo que dê um significado à sua existência. Há uma porção de coisas que você pode fazer. Por exemplo, comece procurando conforto em sua religião ou fazendo algumas das coisas das quais gosta e que lhe proporcionam bem-estar. Por que não considerar que a vida tem um significado importante? Talvez o motivo para você estar aqui na Terra seja oferecer bondade aos outros, tornar o nosso mundo melhor ou fazer algo muito importante para alguém. Descubra qual é a sua missão e comprometa-se com ela. Você verá que ocupa um lugar exclusivo no mundo e vai perceber a importância de outros aspectos da sua vida.

Quando Matilda — uma de minhas clientes — fez isso, tornou-se consciente de que a coisa mais importante no mundo para ela eram as crianças. Voltou a estudar, formou-se professora e tornou-se uma educadora muito especial. Adora ensinar, apesar da dedicação extrema que a profissão exige, e acredita que é essa a sua missão de vida.

Quando você se sentir infeliz e começar a mergulhar num poço de autopiedade, preocupando-se com o que há de errado na sua vida, erga a cabeça e olhe ao redor. Com certeza verá alguém muito mais infeliz do que você.

Conhece aquela historinha do homem que se lamentava por não ter sapatos e, quando olhou ao redor, viu um homem que não tinha pés? De vez em quando temos de pensar em como somos abençoados. Tive muitos clientes que foram vítimas de abusos, que estavam transtornados por causa de pessoas ou empregos tóxicos. Odiavam a família venenosa; odiavam os parentes, odiavam a esposa ou o marido, achavam a vida péssima, acreditavam que ninguém poderia ajudá-los, sentiam-se completamente perdidos. Eram pessoas do tipo "Sim, mas...". Elas não tinham a menor esperança de alcançar a felicidade. No entanto, convencidas a olhar ao redor, a vida delas assumiu um aspecto muito diferente, com um novo significado.

Faça alguma coisa, e faça-o você mesmo! Esse é o verdadeiro significado de se dar. Faça o Natal se realizar todos os dias, em vez de fazer caridade e ser bondoso para com os demais apenas uma vez por ano.

Vá a um hospital e dedique parte do seu tempo a uma criança viciada em crack. Ofereça conforto a uma pessoa que esteja morrendo de Aids ou vá ao Instituto Braille e leia para os cegos. Adote um gato ou cachorro abandonado e recolhido pela Sociedade Protetora dos Animais. Não se limite a enviar dinheiro para instituições de caridade no fim do ano só para conseguir um desconto maior no imposto de renda. Dedicar-se aos outros sem segundas intenções fará com que você se sinta muito melhor a respeito de si mesmo. Quando fazemos coisas boas para os outros, essas coisas boas voltam triplicadas para nós.

Tive uma cliente que era atriz e estava desempregada. Ela só sabia pensar e falar no emprego que tinha perdido, no emprego que ia procurar, no emprego que não conseguira arranjar. Obcecada por si mesma, não percebia que as pessoas à sua volta também viviam e tinham problemas. Encorajei-a a ir trabalhar como voluntária no Instituto Braille. Ela passou a ir lá com regularidade e passava horas lendo para os cegos adultos. No fim, acabou se interessando também por ajudar a cuidar de crianças cegas, o que enriqueceu muito a vida dela. Dar conforto aos cegos transformou a minha cliente de um modo incrível; ela deixou de pensar apenas em si mesma. Hoje em dia, além de falar sobre a sua profissão, ela tem outro assunto interessante para discutir: o trabalho com os cegos. As pessoas ficam impressionadas com seu "alto-astral", e ela nunca teve tantas ofertas de trabalho como agora.

Conheça novos e diferentes tipos de pessoas

Você precisa arranjar tempo para dedicar-se aos outros. Uma das frases daquela velha canção de Barbra Streisand é verdadeira: "Gente que precisa de gente é a mais feliz do mundo"[1].

Mas como conhecer novas pessoas? Pode-se encontrá-las em toda parte — no supermercado, andando na rua, num

1 No original, "People who need people are the luckiest people in the world". (N da T.)

posto de gasolina... Tudo o que você tem a fazer é sorrir. Saia de dentro de si, demonstre receptividade e diga "Olá!". Pode ser que algumas vezes não retribuam o seu cumprimento. Às vezes as pessoas não têm tempo ou, falando francamente, não estão a fim de conhecer você. Talvez sejam tímidas. Seja o que for, não importa. Continue sorrindo e dizendo "Olá". Com certeza muita gente vai corresponder.

Também é preciso que demonstre receptividade. Se for necessário, saia do rumo para dar o primeiro passo, para fazer o primeiro movimento. Não espere até que alguém o faça. Muita gente comete o erro de ficar esperando que os outros tomem a iniciativa, e quando isso não ocorre acabam sentindo-se pior do que antes.

Comece a dizer coisas agradáveis a si mesmo

Para curar a dor causada por um relacionamento tóxico, você precisa dizer as coisas certas para si mesmo. "Oh, como sou idiota!", ou "Oh, estou horrível!" perpetuam uma autoimagem pobre que pode ter sido projetada em você por uma pessoa venenosa. Se continuar repetindo essas afirmativas venenosas, você acabará por encará-las como verdadeiras. Toda vez que tiver o impulso de dizer coisas desagradáveis sobre si mesmo, use a técnica do Evite-o-Pensamento e substitua o comentário negativo por um comentário positivo. Vigie e censure os pensamentos ruins que tem a seu próprio respeito e as más palavras que diz a si mesmo.

Dizer e pensar coisas más a seu próprio respeito só pode despertar nos outros reações contrárias à sua pessoa. O contrário também é verdadeiro: se você disser coisas positivas e boas, os outros terão uma visão mais positiva de você. Falar e pensar bem de si mesmo é o mais valioso presente que você pode oferecer-se.

Certa vez tive um cliente admirável, um rico negociante do Texas, que queria tornar-se um brilhante orador. Ele contou-me que todas as manhãs, assim que acordava, olhava-se ao espelho e dizia em tom entusiasmado e positivo: "Bom dia, Wayne. Que bom ver você! Vamos ter um dia excelente, uma porção de coisas boas vai ocorrer conosco. Vamos nos divertir, ganhar muito dinheiro e arranjar um montão de amigos!".

Essa incansável, estimulante e diária conversa matinal com o espelho ajudou Wayne a tornar-se multimilionário, uma vez que ele não permitia que palavras, pessoas ou pensamentos venenosos se intrometessem na sua vida. E como Wayne jamais dizia coisas desagradáveis *aos* outros ou *sobre* os outros, nunca dava a ninguém a chance de dizer coisas ruins a ele ou sobre ele.

Wayne é um grande exemplo do poder que as palavras têm. Se você tratar bem a si mesmo e se disser apenas coisas boas, as demais pessoas imitarão o seu modo de agir e o tratarão com o mesmo respeito que você se dedica.

Seja sincero consigo mesmo

Aposto que uma porção de vezes você já se sentiu desprezível por não ter sido sincero consigo mesmo.

Lembre-se, por exemplo, das festas de final de ano, quando você se vê obrigado a confraternizar com uma porção de gente venenosa que não suporta.

Bem, por que isso ocorre? Você não tem obrigação de ir a essas festas, de permanecer nelas. Por que submeter-se a uma noite de insatisfação e tortura? "É uma obrigação familiar", você argumenta, "sempre faço isso, sempre vou a essas festas." E eu respondo: "Você sempre sai dessas festas enojado, com uma dor de cabeça terrível provocada pela contrariedade e pelo esforço de aparentar calma. Acaba comendo e bebendo demais devido à frustração. Sente-se horrível diante de si mesmo, depois de ter estado com essa gente venenosa".

Caso você não consiga usar nenhuma das técnicas apresentadas nos capítulos anteriores deste livro, resta-lhe ser sincero consigo mesmo, respeitar a própria vontade e ficar em casa. Não seja hipócrita. Não se submeta à vontade alheia por sentir culpa ou obrigação. *Você não deve mais agir como uma vítima!* Em primeiro lugar, seja fiel a você mesmo.

Essas considerações estendem-se para além das obrigações familiares. Seja verdadeiro consigo mesmo e *nunca* se envolva com as pessoas pensando *apenas no que elas podem fazer por você.*

Você acabará por descobrir que as pessoas mais venenosas são aquelas com quem você se relaciona apenas pelo que elas podem fazer por sua carreira, por sua vida social ou pessoal. Faça um exame de consciência e verifique se não está insistindo em permanecer com o atual namorado ou com a atual namorada porque pensa: *Não vou arranjar coisa melhor* ou *Antes em má companhia que viver sem ninguém.* Será que você não anda bajulando um chefe venenoso porque pensa: *Se eu não fizer isso, ele me mandará embora* ou *Se eu lhe agradar, ele começará a gostar de mim e me dará uma promoção?*

Nada disso pode fazer bem a seus sentimentos, porque o chefe pode mandar você embora de qualquer jeito, o namorado ou a namorada pode causar-lhe sérios desgostos — e é melhor ficar sozinho que com alguém que a gente não respeita. As pessoas não são idiotas; elas percebem a verdade por um simples tom de voz, por meio de sinais da linguagem corporal. As pessoas sabem se você gosta delas ou não. Sendo assim, é uma enorme perda de tempo e de energia bancar o fingido, o hipócrita.

Um de meus clientes não suportava uma certa mulher de negócios. Mesmo assim seduziu-a, achando que se a levasse para a cama iria conseguir bons contatos profissionais por meio dela. Nem é preciso dizer que a mulher jamais indicou a ninguém os serviços desse cliente.

As melhores sociedades de negócios envolvem pessoas que realmente gostam umas das outras e se respeitam. Portanto, aceite ser sócio apenas de alguém que você compreende, respeita e admira. Caso você se associe a alguém pensando apenas nas vantagens que esse alguém pode lhe oferecer, com certeza muitas portas lhe serão abertas. Mas essas mesmas portas serão rapidamente fechadas assim que o seu sócio perceber o motivo pelo qual você se ligou a ele.

As pessoas não são degraus de uma escada que a gente usa para subir na vida e depois esquece.

Ao contrário, as pessoas existem para ser valorizadas, queridas, tratadas com respeito e dignidade. Ser amável com uma pessoa na frente dela e, depois, falar mal dela pelas costas é uma atitude que mais cedo ou mais tarde acabará por ferir você mesmo.

Quando quer viver uma vida sem veneno, um indivíduo precisa ser sincero consigo mesmo, em tudo o que diz e faz.

13

Sejamos Vencedores!

Vivemos em um mundo no qual as pessoas têm um medo mortal umas das outras, e com razão.

O mundo mudou e *não* foi para melhor. Há alguns anos podíamos deixar as portas de nossas casas abertas, pois as pessoas eram confiáveis. Naquele tempo, ninguém era punido por ajudar os outros: não havia motivo para preocupar-se com processos legais. Se uma pessoa caía na calçada ou era atropelada, podia-se socorrê-la.

Hoje em dia temos medo de dizer qualquer coisa que ofenda ou prejudique, sem querermos, uma pessoa; temos medo de auxiliar alguém em dificuldades, por temor de que o pesado e longo braço da lei nos atinja e esmague.

Nos nossos dias levamos a cólera ao limite máximo. Nada é sagrado, nada é proibido. Pode-se ver e ouvir de tudo: estupradores, travestis, mães que assassinam os filhos e até mesmo masturbadores crônicos nos *talk shows* transmitidos pela tevê e pelo rádio. Assistindo ao constante desfile de vítimas que passam pelo vídeo do nosso aparelho de tevê, acabamos nos tornando imunes à violência do choque que elas podem causar. Cada um conta a sua história lacrimosa, tentando parecer mais desgraçado do que os outros. Muitos de nós já começamos a nos sentir vítimas sem esperança, cheias de ódio e ira. Todo mundo fala, no entanto ninguém ouve.

Vamos parar de ser vítimas.

Vamos parar de odiar uns aos outros.

Vamos parar de odiar a nós mesmos.

Vamos parar de matar uns aos outros.

Vamos parar de dizer tantas coisas venenosas uns para os outros, a ponto de essas coisas acabarem deixando de ter significado.

Com este livro, enfatizei que *conhecimento é poder*! Só se tivermos consciência — ou seja, conhecimento do que *ocorre*, do que devemos fazer e de que *resultados* alcançaremos — poderemos transformar nossa vida para melhor.

Alguma coisa *precisa* mudar, e mudar *imediatamente*. Precisamos não apenas incluir mais amor na vida, senão também aprender a lidar com as forças venenosas que nos prejudicam.

Ninguém está imune à ação de pessoas venenosas. Os indivíduos mais ricos, mais famosos e de maior sucesso também têm de lidar com elas.

Disseram à megaestrela Madonna que ela não tinha talento e que jamais conseguiria subir na vida. É desnecessário dizer que Madonna provou que as previsões pessimistas a seu respeito estavam erradas tornando-se uma das artistas mais ricas do mundo.

Disseram a Lauren Hutton que ela não podia ser modelo porque tinha nariz feio e dentes imperfeitos. Ignorando as observações venenosas, Lauren tornou-se uma das mais prestigiadas modelos do mundo.

Um famoso diretor declarou que Oprah Winfrey[1] não tinha talento nem boa aparência. Oprah provou que o diretor estava errado.

Sylvester Stallone não conseguiu nada em Hollywood por um bom tempo. Agora é um dos poucos atores de cinema que trabalham o tempo todo.

Melanie Griffith procurou-me ao ser recusada como atriz por ter a voz aguda demais. Disseram-lhe que jamais con-

---

1 Apresentadora negra de um célebre *talk show* televisivo norte-americano. (N. da T.)

seguiria bons papéis no cinema por "falar como uma menininha". Tempos depois ela foi indicada para ganhar um Oscar, com voz de menininha e tudo.

Do mesmo modo, Dustin Hoffman, ganhador de um Oscar por sua participação no filme *Rain Man*, fala a quem quiser ouvir sobre a venenosa experiência que teve com a família quando comunicou que queria ser ator. Um parente lhe disse que ele não era bonito o bastante para fazer sucesso. Essa era também a opinião de vários diretores de elenco. Apesar de sua aparência e de sua pequena estatura, não há dúvida de que Dustin Hoffman se encontra entre os maiores e melhores atores de cinema do mundo.

Todas essas pessoas vitoriosas e muitas outras foram alvo de alfinetadas e flechadas verbais de pessoas venenosas, mas continuaram a caminhada para o sucesso assim mesmo.

Elas se recusaram a ser *vítimas*! Recusaram-se a deixar que o veneno dos outros as imobilizasse. Recusaram-se a permitir que a mágoa e o ódio as consumissem. Essas pessoas, como tantas outras que se tornaram vencedoras, lutaram contra os indivíduos que tentaram infernizar a vida delas. Devemos buscar inspiração não no desfile de vítimas sem esperança que vemos todos os dias na tevê, mas sim nas pessoas que podem nos inspirar coisas boas. Temos de erguer a cabeça e dizer: "Eu *me recuso* a continuar sendo uma vítima!".

Este livro oferece os instrumentos para lutarmos com eficiência, para nos tornarmos também vencedores — rodeados por vencedores.

Pare de olhar para as vítimas e comece a observar a vida dos *vencedores*, das pessoas que podem inspirar-lhe entusiasmo para reagir. Em vez de ficar apreciando dor e sofrimento, aprecie dor e *cura*.

Veja o que ocorreu no estado da Califórnia durante os incêndios e terremotos em Malibu. Muita gente se desviou de seu caminho para ajudar pessoas que nunca tinha visto antes. Veja quanta gente estendeu a mão para ajudar as vítimas desconhecidas do flagelo representado pelo furacão que passou por Miami. Veja quantas pessoas caridosas e sensíveis ajudaram os atingidos pelas terríveis enchentes no Meio-Oeste norte-americano. Pessoas desconhecidas enviaram comida e agasalhos para os desabrigados, enquanto outras ajudavam os donos das casas ameaçadas pela água na colocação de sacos de areia ao redor delas.

Comunidades inteiras unem suas forças quando uma criança desaparece ou é seqüestrada. Estranhos oferecem seu sangue para salvar a vida de pessoas que jamais viram e jamais verão. Há *boas* histórias nos noticiários sobre gente boa, mas, infelizmente, temos tendência a prestar mais atenção em histórias dramáticas, sensacionalistas, e em pessoas más, venenosas.

A imprensa e os noticiários em geral deveriam focalizar mais as pessoas que praticam atos de bondade e de solidariedade para inspirar todo mundo a fazer o mesmo. Quando nos dedicamos aos outros sem esperar retorno, sentimo-nos muito melhores diante de nós mesmos.

O ser humano pode ser bom — como um veterinário que cuida de animais sem dono, sem receber nenhum pagamento por isso. A exemplo de alguém que vai a hospitais todos os dias para levar presentes para crianças com câncer. Os que cuidam diariamente das crianças doentes dizem a elas que o presente foi levado por um "anjo especial" — um "anjo" que até hoje prefere continuar anônimo. Graças a ele, crianças que estão morrendo conseguem sorrir a cada dia que lhe resta de vida e ter um motivo para seguir adiante.

Em todos os bairros, cidades e países há gente bondosa, dedicada, e é impossível que as ações delas passem despercebidas.

Certa manhã, quando fui comprar *muffins*[1] na confeitaria Muffin Oven, em Beverly Hills, vi um mendigo, um sem-

---

1 *Muffins*: espécie de bolinho inglês, de farinha de trigo ou de milho, que se come quente, com manteiga. (N. da T.)

teto. Meu primeiro impulso foi comprar alguns *muffins* para ele, mas os dois simpáticos europeus donos da confeitaria me disseram: "Não precisa fazer isso, nós damos a ele café e *muffins* todas as manhãs". Fiquei com a voz embargada pela emoção que senti diante da bondade deles para com um necessitado.

Existe gente bondosa, como o homem que ia uma vez por semana fazer espetáculos de mágica num orfanato e visitar os residentes de um asilo para idosos — mandando flores no dia do aniversário de cada um dos velhinhos — apenas para que as crianças e os idosos soubessem que havia alguém no mundo que ligava para eles.

Esses devem ser os nossos heróis, os nossos exemplos, e não um cantor drogado, um atleta promíscuo que bate na mulher ou um ator viciado em heroína.

Todos devemos ser heróis dos outros, fazendo o bem e tratando as pessoas com o respeito e a dignidade que todos nós merecemos.

É a atitude desses heróis que representa o que é a América, que representa o Sonho Americano: com muito trabalho, compaixão e ajuda aos semelhantes você pode sobreviver. Essa foi a filosofia dos nossos antepassados, que chegaram aos Estados Unidos dispostos a sobreviver, tendo por base uma filosofia que consistia em ajudar-se mutuamente.

Se continuarmos essa grande tradição dos nossos ancestrais, *podemos* e *vamos* sobreviver. Afinal de contas, é nisso que nosso grande país se baseia.

Você não precisa se tornar uma vítima

Agora você tem escolha, tem opções, e nunca mais precisará sentir-se sem esperanças, com a certeza de que só lhe resta encolher-se e morrer. Você pode não se deixar destruir por pessoas venenosas.

O filósofo Nietzsche disse certa vez: "O que não nos destrói nos torna mais fortes".

Ele estava coberto de razão! Quando conseguimos lidar com as pessoas que têm a capacidade de fazer com que nos sintamos miseráveis, nós nos fortalecemos e adquirimos mais segurança. Nossa autoconfiança aumenta e atua sobre a nossa vida profissional e social, tornando nossa jornada mais rica, profunda e aventureira, preenchendo-a de coisas boas, positivas e excitantes.

Talvez esse ponto de vista seja muito bem ilustrado pela seguinte história, bastante antiga:

> Certo dia, um professor perguntou aos alunos se algum deles podia dizer em que momento a noite terminava e o dia começava. Um estudante respondeu:
>
> — É quando a gente vê um animal a distancia e pode dizer se é um cão ou um gato.
>
> — Não — contrapôs o professor.
>
> Outro aluno disse:
>
> — É quando a gente olha uma árvore a distancia e pode dizer se é uma macieira ou uma figueira.
>
> — Não — repetiu o professor.
>
> — Bem, então quando é que a noite acaba e começa o dia? — quiseram saber os alunos.
>
> O sábio e velho professor esclareceu:
>
> — É quando a gente olha o rosto de um homem ou de uma mulher e vê que é nosso irmão ou nossa irmã. Enquanto não se puder perceber isso, continua sendo noite!

Embora continue sendo noite para muita gente, talvez chegue o dia em que possamos ver e abraçar todos os homens, mulheres e crianças, não importa quem sejam eles, qual a cor da sua pele ou qual a sua fé. Talvez a orientação contida neste livro ajude algumas pessoas a, finalmente, enxergar a luz!

Aqueles dentre nós capazes de aprender quando a noite termina e o dia começa poderão enxergar cada homem como seu irmão, cada mulher como sua irmã — eles compreenderão que somos todos iguais, sem nenhuma diferença! Não importa a cor da pele, a aparência, a roupa... Cada um é exatamente igual a nós. *Todos* queremos a mesma coisa da vida. *Todos* queremos ter alimento suficiente e um trabalho que nos dê dinheiro bastante para sustentar nossa família. Todos queremos um lugar seguro para viver, queremos respeitar e ser respeitados pelos demais.

Um exemplo perfeito de como somos iguais é dado pelos líderes sul-africanos Nelson Mandela e F. W. de Klerk. Embora eles sejam diferentes na aparência física — basicamente na cor da pele —, são iguais em todos os outros aspectos. Ambos são amados por muita gente. Ambos têm família e filhos aos quais adoram. Ambos são homens brilhantes, íntegros, grandes líderes. Ambos acalentam o sonho da paz — por isso, recentemente, *ambos* foram indicados para receber o Prêmio Nobel da Paz, que compartilharam.

Quando você olha para esses dois homens e para seus sonhos semelhantes de paz na África do Sul, não vê cor de pele, supremacia, inferioridade — vê apenas igualdade, dois homens tentando transformar em realidade o seu sonho de paz, trabalhando unidos numa parceria igualitária.

Esses dois grandes homens simbolizam o fato de que ninguém é melhor nem pior do que os outros, apesar da sua aparência ou da sua origem.

Sempre existirão pessoas venenosas no mundo, mas temos à nossa disposição opções para anular a influência tóxica delas. Temos de dizer basta ao ódio, ao preconceito, à inveja, à mania de nos sentirmos vítimas; temos de nos unir como um povo de uma nação universal!

Obras de referência

Abramson, Rudy. "Has The Bobbitt Case Escalated The War Between The Sexes?" *LA Magazine*, 22 de novembro de 1993.

Bach, George R. *Stop, You're Driving Me Crazy: How to Keep People in Your Life from Driving You up the Wall*. Nova York: Berkley Books, 1981.

Bach, George R. e Torbet, Laura. *The Inner Enemy: How to Fight Fair with Yourself*. Nova York: Berkley Books, 1985.

Berry, Carmen R. *When Helping You Is Hurting Me*. Nova York: Harper Paperback, 1989.

Bernstein, Slbert J., e Rozen, Sydney Craft. *Dinosaur Brains: Dealing with All Those Impossible People at Work*. Nova York: Ballantine, 1989.

______. *Neanderthals at Work: How People and Politics Can Drive You Crazy and What You Can Do About Them*. Nova York: Ballantine, 1992.

Braiker, Harriet B. *Lethal Lovers and Poisonous People: How to Protect Your Health from Relationships That Make You Sick*. Nova York: Pocket Books, 1992.

Bransom, Robert M. *Coping with Difficult People*. Nova York: Anchor Press/Doubleday, 1981.

Bukkyo Dendo Kyokai. *The Teaching of Buddha*. Tóquio: Toppan Printing, 1990.

Carter, Jay. *Nasty People: How to Stop Being Hurt by Them Without Becoming One of Them*. Chicago: Contemporary Books, 1989.

Carter-Scott, Cherie. *The Corporate Negaholic: How to Deal Succesfully with Negative Colleagues, Managers and Corporations*. Nova York: Fawcett Crest, 1992.

Cava, Roberta. *Dealing with Difficult People*. Londres: Piatkus, 1990.

Chopra, Deepak. *Ageless Body, Timeless Mind.* Nova York: Harmony, 1993.

Cleary, Thomas. *The Essentials of Confucius: The Heart of Confucius' Teachings in Authentic I Ching Order.* Nova York: Harper-Collins, 1992.

Cornell, George W. "Founder's Slurs on Jews Renounced by Lutherans." *Los Angeles Times*, 21 de outubro de 1993.

Cowley, Geoffrey e Hall, Carol. "The Genetics of Bad Behaviour. A Study Links Violence to Heredity". *Newsweek*, 1º de novembro de 1993.

Deep, Sam e Sussman, Lyle. *What to Ask When You Don't Know What to Say*. Englewood Cliffs, Nova Jersey: Prentice Hall, 1993.

______. *What to Say to Get What You Want*. Nova York: Addison-Wesley, 1992.

Dewar, Helen. "Senator Feinstein Gives Idaho Colleague a Barrelful." *Washington Post*, 11 de novembro de 1993.

Dore, Henry e Mikennelly S. J. *Chinese Customs.* Cingapura: Graham Brash, 1990.

Dunne, Dominick. "Dominick Dunne's Courtroom Notebook from the Menendez Murder Trial." *Vanity Fair*, outubro de 1993.

Elgin, Suzette Haden. *The Gentle Art of Verbal Self-Defense*. Nova York: Dorset Press, 1980.

Felder, Leonard. *Does Someone at Work Treat You Badly?* Nova York: Berkeley Books, 1993.

Glass, Lillian. He Says, *She Says: Closing the Communication Gap Between the Sexes*. Nova York: Putnam, 1992.

______. *Say it Right: How to Talk in Any Social or Business Situation*. Nova York: Putnam, 1991.

______. *Talk to Win: Six Steps to a Succesful Vocal Image*. Nova York: Putnam, 1987.

Hewitt, Bill e Bell, Bonnie. "The Cruelest Hoax: A Cold-Blooded Mother-to-Be Toys with the Yearning of Couples Desperate to Adopt Her Baby." *People*, 10 de maio de 1993.

Jenkins, Sally. "Persona Grata: Because of His Abuse of His Daughter Mary, Jim Pierce Is no Longer Welcome on the World Tennis Circuit." *People*, 13 de setembro de 1993.

Larrabee, John. "New Hampshire Teens Cry for Help". *USA Today*, 26 de outubro de 1993.

Leland, John. "Criminal Records: Gangsta Rap and the Culture of Violence." *Newsweek*, 29 de setembro de 1993.

Mackay, Harvey. *Swim with the Sharks Without Being Eaten Alive*. Nova York: William Morrow, 1988.

Marsh, Peter. *Eye to Eye: How People Interact*. Topsfield, Mass.: Salem House, 1988.

Martin, Marty E. "Skinheads: When Violence Feeds on Chaos." *Los Angeles Times*, 25 de julho de 1993.

Revista *People*. "For Herve Villechaize There Was no Island of Escape from His Own Tortured Life: Laying Down the Burden", 20 de setembro de 1993.

Perret, Gene. *Great One Liners*. Nova York: Sterling, 1992.

Reed, Stanley Foster. *The Toxic Executive*. Nova York: Harper Business, 1993.

Reed, Susan e Bacon, Doris. "Fed Up with Violence, Chuck Wall Calls for an Outbreak of Random Kindness." *People*, 13 de dezembro de 1993.

Rogan, David. "Even Superstars Get Rejected." *Cosmopolitan*, novembro de 1991.

Rosen, Carol. *Maybe He's Just a Jerk*. Nova York: William Morrow, 1992.

Rubin, Theodore Isaac. *The Angry Book*. Nova York: Macmillan,1987.

Safiar, Louis A. *The Giant Book of Insults*. Secaucus, Nova Jersey: Castle Books, 1967.

Shinn, Florence Scovel. *The Wisdom of Florence Scovel Shinn*. Nova York: Simon & Schuster, 1989.

Solomon, Muriel. *Working with Difficult People*. Englewood Cliffs, Nova Jersey: Prentice Hall, 1990.

Stolberg, Sheryl. "Researcher Links Gene to Agression." *Los Angeles Times*, 22 de outubro de 1993.

Tanner, Mary. "The Green Eyed Monster." *Allure*, dezembro de 1992.

Temoshok, Lydia. *Type C Connection: The Behavioral Links to Cancer and to Your Health*. Nova York: Random House, 1992.

Williman, Chris. "Jackie Mason: Mining the Political Incorrect." *Los Angeles Times*, dezembro de 1993.